中青年经济与管理学者文库

QUANMIN JIANKANG FUGAI：GUOJI JINGYAN YU ZHONGGUO SHIJIAN

全民健康覆盖：国际经验与中国实践

朱 坤 著

中国财经出版传媒集团
中国财政经济出版社

图书在版编目（CIP）数据

全民健康覆盖：国际经验与中国实践／朱坤著．--北京：中国财政经济出版社，2019.12
（中青年经济与管理学者文库）
ISBN 978-7-5095-9307-3

Ⅰ.①全…　Ⅱ.①朱…　Ⅲ.①医疗卫生服务－研究－中国　Ⅳ.①R199.2

中国版本图书馆CIP数据核字（2019）第228353号

责任编辑：武志庆　　　　责任校对：胡永立
封面设计：智点创意

中国财政经济出版社 出版
URL：http：//www.cfeph.cn
E-mail：cfeph@cfemg.cn

社址：北京市海淀区阜成路甲28号　邮政编码：100142
营销中心电话：010-88191537
北京财经印刷厂印装　各地新华书店经销
880×1230毫米　32开　9.5印张　220 000字
2019年12月第1版　2019年12月北京第1次印刷
定价：45.00元
ISBN 978-7-5095-9307-3
（图书出现印装问题，本社负责调换）
本社质量投诉电话：010-88190744
打击盗版举报热线：010-88191661　QQ：2242791300

策划人语

题记：一个人的精神成长史，取决于他的阅读史。只有阅读能最有效地培养精神生活习惯，而好的习惯又培养性格，性格决定人生。

——我们自豪，因为我们就是创造这精神产品的人。

选择了飞翔，总能看到蓝天；选择了远航，总能感受大海。人生不仅要作出选择，也要坚持住自己的选择。学会计、当编辑是我的意外选择。人说编辑是为人做嫁衣，可是这一选择我坚持了27年，苦在其中，乐在其中，也算是有声有色。每当我把一本本好书呈献给人们的时候，我觉得我是“富贵”的人：富，不是你身上的钱财，而是你心里的满足；贵，不是你地位的显赫，而是你被人需要的程度。

书海探寻，情怀永恒

我要说，做编辑我幸运，因为我不仅是第一个读者，可以对作品“品头论足”，也可以对作品“生杀予夺”；更重要的是，这是一个很高层次的平台，在多年与名家的交往和名著的“对话”中，深深地为他们的人格和才学所感动，被作品的精彩所吸引，这不仅使我“下笔如有神”，更使我的思想和灵魂也受到一次次洗礼和震撼，得到一次次升华。对于我的作者我的书，如数家珍，作者中不乏才学和为人同样过人的多位泰斗和“颜值高责任大”的众多才子佳人；策划的作品不仅立足专业还兼顾人文，也是情怀所在，专业加人文路才会更宽。

多年的体会是，作为一名编辑，起码要“三心二意”，即“责任心、细心、耐心”和“服务意识、创新意识”。要多策划一些有分量的拳头产品，用一个选题推动一个系统工程，用一个系统工程培养一个出版社品牌。给新入职编辑讲座时我做过一个比喻：编辑两项基本功，审稿——甚至要比博导审批学生论文还要全面、细致；选题策划——要像电影导演一样做“星探”，善于发现优秀作者和挖掘好的原创作品。记不得27年来我策划和编辑了多少书，组织和策划了一大批教材、业务培训用书、通俗读物、理论专著等，有的获得过国家、省部级各类奖项，有的以其填补空白、社会热点、风格新颖、开拓尝试等特点受到读者的欢迎。20世纪90年代我开始自主策划选题，多年来每年都有新丛书问世。比如，21世纪初内部控制研究在国内刚兴起时，策划了《现代内部控制丛书》，其中《企业内部控制管理操作手册》是我鼓励作者将自己饱含心血的经过长期钻研和实践并证明卓有成效的成果奉献付梓，使得更多的人能受益于此，这无疑是对我国内部控制理论探索和实践发展的一种贡献，内部控制选题至今还是热点。2013年的《来去无尘——一位财政部长的生前事》所展现的吴波精神，与深入推进党风廉政建设相得益彰，得到中央领导同志的高度重视和重要批示。中央各大主流媒体纷纷连续报道，掀起了全社会学习吴波高尚情操的热潮。2014 年至今的前沿选题《财务云丛书》等也越来越受到业界认可。

想是问题，做是答案

众所周知，目前的图书出版业在行业竞争和纸质图书受到严重冲击的情况下，出版人无不感到莫大的危机。在这种背景下，策划一套专业图书是颇感困惑的一件事，风险更大。但即使这样我们也不能因噎废食、停滞不前，还要积极应对，继续发挥纸质图书的固有特质，挖掘出版内容和形式都精彩的原创作品，适应新形势下读者的更高需求。2017 年，我们接受新的挑战，开启新的征程，又策划《中青年经济与管理学者文库》《当代税收名家丛书》《中国税务律师系列丛书》《现代管理实务丛书》《高等院校应用型会计人才精细化培养系列教材》等，继续为扶持学术研究和总结最新成果，在高端研究与专业知识普及和应用之间搭建一座座有益的桥梁。

每一个时代的经济环境不同，理论研究和实务探索所需要解决的问题也有所差别。当前我国不仅处于经济结构调整和供给侧改革的攻坚期，同时也处于大数据和互联网突飞猛进的变革期，矛盾叠加，风险交汇，市场环境和组织模式不断演变发展、推陈出新，经济、管理、财税等领域的新理论、新思想、新方法、新工具也层出不穷。乱花渐欲迷人眼，击水三千浪几何？这些领域的研究人员被时代赋予了更艰巨的责任，也面临着更高、更多元的要求，我们不仅要具备更广阔的学术视野，而且要有更严谨的学术思维。

输在犹豫，赢在行动

《中青年经济与管理学者文库》的作者，都是我国经济与管理领域的中坚力量，也是未来的大家。他们中有些人潜心从事理论研究，有些人则深耕在实务一线，但无论现实身份如何，视野全都没有被拘泥在“象牙塔”内。他们从不同视角对市场经济的不同要素进行细致审视，然后汇聚于“财经版”这面旗帜之下，相互碰撞，彼此激荡，力求在市场经济转型升级的关键时期留下最新鲜的“中国印记”。

这些经济与管理领域的中青年学者，就是我国市场经济发展的潜力与优势，他们的研究成果，不仅将引领市场经济的各个组成环节向更科学、更先进的方向发展，而且将成为我国政府和企业在未来经济世界扮演更重要角色的支点与动力。祝愿这些中青年学者能攀上更高的学术之山，走向更远的研究之路，也期待宏观、中观、微观各个层面的市场参与者都能从这套文库中得到切实的启发与指引，在全面深化改革、增强发展活力的关键时期，发挥正能量和积极作用，为经济社会发展增添新的动力！

如果您认可，如果您有意愿，欢迎您和您的朋友加盟我们的作者队伍！在中国财经出版传媒集团的“旗舰”下，中国财政经济出版社这“老字号”，一定励精图治，谱写新的篇章。我们用“龙的精神，玉的品质”来助力您实现梦想！

策划人：樊清玉

邮箱：qingyuf@ sina. com

2017 年春

前言

2005年世界卫生组织正式提出全民健康覆盖概念以来，全民健康覆盖一直是全球健康领域关注的重点，也已经成为联合国可持续发展目标的重要组成部分。从全球范围看，不同国家的全民健康覆盖进程存在较大差异，有些发达国家在2005年以前就已经实现全民健康覆盖的目标，有些中低收入国家也在迈向全民健康覆盖方面取得显著成效，但更多的国家仍在为实现全民健康覆盖而努力。从全球发展趋势看，全民健康覆盖正在从概念向行动转变，从政策倡导向实施路径转变，从自上而下的政策推动向自下而上的政策执行转变；从卫生部门主导向政府主导、全社会共同参与转变，从卫生决策向健康治理转变，从部门倡导向全球行动转变；从关注部分人群向关注全人群转变，从注重筹资向强调筹资公平性转变，更加强调资金集中与风险分担机制，减少个人现金支付；从注重筹资向注重筹资和服务协同转变，从注重服务覆盖向注重服务一致性转变，从注重服务可及性向注重服务质量转变；从倡导权利向权责一致转变，更加强调个人的权利和义务；从注重宏观政策向宏观与微观兼顾转变，更加关注卫生体系构成的微观要素。

我国一直将提升居民健康水平作为党和政府卫生工作的重要目标。中华人民共和国成立以来，我国卫生工作的重心逐步从初级卫生保健转向全民健康覆盖，全民健康覆盖已经成为健康中国建设的重要组成部分。借鉴国际经验，有助于我国加速全民健康覆盖进程；以史为鉴，有助于我们更好地面向未来。为此，本书对全民健康覆盖的概念和发展趋势、国际经验和中国实践进行了分析。

本书共分为三个部分，第一篇重点介绍了全民健康覆盖的概念、全球发展历程和发展趋势；第二篇重点介绍了部分发达国家和中等收入国家在迈向全民健康覆盖方面的经验做法，重点介绍了与我国文化同源、卫生筹资制度安排比较接近的日本，以及与我国卫生筹资制度比较接近、经济发展水平比较类似的墨西哥和泰国是如何实现全民健康覆盖的；国际经验部分也介绍了美国最近正在实施的责任保健组织的做法，美国是全球唯一的尚未实现全民健康覆盖的发达国家，但其正在实施的以责任保健组织为载体的卫生服务体系转型对我国的卫生服务体系转型具有一定的借鉴意义。第三篇介绍了我国从初级卫生保健到全民健康覆盖的发展历程，根据卫生重点工作的变化，将其分为四个阶段进行分别介绍，重点从卫生筹资制度、卫生服务体系以及公共卫生服务三个方面进行阐述。第三篇的最后一章，对我国全民健康覆盖实施进程中的经验、问题进行了总结，并就如何加快我国全民健康覆盖进程提出了相应的建议。

由于作者研究范围的局限，全民健康覆盖涉及的药品相关内容在本书中只是略有提及，而作为全民健康覆盖的重要因素——卫生人力资源——在本书中则没有涉及，引以为憾。

目录

第一篇　全民健康覆盖概述

第二篇　全民健康覆盖发展的国际经验

第三篇　全民健康覆盖的中国实践

第一篇

全民健康覆盖概述

第一章
全民健康覆盖的全球演变历程与启示

第一节 为什么要关注全民健康覆盖

全民健康覆盖（Universal Health Coverage，以下简称 UHC）是全球健康领域关注的重点，也是联合国可持续发展目标的重要组成部分。2015 年联合国可持续发展目标（Sustainable Development Goals，以下简称 SDGs）正式发布，共包括 17 项目标，其中第三个目标为良好健康与福祉，UHC 为第三个目标的子目标①。SDGs 发布后，各国均结合本国国情，迅速启动可持续发展目标实施规划。我国也积极响应，2016 年正式发布《健康中国

① 17 个可持续发展目标 https://www.un.org/sustainabledevelopment/zh/sustainable-development-goals/，2019 年 9 月 25 日。

2030规划纲要》，将推进健康中国建设，作为我国全面建成小康社会、基本实现社会主义现代化的重要基础，作为全面提升中华民族健康素质、实现人民健康与经济社会协调发展的国家战略，作为积极参与全球健康治理、履行2030年可持续发展议程国际承诺的重大举措。[①]

2018年10月，《阿斯塔纳宣言》的签署为全民健康覆盖的实现带来了新的机遇，再次引发了世界各国对全民健康覆盖的极大关注。全民健康覆盖不仅有助于改进个人健康状况，减少因病致贫，而且有助于提升国家健康水平，为国家带来显著的经济效益与政治效益[②]。世界卫生组织（以下简称WHO）等国际机构自成立之初就一直在全球范围内积极倡导全民健康覆盖理念，当前全球健康的严峻形势也使我们更加清醒地认识到实现全民健康覆盖的重要性[③]。

当前，我国正处于跨越中等收入国家陷阱、加速建设小康社会的关键时期，如何积极推进UHC，加快SDGs实施进程，对于我国能否实现小康社会，能否实现中华民族的伟大复兴具有重要意义。

纵观全球，UHC实施进程很不平衡，有些国家在提出UHC目标时主要健康指标已经达标，如OECD的大部分国家；但大多数国家仍需做出巨大努力，才有可能实现SDGs[④]。有些国家在

① 中共中央、国务院：《“健康中国2030”规划纲要》，http：//www.gov.cn/xinwen/2016-10/25/content_5124174.htm，2016年10月25日。

② World Health Organization. Arguing for universal health coverage [R]. Geneva: WHO, 2013.

③ World Health Organization. Tracking universal health coverage: 2017 global monitoring report [R]. Geneva: WHO, 2017.

④ World Health Organization. World health report 2010: Health systems financing - the path to universal coverage [R]. Geneva: WHO, 2010.

卫生筹资方面积累了丰富的经验，如德国、日本、比利时、墨西哥和泰国等①。有些国家在卫生服务体系和卫生服务筹资整合方面做出了积极尝试，如美国等②。有些国家在保障居民基本用药方面做出了有益探索，如澳大利亚、印度和南非等③。不同国家的经验和教训，对于致力于实现 SDGs 的国家都是宝贵财富。为加快我国全民健康覆盖实施进程，本章采用文献综述和政策追踪分析的方法，系统收集了来自联合国、世界银行、世界卫生组织（WHO）和联合国儿童基金会（UNICEF）的有关 UHC 的报告，并通过关键词检索中国知网（CNKI）数据库和爱思唯尔（Elservier）数据库获得有关 UHC 的文献，重点分析了 2005 年以后出版的文献和相关政策研究报告；通过重要报告和全球主要事件来分析全球 UHC 的政策演变，梳理发展脉络；综述文献内容，总结 UHC 的发展特点，为我国加快实现 UHC 进程提供证据。

第二节 全民健康覆盖发展历程及主要特点

一、萌芽阶段

单纯从内涵看，在 WHO 等国际机构成立之初，一些类似

① Savedoff, etc. Transitions in Health Financing and Policies for Universal Health Coverage: Final Report of the Transitions in Health Financing Project [R]. Results for Development Institute, 2012.

② 朱坤，张小娟．美国责任保健组织的发展及启示 [J]. 中国卫生政策研究，2012，5（12）：40－45.

③ 武瑞雪，刘宝，丁敬芳，等．基本药物制度实施的国际经验 [J]. 中国药房，2008，18（17）：1283－1285.

UHC 的概念性表达与相关倡议就已经开始出现。1948 年，WHO 在宪章中明确规定："健康权是每个人的基本权利之一，不分种族、宗教、政治信仰、经济或社会状况"。1978 年，国际初级卫生保健会议通过了《阿拉木图宣言》，该宣言是全球卫生发展史上里程碑式的文件，宣言指出：初级卫生保健是实现"2000 年人人享有卫生保健"目标的关键和基本途径。① 这份文件为全民健康覆盖的发展奠定了坚实基础。

1993 年，世界银行发布《投资健康》的年度报告，这是世界银行成立至今唯一的一份以健康为主题的年度报告。报告号召各国财政部长关注健康，加大对健康的投入。加大健康投入就是加大人力资本投资，有助于促进经济增长。②

2000 年，联合国通过 8 项千年发展目标，将健康置于人类发展的首位；其中目标 4（降低儿童死亡率）、目标 5（改善产妇保健）以及目标 6（对抗艾滋病病毒）与健康直接相关。全民健康覆盖可以提高包括艾滋病病毒防治与孕产妇、儿童死亡率等在内的与千年发展目标有关的服务的质量、可获得性和可负担性，有助于推动千年发展目标的实现③。世纪之交以来，在千年发展目标的推动下，UHC 获得了新的发展动力。

2001 年，世界卫生组织成立宏观经济与健康委员会，并对健康与经济增长的关系进行了分析，给出"出生期望寿命提高 10%，每年经济增长提高 0.3% ~0.4%"的结论。④

---

① World Health Organization. Declaration of Alma – Ata [R]. Alma – Ata, 1978.

② The World Bank Group. World Development Report 1993: Investing in Health [R]. Washington: The World Bank Group, 1993.

③ United Nations. The millennium development goals report 2015 [R]. New York: United Nations, 2015.

④ World Health Organization. Macroeconomics and Health: Investing in Health for Economic Development [R]. Geneva: WHO, 2001.

这一阶段的主要特点是强调健康权，强化初级卫生保健，强调人人享有；并开始强调健康对经济的影响和贡献，为 UHC 概念的提出奠定基础。

二、起步阶段

2005 年第 58 届世界卫生大会正式提出“全民健康覆盖”的概念，大会呼吁各国“以负担得起的成本为所有人提供必要的促进、预防、治疗和康复的卫生干预措施”。[①] 全民健康覆盖在此次大会上得到了坚定的支持，这标志着全民健康覆盖在全球范围内正式起步。

2008 年，WHO 出版了题为《初级卫生保健：过去重要，现在更重要》的年度报告，庆祝《阿拉木图宣言》30 周年。报告明确提出：“全民覆盖是实现 PHC 的四个关键原则之一”。[②]

2010 年，WHO 出版了主题为《卫生系统筹资：实现全民覆盖的路径》的年度报告，将 UHC 描述为“确保所有人都能获得所需的健康促进、预防、治疗、康复和姑息卫生服务，这些卫生服务应质量合格且有效，同时还应确保人们不会因使用这些服务而陷入经济困境”，并从覆盖人群、服务内容和费用分担三个角度对 UHC 进行了解释（见图 1-1）。[③] 该报告为各国如何改革其

① WHA58. 33 Sustainable health financing, universal coverage and social health insurance. http://apps. who. int/medicinedocs/documents/s21475en/s21475en. pdf, 25 May 2005.

② World Health Organization. The World Health Report 2008 - primary Health Care (Now More Than Ever) [R]. Geneva: WHO, 2008.

③ World Health Organization. World health report 2010: Health systems financing - the path to universal coverage [R]. Geneva: WHO, 2010.

卫生筹资体系以实现全民健康覆盖提供了切实的指导。该报告发布后，UHC 的概念愈发得到重视并获得了新的发展动力，许多国家都承诺要实现这一目标①。

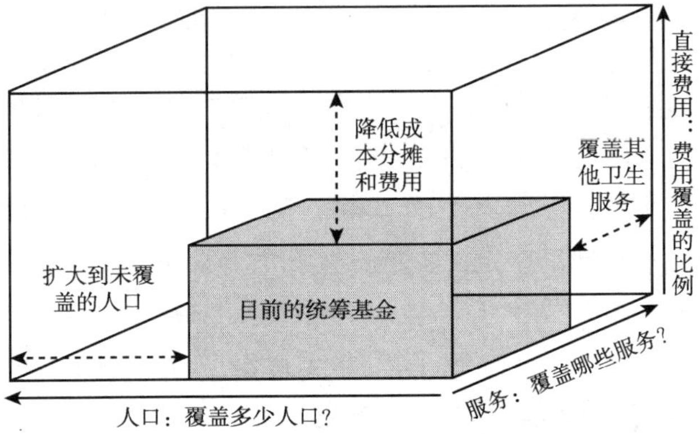

图 1－1　UHC 的三个维度

资料来源：摘编自《世界卫生组织 2010 年年度报告》。

2012 年 12 月，联合国大会通过了一项关于全球卫生的决议，敦促“各国政府、民间社会组织和国际组织将全民健康覆盖纳入发展议程，并执行国际商定的发展目标②”。此时全民健康覆盖正迅速成为全球卫生界的首要任务。仅在 2012 年，就有四项重要国际活动集中探讨了实现全民健康覆盖的重要性，进而产生了《全民健康覆盖曼谷声明》《基加利部长声明》《全民健康覆盖墨西哥城政治宣言》及《卫生部门的资金效益、可持续

① Ooms G, et al. Is universal health coverage the practical expression of the right to health care? [J]. BMC International Health and Human Rights, 2014, 14 (1): 3－3.

② Oxfam. Universal health coverage: why health insurance schemes are leaving the poor behind [R]. Oxford: Oxfam International, 2013.

性和问责制问题突尼斯宣言》[①]，4 份文件均承认政治承诺在全民健康覆盖实现中的重要作用并要求各国作出相应承诺。

2013 年，世界银行设立了“到 2030 年终结极度贫困”和“提升各个发展中国家底层 40% 人口的收入以促进共享繁荣”的两个目标。这是在全民健康覆盖背景下对“阿拉木图精神”的战略性阐述，全民健康覆盖是这两个目标得以实现的关键[②]。同年 2 月，WHO 和世界银行联合举办了全民健康覆盖部长级会议，探讨各国在实现全民健康覆盖方面取得进展的方式，同时宣布 WHO 与世界银行将联合制定全民健康覆盖监测框架，这是 WHO 与世界银行全民健康覆盖系列监测工作的开端[③]。5 月，WHO 发表《2013 年世界卫生报告：全民健康覆盖研究》再次强调向全民健康覆盖取得进展的必要性，并描述了实现这一目标的几种方法[④]。12 月，世界银行与日本政府联合召开全民健康覆盖包容性和可持续发展全球大会，会议总结了 11 个国家的发展经验供全球卫生界借鉴，包括政府政治承诺、初级卫生保健系统的建立及卫生人力资源培养的重要作用等[⑤]。

2014 年，WHO 第六十七届世界卫生大会通过了“为支持全民健康覆盖开展卫生干预和技术评估”的决议来推动运动发展。

---

① World Health Organization. Universal health coverage Report by the Secretariat [R]. Geneva: WHO, 2013.

② World Health Organization. Universal health coverage. http://www.worldbank.org/en/topic/universalhealthcoverage, April 12th, 2018.

③ World Health Organization. Tracking universal health coverage: 2017 global monitoring report [R]. Geneva: WHO, 2017.

④ World Health Organization. The world health report 2013: research for universal coverage [R]. Geneva: WHO, 2013.

⑤ Maeda A, et al. Universal health coverage for inclusive and sustainable development: a synthesis of 11 country case studies [M]. Washington, D.C: The World Bank, 2014.

2014 年 5 月 WHO 与世界银行共同推出了关于全民健康覆盖的监测框架，该框架侧重于监测包括促进、预防、治疗、康复和调解在内的服务覆盖指标以及对所有人的财政保护，它是 2015 年监测报告的基础①。

这一阶段的主要特点是 UHC 的概念得以明确，并得到各成员国和相关国际组织的认同和推崇。不同国家和相关国际组织通过举办高级别会议、发起运动，建立监测框架等形式从不同层面宣传和推进 UHC，这一系列的进步共同促成了 UHC 逐渐走向成熟。

三、发展阶段

2015 年对全球全民健康覆盖运动来说是重要的一年。首先，WHO 与世界银行联合发布的《追踪全面健康覆盖：第一个全球监测报告》（以下简称 2015 年监测报告）首次对全球卫生形势进行了评估，该报告为如何衡量全民健康覆盖所取得的进展提供了一个参考标志，打破了一些决策者认为全民健康覆盖相关的进展无法量化的固有偏见，极大地推动了全民健康覆盖的发展。其次，千年发展目标和可持续发展目标在这一年交替，千年发展目标用事实和数据证明了全民健康覆盖运动的重要作用，可持续发展目标将实现全民健康覆盖设立为目标之一，为全民健康覆盖赋予了新的意义。

2015 年 2 月，全民健康覆盖部长级会议再次召开，会议重点讨论了各国实现全民健康覆盖的成就、挑战和路径。7 月，联合国发布《千年发展目标 2015 年报告》，报告显示 2000—2015 年间与卫生有关的目标 4、目标 5 与目标 6 取得的成果显著②。9

① World Health Organization. Tracking universal health coverage: first global monitoring report [R]. Geneva: WHO, 2015.

② United Nations. The millennium development goals report 2015 [R]. New York: United Nations, 2015.

月，联合国召开可持续发展峰会，会上通过了2030年可持续发展议程，该议程包含17项可持续发展目标，其中目标1消除贫困为首要目标，目标3良好的健康与福祉为健康目标，目标3.8与全民健康覆盖直接相关，即实现全民健康覆盖，包括提供财务风险保护，人人享有优质的基本保健服务，人人获得安全、有效、优质和负担得起的基本药物和疫苗[①]。新的可持续发展目标是各国领导人对全世界人民的新承诺，是为人类消除各种形式的贫困的议程，它承诺不落下任何一个人[②]。

为了适应新的发展环境，2016年9月，国际卫生伙伴关系（IPH+）指导委员会在原有关系的基础上成立了全新的UHC2030国际卫生伙伴关系，该伙伴关系的总体目标是为全民健康覆盖以及可持续发展目标中的其他卫生目标的实现提供一个更加快速、公平和可持续的发展动力[③]。

2017年3月，第48届联合国统计委员会通过了可持续发展目标全球指标框架。该框架目前有两项指标用于衡量全民健康覆盖进展情况，包括3.8.1基本卫生服务覆盖率（以下简称指标3.8.1）和3.8.2卫生灾难性支出占国家人口的比例（以下简称指标3.8.2）。[④]7月，WHO总干事谭德塞博士上任后立即将全民健康覆盖设立为WHO五个主要工作重点之一。12月，WHO与世界银行等共同组织了全民健康大会高级别论坛，论坛旨在促进卫生部门、国家、

① United Nations. Transforming Our World: The 2030 Agenda for Sustainable Development [R]. New York: United Nations, 2015.

② United Nations. UN adopts new Global Goals, charting sustainable development for people and planet by 2030. http://www.un.org/apps/news/story.asp? NewsID=51968#.Vgsma3novcs, 2015-09-25.

③ https://www.uhc2030.org/

④ SUSTAINABLE DEVELOPMENT GOAL 3 Ensure healthy lives and promote well-being for all at all ages. https://sustainabledevelopment.un.org/sdg3, 2017.

发展伙伴、民间社会以及私营部门朝着全民健康覆盖的共同目标前进，包括流感预防、突出相关国家的成功经验等。2017 年年底，WHO 与世界银行联合发布《追踪全民健康覆盖：2017 年全球监测报告》（以下简称 2017 年监测报告），报告总结了全球全民健康覆盖的进展情况，在肯定取得的成就的同时，也阐述了全球卫生的严峻形势，截至 2017 年，全球仍有一半的人口无法获得所需的卫生服务，每年约有 1 亿人因卫生支出而陷入极度贫困①，给国际组织和各国政府敲响了警钟。2017 年监测报告旨在通过鼓励各国承诺报告其进展来促进问责制并鼓励各个国家和区域根据自身情况对国际监测框架加以改进和调整。

2018 年世界卫生日的主题是“全民健康覆盖：每一个人，每一个地方”。2018 年正值 WHO 成立 70 周年，WHO 呼吁各国领导人履行他们在 2015 年同意可持续发展目标时所作的承诺并将鼓舞、激励和引导各利益攸关方承诺推动全民健康覆盖设定为 2018 年的总体目标②。2018 年 10 月，全球初级卫生保健会议召开并通过了《阿斯塔纳宣言》，宣言在 4 个关键领域作出承诺，包括在所有部门为增进健康做出大胆的政治选择，建立可持续的初级卫生保健服务，增强个人和社区权能，使利益攸关方的支持与国家政策、战略及计划保持一致③。该宣言进一步明确了实现全民健康覆盖的行动方向。

这一阶段，UHC 成为全球可持续发展目标的重要内容，得

① World Health Organization. Tracking universal health coverage: 2017 global monitoring report [R]. Geneva: WHO, 2017.

② World Health Organization. Campaign essentials for World Health Day 2018. https://www.who.int/campaigns/world - health - day/2018/campaign - essentials/en/ (2018 - 04 - 07).

③ 阿斯坦纳宣言. https://www.who.int/docs/default - source/primary - health/declaration/gcphc - declaration - ch.pdf（2018 - 10 - 26）.

到世界范围内的广泛认可，并在各成员国得到快速发展；有关UHC的监测、评估不断深入，UHC进入了可持续发展时期。

纵观UHC的发展历程，不同的发展阶段有不同的标志性事件（见表1－1），也有不同的证据传播（见表1－2）并产生不同的影响。

表1－1　　全民健康覆盖发展阶段与主要事件

发展阶段	时间	主要事件	与全民健康覆盖的关系
萌芽阶段	1948	WHO成立	WHO宪章规定：健康是人的基本权利之一
	1978	发布《阿拉木图宣言》	提出“2000年人人享有卫生保健”目标
	1993	世界银行发布《投资健康》年度报告	号召各国财政部长关注健康、加大对健康投入
	2000	联合国峰会	通过8项千年发展目标；其中3项为健康领域指标
	2001	2001年WHO成立宏观经济与健康委员会	明确健康投入与经济增长的关系：出生期望寿命提高10%，每年经济增长提高0.3%～0.4%
起步阶段	2005	第58届世界卫生大会	正式提出全民健康覆盖的概念和定义
	2008	WHO出版《初级卫生保健：过去重要，现在更重要》年度报告，庆祝《阿拉木图宣言》30周年	提出全民覆盖是实现PHC的四个关键原则之一
	2008	G8峰会致力于强化卫生体系	卫生体系是实现UHC的重要基础
	2010	WHO出版主题为“卫生系统筹资：实现全民覆盖的路径”的年度报告	为各成员国如何改革其卫生筹资体系以实现全民健康覆盖提供指导

续表

发展阶段	时间	主要事件	与全民健康覆盖的关系
起步阶段	2011	第64届世界卫生大会	通过可持续卫生筹资结构和全民健康覆盖方案
		法国多维尔G8、G20峰会	签署声明支持UHC
	2012	里约热内卢可持续发展会议	讨论是否将UHC纳入2015年后可持续发展目标
		发布《曼谷声明》《基加利部长声明》《墨西哥城政治宣言》《突尼斯宣言》	在不同地区、不同层面推广全民健康覆盖
	2013	WHO出版题为《全民健康覆盖研究》的年度报告	通过加强研究为全民健康覆盖提供证据支持
		世界银行行长声明	聚焦全民健康覆盖
		世界银行和WHO共同组织召开全民健康覆盖全球首次部长（卫生部长和财政部长）级会议	全球范围推广全民健康覆盖
	2014	WHO第67届世界卫生大会	通过了“为支持UHC开展卫生干预和技术评估”的决议来推动UHC
		可持续发展目标工作组报告	建议将UHC纳入2015后可持续发展目标中
		WHO与世界银行共同推出关于全民健康覆盖的监测框架	推出UHC的监测框架
发展阶段	2015	全民健康覆盖第二次部长级会议	讨论各国实现全民健康覆盖的成就、挑战和路径
	2015	联合国召开可持续发展峰会	UHC被纳入可持续发展目标中

续表

发展阶段	时间	主要事件	与全民健康覆盖的关系
发展阶段	2016	国际卫生伙伴关系（IPH+）指导委员会在原有关系的基础上成立了全新的UHC 2030国际卫生伙伴关系	总体目标是为UHC以及可持续发展目标中的其他卫生目标的实现提供一个更加快速、公平和可持续的发展动力
	2017	第48届联合国统计委员会通过了可持续发展目标全球指标框架	与UHC相关的两个指标—基本卫生服务覆盖率和卫生灾难性支出占国家人口的比例被纳入该框架
		WHO与世界银行联合发布《追踪全民健康覆盖：2017年全球监测报告》	报告总结了全球UHC进展、问题及挑战，监测报告通过鼓励各国报告其进展来促进UHC并鼓励各国结合自身特点对全球监测框架加以调整和改进
	2018	WHO发布《阿斯塔纳宣言》	进一步明确了实现UHC的行动方向
		首次以UHC作为世界卫生日主题	世界卫生日的主题是“全民健康覆盖：每一个人，每一个地方”

资料来源：作者根据文献材料整理而得。

表1-2　　全球UHC主要证据及传播活动

年份	活动	发起者/组织者
2009	柳叶刀杂志发表“全力支持全民健康覆盖”文章	美国外交关系协会
2010	主题为“卫生系统筹资：实现全民覆盖的路径”的年度世界卫生报告出版	WHO
2011	柳叶刀杂志发表“东南亚卫生筹资改革：实现全民覆盖的挑战”文章	美国中华医学基金会
	《低成本实现良好的健康：25年进展》出版	伦敦热带病医学院

续表

年份	活动	发起者/组织者
2012	柳叶刀杂志发表“全民健康覆盖”系列文章	发展结果研究所（Results for Development Institute）
2013	全民健康覆盖系列国别报告（24个国家，含中国）	世界银行
2013	柳叶刀杂志发表“全民健康覆盖在2015后的框架”	美国洛克菲勒基金会
2014	柳叶刀杂志发表“全民健康覆盖在拉丁美洲”系列文章	联合国拉丁美洲和加勒比地区经济委员会
2014	柳叶刀杂志发表“金砖五国全民健康覆盖进展评估”文章	美国洛克菲勒基金会
2014	《加强卫生系统治理实现全民健康覆盖行动计划》发布	WHO
2014	PLOS医学杂志发表“监测全民健康覆盖”论文集（13个国家的案例）	WHO
2015	《追踪全民健康覆盖：第一份全球监测报告》发布	世界银行和世界卫生组织
2017	《追踪全民健康覆盖：2017年全球监测报告》发布	世界银行和WHO
2018	发布《阿斯塔纳宣言》	WHO
	全民健康覆盖系列国别报告（14个国家）	世界银行
	世界卫生统计报告：监测健康领域可持续发展目标进展	WHO

资料来源：作者根据文献材料整理而得。

第三节　全民健康覆盖的内涵、发展经验与教训

一、全民健康覆盖的内涵

WHO于2005年和2010年先后对UHC进行了明确的界定。从UHC的定义可以看出，UHC意味着所有人在接受他（她）需要的健康服务时不会遇到财务困难。UHC包含了所有的有质量保证的健康服务，从健康促进到预防、治疗、康复和姑息治疗等。UHC意味着每个人在面临疾病或死亡威胁时都可以得到及时的服务，同时这些服务要有质量保证，能够改善接受服务对象的健康状况。UHC意味着患者在支付其卫生保健费用时免受因病致贫和因病返贫的困扰。UHC对于实现SDGs至关重要；UHC有助于提高居民健康水平，良好的健康水平有助于提升孩子和成年人的学习能力，提高劳动者的生产力和生产效率，有助于防止贫困，并为一个国家和地区的经济长期发展提高基础动力。①

UHC不仅仅包括卫生筹资，其包括卫生系统的所有方面，卫生服务提供系统、卫生人力资源、卫生机构和交流网络，卫生技术、信息系统、质量控制机制、治理和法制。UHC不仅要确保最低限度的医疗服务，而且要确保随着资源的增多，逐步扩大医疗服务范围和财务保护力度。UHC不仅涉及个人治疗服务，还包括基于人群的服务，如公共卫生活动、向水中添加氟化物、控制蚊子繁殖等。UHC不仅仅包括健康，向UHC迈进意味着朝着公平、发展优先、社会包容和凝聚力迈进。尽管UHC的三个

① WHO. Universal health coverage Report by the Secretariat. 18 January 2013.

维度（人口、服务和费用分担）包括了众多内容，但并不意味着 UHC 无所不包。UHC 并不意味着服务对象可以不计成本地免费接受所有可能的健康干预，没有任何一个国家能够持续免费向服务对象提供所有的健康服务。[①]

二、全球 UHC 发展的经验与教训

（一）政治承诺在全民健康覆盖的实现中发挥越来越重要的作用

强有力的政治领导与长期政治承诺是实现和维持 UHC 的必要条件，这是对 11 个国家发展经验的总结[②]，也是学界的共识[③④]。虽然 UHC 运动是由国际倡议带动的国家行动，但其实施主体仍是各个国家，国家实体力量的支撑是实现全民健康覆盖的关键。当前，WHO 也在积极促进各方政府做出并实践全民健康覆盖相关承诺，如 2017 年监测报告通过鼓励各国承诺报告其进展来促进问责制，2018 年将鼓舞、激励和引导各利益攸关方承诺推动全民健康覆盖设定为总体目标以及《阿斯塔纳宣言》的发表等。从理念倡导到切实推进，充分证明了政治承诺在 UHC 实现中逐级递增的重要作用。在资源紧张与国际竞争激烈的今

① Background document: Towards Universal Health Coverage: concepts, lessons and public policy challenges, WHO/World Bank Ministerial - level Meeting on Universal Health Coverage, 18 - 19 February 2013.

② Maeda A, et al. Universal health coverage for inclusive and sustainable development: a synthesis of 11 country case studies [M]. Washington, D. C: The World Bank, 2014.

③ Yu, Hao. Universal health insurance coverage for 1.3 billion people: What accounts for China's success? [J]. Health policy, 2015. 119 (9): 1145 - 1152.

④ Savedoff, et al. Political and economic aspects of the transition to universal health coverage [J]. Lancet, 2012, 380 (9845): 924 - 932.

天，若政治力量辅之合理的战略及有针对性地干预措施，即便最贫穷的国家也能取得巨大进步[①]。以泰国为例，作为一个中等收入国家，泰国已率先实现全民健康覆盖，其中很大一部分原因在于政府长期以来对帮扶农村与消除贫困的健康政策的支持。尽管近年来泰国政局并不是十分稳定，对于全民健康覆盖的承诺却始终没有改变[②]。

（二）全民健康覆盖的精髓始终在于公平性与社会包容性

经过多年发展演变，全民健康覆盖涌现了各式本土化实现方式，但其精髓始终在于公平性与社会包容性。全民健康覆盖不仅是一次改善健康的运动，也是一次寻求公平的运动，其核心在于公平，实现全民健康覆盖的关键是做到“全体性”[③]。全民健康覆盖致力公平获得卫生保健，任何人都不应由于不公平的原因而无法获得卫生服务。社会包容是指增进弱势群体的能力、机会和尊严以及参与社会的进程，每个人都应生活在尊严中，与别人的差异受到尊重，基本需求得到满足[④]。全民健康覆盖的公平性与社会包容性共同体现在对弱势群体的关注，两者在目的与作用上是相辅相成的。全民健康覆盖实质在于重点改进穷人的健康，促进社会公平正义与包容性发展。

（三）可测量的国际监测框架推动全民健康覆盖的发展

建立良好的监测体系是促进 UHC 顺利实施的重要保证。要实现 UHC，计划不仅要将主要目标和战略转化成具体的目标和

---

① United Nations. The millennium development goals report 2015 [R]. New York: United Nations, 2015.

② 刘晓云. 泰国全民健康覆盖经验及对我国的启示 [J]. 中国卫生政策研究, 2014 (2).

③ 尹慧, 刘培龙. 卫生方面 2015 年后发展议程的进展和建议 [J]. 中国卫生政策研究, 2015 (9).

④ 葛道顺. 包容性社会发展: 从理念到政策 [J]. 社会发展研究, 2014 (3).

详细的执行步骤，他们应该以一种可测量的方式开展。一方面要使进展能够被评估，使具体的执行策略能够被评价和调整；另一方面要确保公共部门对公共资金使用及其绩效的责任，这也是一个政治挑战，即使有很好的计划，也不可能预见到所有意外。①

全民健康覆盖的可测量性经历了一个逐步清晰与提高的发展过程。全民健康覆盖发展初期，一些决策者认为全民健康覆盖的概念太过分散，相关进展无法量化，这是初期其面临的主要挑战之一②。从2013年WHO与世界银行宣布联合制订全民健康覆盖监测框架开始，到2014年监测框架形成，再到2015年、2017年监测报告的发布，WHO与世界银行逐步用数据与事实证明了全民健康覆盖的可测量性，且其可测量性也在不断提高。与2015年监测报告相比，2017年监测报告在基本卫生服务覆盖范围监测方法以及财务保护数据搜集方面有很大进步，且2015年监测报告对指标3.8.1与指标3.8.2所涵盖的内容只是进行了初步分析，而2017年监测报告对两者进行了重点监测。在监测框架中明确提出，分析单位是一个地区的全体居民，强调全民；这与以往的保险制度评估框架截然不同，保险制度评估主要关注其覆盖的人群。③

世界银行和WHO研制的全民健康覆盖监测框架优先关注了服务和筹资两个方面：服务方面选择获得基本的有质量的卫生服务的人口比例作为监测指标，筹资方面选择卫生支出占家庭收入比例较高（10%和25%）的人口比例作为指标。2017年的全球UHC监测报告重点关注了生殖和妇幼健康、传染病、慢性肺传

---

①② World Health Organization. Tracking universal health coverage: first global monitoring report [R]. Geneva: WHO, 2015.

③ World Health Organization. Tracking universal health coverage: 2017 global monitoring report [R]. Geneva: WHO, 2017.

染性疾病、服务能力与可及性等四类17个指标。生殖和妇幼健康监测指标主要包括计划生育、孕产期保健、儿童免疫接种和医源性肺炎4个指标；传染病监测指标主要包括结核病治疗、HIV抗病毒治疗、肝炎治疗、预防疟疾的防蚊蚊帐使用和充足的卫生设施等5个指标；慢性非传染性疾病监测指标主要包括高血压防治、糖尿病防治、宫颈癌筛查和烟民比例4个指标；服务能力和可及性指标包括医院服务的可及性、卫生人员密度、基本药物可及性、卫生安全与国家健康规制的协同性4个指标。

（四）全民健康覆盖已转化为实现人类发展目标的一个重要抓手

从千年发展目标到可持续发展目标，“全民健康覆盖”这一理念已逐渐成为人类发展目标的重要组成部分。事实已证明，在卫生千年发展目标的实现上，全民健康覆盖运动发挥了重要作用，如全球5岁以下儿童及孕产妇死亡人数的大幅下降等。UHC不仅是健康问题，也是发展问题。UHC对发展至关重要；UHC可以促进和维持健康，使人们有挣钱的机会，使孩子有学习的机会以免于贫穷；财务保护可以使人们免于因病致贫。UHC也是社会包容的具体体现，确保每个人包括弱势人群的健康权。在可持续发展目标方面，几乎所有的可持续发展目标的都直接或间接地与卫生相关①。WHO前任总干事陈冯富珍女士与现任总干事谭塞德博士曾多次提到全民健康覆盖对于可持续发展目标的重要性。全民健康覆盖作为可持续发展目标的具体目标之一，提供了一个将全球卫生行动和反贫困斗争统一起来的机会，对健康权利的支持以及极端贫困的终结都可以以全民健康

① World Health Organization. Health in 2015: From MDGs, Millennium Development Goals, to SDGs, Sustainable Development Goals [R]. Geneva: WHO, 2015.

覆盖为手段实施①。总体来讲，若不实现全民健康覆盖，千年发展目标带来的卫生收益将无法持续，可持续发展目标也将无法实现。

（五）实现全民健康覆盖需要因地制宜、多方努力

UHC不是发达国家的专利，全球也没有适合各国的最佳实施路径，各国需要因地制宜，积极探索适合本国国情的UHC的实现路径②。不同国家的改革经验为各国迈向UHC提供众多教训，这些教训很多，涉及面很广，难以形成如何改革的手册；但每个国家都可以基于这些教训，结合本国国情建立行动里程碑。

UHC需要多方努力，对于发展中国家，既需要国际资金和技术的支持，也需要国内相关部门的紧密合作；但国内筹资处于主导地位，国外援助资金在实现UHC中的作用日趋下降③。UHC与社会保障部门、劳动部门、社会福利部门、计划部门、外交部门等相关，最重要的是卫生部长和财政部长要互动；已有经验表明卫生部和财政部的合作和政策协调是实现UHC的前提和基础。④

（六）UHC需要良好的健康治理框架

国际经验表明，UHC最严峻的挑战主要来自执行。UHC需

---

① World Health Organization. Tracking universal health coverage: first global monitoring report [R]. Geneva: WHO, 2015.

② Daniel Cotlear, et al. GOING UNIVERSAL How 24 Developing Countries Are Implementing Universal Health Coverage Reforms from the Bottom Up [R]. the World Bank, 2015.

③ the Thematic Group on Health for All. Financing Universal Health Coverage in the Post – 2015 Agenda [R]. Sustainable Development Solution Network, 2015.

④ Background document: Towards Universal Health Coverage: concepts, lessons and public policy challenges, WHO/World Bank Ministerial – level Meeting on Universal Health Coverage, 18 – 19 February 2013.

要发动全社会力量，既需要国内公共部门集中发力，也需要私立部门和社会力量积极参与[①]；既需要建立健全本国可持续的卫生筹资体系，也需要建立运行有效的高质量卫生服务提供体系；需要卫生筹资与卫生服务体系协同推进。已经达到 UHC 目标或者进展顺利的国家均建立了善治的健康治理框架，保证了 UHC 政策的顺利执行。

（七）UHC 取得重要进展，但全球进展很不平衡

从全球人口层面看，全球至少有一半人口没有被基本健康服务全覆盖；每年有 1.5 亿人面临灾难性卫生支出，至少有 1 亿人口因为支付卫生保健费用而陷入极度贫困（生活支出低于 1.9 美元/天）。全球超过 8 亿人（大约占全球人口的 12%）支付的卫生保健费用超过其家庭收入的 10%。[②]

从国家层面看，部分国家已经提前实现了联合国 SDGs 中提出的 UHC 目标。全球 192 个国家和地区，75 个国家出台了相应的法律法规，58 个国家达到 UHC 的基本要求，包括 50% 的发达国家、25% 左右的中上收入国家和 25% 左右的中下收入国家[③④]；迈向 UHC 已经成为全球趋势，但不同国家处于不同阶段。众多的发展中国家也在积极向 UHC 目标迈进，但在国家层面做出强调基本医疗服务覆盖、财务风险保护的政治承诺并将承诺转为现

① World Health Organization. Health Systems Governance for Universal Health Coverage [R]. 2014.

② World Health Organization. Tracking universal health coverage: 2017 global monitoring report [R]. Geneva: WHO, 2017.

③ Rodrigo Moreno - Serra, Peter C Smith. Does progress towards universal health coverage improve population health? [J]. Lancet 2012, (380): 917 - 23.

④ Gina Lagomarsino, et al. Moving towards universal health coverage: health insurance reforms in nine developing countries in Africa and Asia [J]. Lancet 2012, (380): 933 - 43.

实并不是很顺利。

（八）UHC 仍面临众多挑战

所有国家均面临复杂挑战，如收入不高、卫生体系不健全、疾病谱变化、人口老龄化、经济社会不平等；UHC 需要循序渐进。许多贫穷国家资金不足以实现 UHC，居民卫生保健费用的自付水平仍然很高。卫生人力资源仍严重短缺仍然是许多国家实现 UHC 的主要障碍；基本药物的可获得性较差（27 个发展中国家公立医疗机构基本药物的可获得性仅为 35%），招标采购和配送体系不健全已经成为卫生系统效率低下的首要原因，并严重影响了 UHC 目标的实现。

卫生筹资方面，越来越多的发展中国家将公共财政和强制保险结合起来，将弱势人群或者非正式就业人口纳入与财政和宏观政策考量。如何平衡稳定的和可预测的卫生系统资金需求和其他部门对资金需求，贫穷国家财力有限，使其更难抉择。采用强制的预付制形式如社会医疗保险、政府财政支付或者两者结合可以更好地实现 UHC 的目标。[①] 没有国家能够通过自愿的保险或者个人自付实现 UHC，减少资金池的割裂可以更好地将资金分配至有更多健康需要的人；但强制性保险和减少资金池割裂说起来容易做起来难。将保费与工资联系起来容易加剧正式就业和非正式就业者之间的不平等，同时容易对就业和经济竞争力产生不利影响；而且，强制保险在发展中国家也受到限制，因为正式就业的人口比例较低；即使法律强制实施，实际上也很难执行。[②]

① Joseph Kutzin. Health financing for universal coverage and health system performance: concepts and implications for policy [J]. Bull World Health Organ 2013, (91): 602 - 611.

② William D Savedoff, et al. Political and economic aspects of the transition to universal health coverage [J]. Lancet 2012, (380): 924 - 32.

服务提供方面，承诺提供优质、有效率的卫生服务至关重要。UHC 的一个基本要求是卫生服务提供体系的广泛覆盖以确保卫生保健服务的公平可及；初级卫生保健，应优先得到加强，平衡针对个人（治疗）的和针对群体的服务（预防、促进）非常重要；对卫生服务可及包括众多要素如基本药物、器械和设备、卫生人力资源的普遍可及，以及及时提供决策信息的信息系统；政治承诺是投资和改革卫生服务体系以确保服务可及性的起点；筹资和卫生服务整合至关重要，需要建立高效的卫生服务提供体系、开展供方支付方式改革和建立激励约束机制。

第四节　全球全民健康覆盖发展趋势对我国的启示

总体来看，实现 UHC 是一项系统性工程，全球 UHC 的发展趋势呈现出如下特点：UHC 正在从概念向行动转变，从政策倡导向实施路径转变，从自上而下的政策推动向自下而上的政策执行转变；从卫生部门主导向政府主导、全社会共同参与转变，从卫生决策向健康治理转变，从部门倡导向全球行动转变；从关注部分人群向关注全人群转变，从注重筹资向强调筹资公平性转变，更加强调资金集中与风险分担机制，减少个人现金支付；从注重筹资向注重筹资和服务协同转变，从注重服务覆盖向注重服务一致性转变，从注重服务可及性向注重服务质量转变；从倡导权利向权责一致转变，更加强调个人的权利和义务；从注重宏观政策向宏观与微观兼顾转变，更加关注卫生体系构成的微观要素如卫生人力资源、初级卫生保健体系等。

我国在推进 UHC 方面也取得积极进展，如医保制度的人群全覆盖、初级卫生保健的可及性明显改善、基本药物制度的快速推进，并得到国际社会的认可[①②]。但如何以适宜成本高质量地实现 UHC，我国仍存在较大的改进空间，特别是卫生筹资体系的公平性改善、基本保障待遇的差距缩小和卫生服务体系整合与转型等。因此，有必要积极借鉴各国成功经验，汲取各国实施过程中的教训，扬长补短，加快 UHC 的实施进程。

一、提高全民健康覆盖的战略地位，将其纳入我国经济社会发展考核目标中

实现 UHC 不仅仅是健康领域的重要目标，也与经济包容性增长和可持续发展密切相关。当前我国正处于致力于打赢脱贫攻坚战、决胜小康社会的关键时期，实现 UHC 有助于我国打赢脱贫攻坚战，可以为我国全面建成小康社会保驾护航。建议将 UHC 纳入我国经济社会发展的宏观政策考量中，并出台量化指标，纳入对地方政府的经济社会发展考核目标中。

二、完善健康治理体系、提升健康治理能力，加快 UHC 实施进程

UHC 的顺利实施，需要有良好的健康治理体系做保障。UHC 既需要高层强力推动，也需要基层的有效执行；既需要政府主导，也需要全社会共同参与；既需要如财政、发改等宏观部门的参与，也需要卫生健康部门、医保部门、人力资源和社会保

---

① Lilin Liang and John C. Langenbrunner. The Long March to Universal Coverage: Lessons from China [R]. The World Bank, Washington DC, January 2013.

② World Bank Group, World Health Organization, Ministry of Finance, National Health and Family Planning Commission, Ministry of Human Resources and Social Security, The People's Republic of China. DEEPENING HEALTH REFORM IN CHINA BUILDING HIGH - VALUE - BASED SERVICE DELIVERY [R]. 2016.

障部门、科技等相关部门的密切配合；既需要政府和市场力量的主动介入，也需要社会公益组织和非政府组织（NGO）的积极参与。UHC 涉及多重利益主体，我国需要积极完善健康治理体系，充分发挥政府、市场和社会组织的作用，实现政府、市场和社会力量等多重主体在 UHC 实施进程上的统一行动。

三、加强卫生筹资与卫生服务体系发展的协同性，逐步实现基本医疗保险制度的筹资公平和待遇保障一致

卫生筹资和卫生体系是实现 UHC 的关键，卫生筹资与卫生服务体系协同能否协同发展对于 UHC 的实施进程影响深远。新一轮机构改革中，我国原有的分散在多个部门的卫生筹资责任被逐步整合到国家医保局和财政部，卫生服务体系发展主要集中在卫生健康委和发展改革委，要实现 UHC，需要卫生健康委、国家医保局、财政部和发展改革委等部门共同参与，协同推进卫生筹资制度和卫生服务提供体系的可持续发展。

加强卫生筹资制度建设，建立更加公平的筹资制度；探索不同筹资制度的整合路径，逐步建成覆盖全民的统一的基本医疗保险制度；加强支付方式改革，以我国能承受的成本实现 UHC。加强卫生服务体系转型，适应我国经济社会发展转型、人口老龄化和疾病谱变化的需求，坚持“以基层为重点”的卫生健康工作方针，强化基层卫生服务体系，落实初级卫生保健优先的发展理念，推动我国卫生服务体系顺利转型；加强服务质量管理，提高服务质量标准，满足人民群众对高质量健康服务的需求。

四、加强循证决策，不断完善适合我国国情的 UHC 实施路径

国际经验表明，推进 UHC 需要循序渐进，既不可急于求成，也不可踌躇不前；UHC 没有统一的实现路径，必须因地制宜，

需要以循证卫生决策为支撑。我国在实施 UHC 过程中，需要加强对 UHC 的研究，加强知识和能力建设，及时分享和传播证据，加强学界与决策界之间的交流，实现研究与决策相互促进、相辅相成，不断探索和完善符合我国国情的 UHC 实施路径。

五、加强监测评估，以监测评估推动 UHC 实施进程

监测评估是促进项目目标实现的重要手段。针对 UHC，我国应围绕卫生筹资与服务供给，建立监测评估框架；优先关注全人群健康水平改善；结合我国老年人、孕产妇和儿童等重点人群健康和慢性非传染性疾病等重点疾病防治面临的问题，优化卫生服务体系结构，重点关注卫生人力资源、药物可及性、服务能力和服务质量等卫生服务体系的核心要素；监测我国卫生筹资的公平性改善程度；构建可量化的监测评估指标，搭建全国性监测评估平台和信息系统；加大监测评估力度，督促政策落实，以监测评估推动我国 UHC 实施进程，实现健康持续改善、经济和社会的包容和可持续性发展。

第二篇

全民健康覆盖发展的国际经验

从全球来看，各国全民健康覆盖进程差异较大，且各国的实施路径也各不相同。总体上，发达国家进展较快，部分中等收入国家也取得较好进展，发展中国家的全民健康覆盖进程则相对滞后。鉴于我国已经进入中等收入国家，因此，本篇结合我国全民健康覆盖进程的特点，重点介绍发达国家和中等收入国家在全民健康覆盖方面的经验和做法，如日本、墨西哥和泰国是如何通过建立健全健康保险制度来实现全民健康覆盖的，美国是如何通过整合医疗来推进全民健康覆盖进程的。这些国家的经验，可以为我国加强全民健康覆盖进程提供有益借鉴。

第二章

日本健康保险制度演变历程与启示

日本为我国邻国，现有人口1.27亿，2018年人均GDP为39286.7美元[①]，是亚太地区重要的发达国家。2016年日本千人口床位数为13.17张，千人口医生数为2.43人。日本是较早实现全民健康覆盖的发达国家之一，也是世界上卫生系统绩效最好的国家之一。2015年日本居民平均期望寿命为83.7岁，婴儿死亡率为0.9‰，孕产妇死亡率为5/10万，健康结果位居全球前列。[②③] 但其卫生支出的总体水平并不高，2016年，日本人均卫生总费用为4233美元，卫生总费用占GDP比例为10.93%，个人卫生支出占卫生总费用的比例为13%，低于世界上大多数发达

① Japan [EB/OL].(2019-06-20)https://data.worldbank.org/country/japan?view=chart.

② WHO. WORLD HEALTH STATISTICS 2016[R]. 2017.

③ Organization of Economic Cooperation Development . OECD Health Data 2015.

国家。[1][2][3] 与其他发达国家相比，日本健康公平性也较好。这些健康结果的取得都与日本实现健康保险的全民覆盖密切相关。[4][5][6] 日本的社会医疗保险制度主要借鉴了德国的模式，但在实践过程中又有其自身的特点。本章对日本医疗保险制度实现全民覆盖的历程以及现状进行分析，试图为我国建立健全全民覆盖的基本医疗保险制度提供借鉴。

第一节　日本社会健康保险制度的演变历程

日本社会健康保险制度由职工健康保险、居民健康保险、老人健康保险和长期护理保险几个部分组成。日本现在的健康保险制度是逐步调整的结果，而不是基于某次根本性的重建，因此，要准确认识日本目前的健康保险制度，需要了解其演变过程（见图 2－1）。

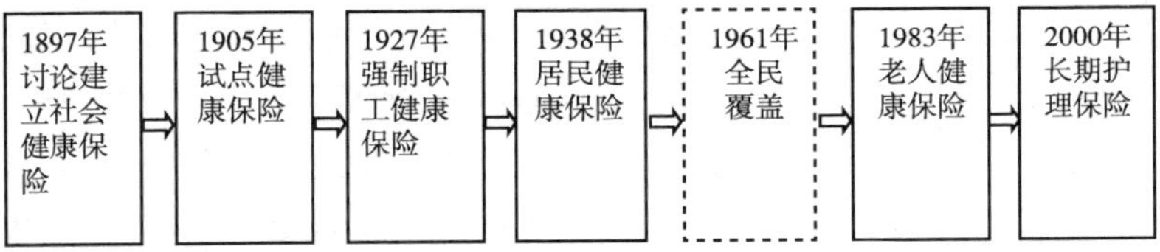

图 2－1　日本强制健康保险的发展历程

① Ikegami N. Japanese health care：low cost through regulated fees [J]. Health Affairs 1991, 10 (3)：87－109.

② Ikegami N. Japanese health care in Japan [J]. Science 1992 (258)：614－618.

③ OECD. OECD health data 2011. Paris, France, 2011.

④ Whitehead M. The health divide. In：Whitehead M, ed. Inequalities in health. Harmondsworth, UK：Penguin, 1980.

⑤ Department of Health and Social Security . Inequalities in health. . London：DHSS, 1980. Report of a research working group (D Black, chairman; J N Morris; P Townsend; C S Smith).

⑥ Editorial. Health inequality：the UK's biggest issue. Lancet 1997 (349)：1185.

1897年日本卫生部门领导人学习德国经验，尝试建立德国“俾斯麦”模式的社会健康保险。[①] 当时日本建立健康保险制度的目的是要改进工业生产率，缓解劳动力的不稳定[②]；但在建立健康保险制度之初，遭到全面反对：雇主因为保险增加了劳动力成本而反对，雇员因为必须支付一定比例的保险费而反对，医生因为必须接受更低的收费标准而反对。这些问题最终全部得以解决，如医生之所以愿意接受新的收费标准，在一定程度上是因为病人参加保险后不会拖欠费用，而且医生可以继续对未参加保险的病人收取较高的费用。[③]

一、职工健康保险

20世纪初，一些小公司有自愿的互助组织，雇主帮助雇员支付工伤和工厂法规定的某些疾病费用，这是日本职工健康保险的雏形。1905年日本开始试点职工健康保险，首先覆盖某些特定的政府雇员，如铁路和钢厂工人等。1907年保险扩大到所有政府雇员。1927年随着《健康保险法案》正式实施（1922年通过），强制性职工健康保险制度开始覆盖普通工人。[④]

职工健康保险制度建立之初只覆盖了当年总人口的3%，但是这个保险制度却覆盖了小工厂的工人。随后几年，日本的职工健康保险制度随着国家经济的发展而缓慢发展；1934年，职工

① Shimazaki K. Health care in Japan—institutions and policies. Tokyo: Tokyo University Press, 2011.

② Campbell JC, Ikegami N. The art of balance in health policy: maintaining Japan's low - cost, egalitarian system. Cambridge: Cambridge University Press, 1998.

③ Fuse S. History of doctors—Japanese characteristics. Tokyo: Chuou Kouronsha, 1979.

④ Ikegami N and Campbell JC. Medical care in Japan. New England Journal of Medicine 1995, (333): 1295 - 1299.

健康保险已经扩展到有 5 个以上全职员工的公司，1939 年扩展到所有职工和他们的家属。[①]

职工健康保险制度有两个独立的管理系统，一个是中央政府管理系统（因为小工厂不足以风险共担或者没有足够的管理能力，所以政府直接为他们提供保险），覆盖中小规模公司（5 名以上全职雇员）的员工；另一个是保险社团管理系统，大规模公司（300 名以上全职雇员）作为独立的保险人。这就是日本拥有数量如此之多健康保险团体的原因。最近，为形成更大范围的风险共担并减少管理成本，新颁布的法律允许大公司与其他公司的健康保险团体合并。[②]

二、居民健康保险

1835 年，日本有了第一个覆盖卫生保健费用的互助合作机制，即村一级的基于缴纳稻米的自愿居民健康保险（或称为 “Jyorei”），这是日本居民健康保险的雏形。

1933 年日本的一项调查显示，农村地区大多数家庭都有沉重的债务，而医疗费用是造成债务的主要原因。相比于城市居民，农村居民的健康状况很差，卫生保健需求很高，但多数农村居民无力支付医疗费用；即使能够支付，在农村地区也很难找到医生，导致农村居民健康状况的恶性循环。为改进农村居民的健康状况，日本政府决定引入居民健康保险，这个保险制度的设计就吸取了 “Jyorei” 的经验。

1935 年日本国会通过居民健康保险方案，这个保险方案最

① John Creighton Campbell, Naoki Ikegami, Mary Jo Gibson. Lessons From Public Long - Term Care Insurance In GermanyAnd Japan. HEALTH AFFAIRS. 2010, 29 (1): 87 - 95.

② Tetsuo Fukawa. Public Health Insurance in Japan. World Bank Institute. 2002.

初是为了满足低收入家庭和服务不足农村地区居民的需求，但法律规定所有人均可参加，因此，参保人员日益增多。后来，在全民覆盖的趋势下，居民健康保险从自愿参保变成强制参保①。

1938 年《居民健康保险法》正式颁布并实施，日本健康保险制度覆盖人口在短期内迅速增加。到 1943 年，已有 74.6% 的日本居民被居民健康保险或职工健康保险制度覆盖。第二次世界大战后期以及第二次世界大战以后几年，由于资源短缺，社会健康保险覆盖面受到很大影响。但是日本在 20 世纪 50 年代的经济繁荣，使得职工健康保险迅速发展。同期日本的产业结构也发生巨大变化，从第一产业为主转向以第二和第三产业为主。随着产业结构的变化，职工健康保险覆盖的人数逐渐增加，居民健康保险覆盖的人数逐渐减少；这种变化是促使日本实现全民覆盖的主要动力。另外，1945—1961 年，主要的政党——民主党和社会党争相建立福利国家，而社会健康保险是普遍接受而且明确的目标。因此，健康保险覆盖率迅速从战争和战后的混乱中恢复过来，并进一步扩大。②

在 20 世纪 50 年代末，两种健康保险制度（职工健康保险和居民健康保险）已经覆盖了近 90% 的人口。1961 年《国家健康保险法》颁布，规定所有居民必须参与健康保险，因此，在 1922 年社会健康保险首次立法通过后 40 年，日本实现了健康保险全民覆盖。③

日本在实现医保制度的全面覆盖后，随着人口老龄化逐渐加重，其健康保险基金的运行压力增加。为了缓解人口老龄化带来的挑战，日本在职工健康保险和居民健康保险制度的基础上，又

①②③　Tatara K, Okamoto E. Japan: Health system review. Health Systems in Transition [R], 2009, 11 (5): 1 - 164.

逐渐建立健全老人健康保险和长期护理保险制度（Long - term Care）。[①]

三、老人健康保险

该制度主要针对75岁以上的老人或者65岁以上的卧床老人。早在1963年日本的老年人福利法中就已经规定为老年人（65岁以上）提供免费健康保健。从那以后直到20世纪80年代，老年人的健康保险受益范围逐渐扩大。为老年人支付医疗保健费用对老人的健康和整个日本的健康保险系统产生很大的影响。在健康保险制度下，老人（65岁以上）可以得到免费的医疗保健，医疗服务的可及性大大改善；但诸多问题也随之出现，如过度服务、保险基金运行压力增大等。基金运行压力对居民健康保险的影响尤为明显，因为老年人多被居民健康保险制度覆盖。为解决这些问题，日本于1982年颁布了《老年人健康和医疗服务法》，在此基础上于1983年建立老年人健康保险制度，使不同的健康保险基金共同分担老年人的医疗保健费用，并在老年患者中引入费用分担机制，以减轻健康保险基金的压力。[②]

四、长期护理保险

长期护理保险严格意义上不算是一种健康保险制度，更像是一种福利制度。但是长期护理保险与健康保险制度，尤其是老年

---

① Tatara K, Okamoto E. Japan: Health system review. Health Systems in Transition [R], 2009, 11 (5): 1 - 164.

② Naoki Ikegami, Byung - Kwang Yoo, Hideki Hashimoto, et. al. Japanese universal health coverage: evolution, achievements, and challenges. The Lancet, 378 (9796): 1106 - 1115.

人健康保险的关系非常密切。为给老年人提供综合的医疗服务并减少老年人长期住院治疗费用，日本于1997年颁布《长期护理保险法》，并于2000年正式实施。该制度覆盖65岁以上老年人的护理服务和40～65岁但需要护理和支持人群（需要被健康保险覆盖）的长期机构保健。长期护理保险将长期护理保健费用与其他医疗支出分开，但是仍然由健康保险支付。①

第二节　日本健康保险制度的现状

目前日本约有3500个保险方案，大约一半是职工健康保险，一半是居民健康保险。每一个日本公民必须参加而且只能参加一种健康保险制度，保险方案的选择首先基于雇用状况，其次根据居住情况，个体不能自由选择；家属（除75岁以上的老人）都要求被户主参加的保险覆盖；雇主必须为所有雇员提供健康保险（除工作时间少于全勤工作时间3/4的员工和75岁以上的员工）。所有未被职工健康保险覆盖的，包括退休人员，必须参加当地政府的居民健康保险（如果小于75岁）或者参加老人健康保险（如果75岁以上），除非他们在公共补助范围内。每个保险方案的保险费率、税收补贴、共付率都由国会通过立法确定。在职工健康保险中，保费按一定的比例从工资中扣除，雇主支付至少一半（平均55%）。居民健康保险，由每个城市自行设定保费缴纳标准，总体上一半基于工资（有时是财产），另一半每个参保人有一个固定金额（有时是一个

① WHO. Social Health Insurance: Selected Case Studies from Asia and the Pacific. 2005 (3).

家庭），保费交由市政府管理。[①]

政府是日本最大的保险管理者，而不是保险方案的协调者或唯一的保险者，这是日本健康保险系统最为突出的特色。因此，政府在与提供者谈判中发挥主要作用，而且减弱了不同社会保险方案之间的独立性。但是，跟其他税收体制的健康保险不同，日本政府并不直接负责筹资[②]。

除了强制性的健康保险之外，日本还有营利性的私人健康保险，覆盖私立医疗机构的卫生费用并且允许使用者付费和共付。但是私人健康保险并不能作为社会健康保险的补充，因为病人在私立机构就诊并不能得到社会健康保险的报销。因此，病人必须选择被社会健康保险覆盖的机构（和服务）才能得到社会健康保险的报销，要么利用私立机构的服务自己付费或者利用私立保险。[③]

一、日本社会健康保险制度的筹资

日本健康保险制度的筹资来源主要有个人缴费、雇主缴费和税收补贴三部分，但不同保险制度的筹资来源和比例有所区别。

职工和雇主共同缴纳保费是职工健康保险的主要筹资方式，不同保险方案的缴费比例不同，平均约占工资的8%，由职工和雇主平均分担；税收补贴主要补助覆盖中小企业职工的健康保险制度。居民健康保险主要基于收入水平以家庭为单位征缴保费，

① Naoki Ikegami, Byung - Kwang Yoo, Hideki Hashimoto, et. al. Japanese universal health coverage: evolution, achievements, and challenges. The Lancet, 378 (9796): 1106 - 1115.

②③ Tatara K, Okamoto E. Japan: Health system review. Health Systems in Transition [R], 2009, 11 (5): 1 - 164.

但是在不同地区征缴方式不同。[1] 老人健康保险基金主要来源于保险人缴费（居民健康保险或职工健康保险基金的划拨）以及税收。两大健康保险基金共同出钱建立老人健康保险基金，并保证每个保险基金都不会过度承担老人的费用。每个保险制度对老人健康保险筹资（划拨）比例的确定，基于每个保险制度下老年人的数量以及以往医疗保健费用支出的记录。[2]

利用税收补贴健康保险基金是日本健康保险制度筹资的一个特点，但不同健康保险制度得到税收补助的比例不同；通过税收补贴以及不同保险方案间的转移（来平衡老年人的医疗费用），使所有社会健康保险方案都能覆盖相同的服务。日本根据参保人的平均收入将保险方案可以分为四层，前三层每层覆盖 30% 的人口，第四层覆盖剩下的 10% 人口。第一层是覆盖大公司（300 名以上员工）职员的 1497 个方案（社团管理的健康保险）和覆盖公共部门工作人员的 77 个方案（互助协会）。第二层只有 1 个方案，准公共国家健康保险组织（2008 年从政府管理健康保险组织重组），覆盖在中小公司工作，收入低于第一层方案的参保人。第三层是自由职业者、不规律工作者和低于 75 岁退休人员的居民健康保险，由 1788 个市政府管理，还有自由职业群体的（包括私人执业的医生、理发师和建筑工人）165 个居民健康保险联盟（包括这层约 1/10 的参保人）。第四层是老人健康保险，75 岁以上的老人必须参加，不管他们的雇用情况和家属的情况，在 47 个辖区内由市政府

① Tatara K, Okamoto E. Japan: Health system review. Health Systems in Transition [R], 2009, 11 (5): 1 - 164.

② Naoki Ikegami, Byung - Kwang Yoo, Hideki Hashimoto, et. al. Japanese universal health coverage: evolution, achievements, and challenges. The Lancet, 378 (9796): 1106 - 1115.

的同盟会管理。①

为增加医保基金，日本政府通过税收为第二至第四层的保险方案提供补贴，约占整个卫生支出的1/4。这些补贴约占第二层所有支出的16.4%，第三层的50%（经济发达城市40%，经济贫困城市80%），第四层的50%。另外，为了平衡老年人的卫生费用，所有医保方案，每个参保人都要将一定比例的保险费转移到老人健康保险。这些转移保费占到老人健康保险所有支出的40%，并且补贴参加其他保险方案的65~74岁的老人（见图2-2）。②

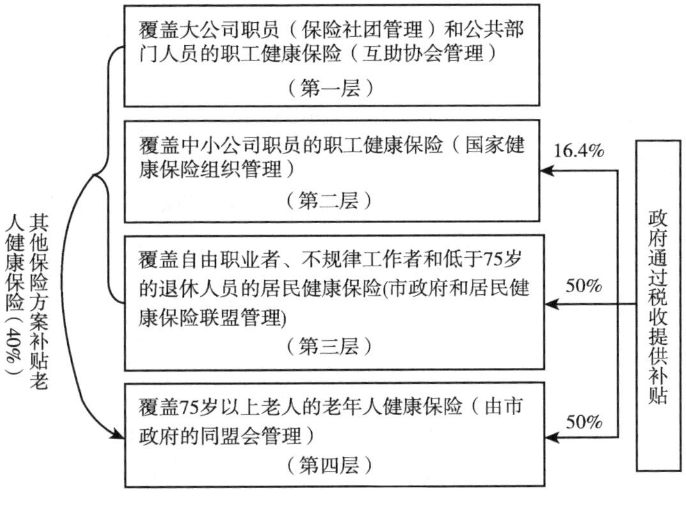

图2-2　不同健康保险制度的税收补贴及保费转移情况

① Tatara K, Okamoto E. Japan: Health system review. Health Systems in Transition [R], 2009, 11 (5): 1-164.

② Naoki Ikegami, Byung-Kwang Yoo, Hideki Hashimoto, et. al. Japanese universal health coverage: evolution, achievements, and challenges. The Lancet, 378 (9796): 1106-1115.

二、日本社会健康保险的支付与费用控制

（一）针对供方

日本健康保险对于供方支付以前主要采用的是按项目付费，为了控制费用，1998 年在急诊服务中试点按病种付费（Diagnosis Related Groups，DRGs）。因为日本的住院天数很长而且差异很大，而按病种付费不考虑住院天数，因此，日本未采用这种支付方式。①

2003 年起日本开始探索新的支付方式改革：诊断—诊疗结合支付方式（Diagnosis Procedure Combination，DPC），之所以称为诊断—诊疗结合支付方式，是因为病人是根据诊断和诊疗过程分类的。DPC 不是按病种付费，而是基于病人的分类按床日付费。根据住院天数，医院按照一定的比例得到支付，住院天数越长，支付的比例越低。住院天数分为三段：第一段，病人住院时间低于平均住院天数时，医院能得到既定支付标准的 115%；第二段，病人住院时间超过平均住院天数时，医院能得到既定支付标准的 85%；第三段，如果病人住院天数继续增多超过某特定值时不再按 DPC 支付，而按项目付费。DPC 仅仅用于病床、护理和实验室检查等费用，手术、康复等费用依然采用按项目服务。采用 DPC 后，病人的平均住院时间有所缩短。DPC 实施的最大困难是缺乏详尽的费用和诊断信息。②

除了进行支付方式改革外，日本还通过实行统一的价目表加强对供方的谈判和约束力。日本政府规定了健康保险的福利包和价目表，不同的健康保险制度的保障范围是统一的。健康保险覆

①② Tatara K, Okamoto E. Japan: Health system review. Health Systems in Transition [R], 2009, 11 (5): 1-164.

盖的服务和药品有一个清楚地列表，这些服务和药品的价格也都列在国家的价目表中。[①] 因此，尽管日本有多个支付方（3500多个保险方案），但是日本只有一个在全国通用的支付制度。这种结构有利于改进公平性，而且有利于加强对供方的约束、提高医保基金的使用效率并降低管理成本。[②]

（二）针对需方

日本健康保险对于需方的支付方式改革主要包括调整共付率、设定起付线和封顶线，目的是缩小不同健康保险制度覆盖人群的医保待遇的差距，提高医保待遇的公平性。

尽管早在1961年，日本公民就已基本被健康保险覆盖，但当时不同保险制度覆盖人群的共付率差异很大。职工健康保险覆盖人员（雇员），几乎不需共付，但是其家属共付率却高达50%，而居民健康保险的户主和家庭成员都要共付50%。这意味不同保险制度覆盖人群的保障待遇差别较大。从那以后，共付率不断调整，居民健康保险方案参保人和职工健康保险方案参保人家属的共付率逐渐下降，而职工健康保险方案参保人的共付率逐渐上升。最后，居民健康保险参保人和职工健康保险参保职工家属的共付率降到了30%。1980年职工健康保险参保人家属的住院报销比例更是提高到了80%。[③]

另外，很多城市开始利用普通税收来覆盖老人30%的共付。1973年，政府因此被迫立法确保老年人（70岁以上）免费（没

---

① Tatara K, Okamoto E. Japan: Health system review. Health Systems in Transition [R], 2009, 11 (5): 1-164.

② Cabinet Office (2005) Report on the Evaluation of Structural Reforms Health Care Reform. Tokyo, Japan: Cabinet Office.

③ Ikegami N (2006) Should providers be allowed to extra bill for uncovered services? Debate, resolution and sequel in Japan. Journal of Health Politics Policy and Law, 31 (6): 1129-1149.

有共付）享有医疗保健。同年，在所有健康保险方案中引入重大疾病保险，例如，每月的费用超过了封顶线（83美元），就不需共付。因此，1973年的社会保障制度改革被认为是走向福利国家的划时代改革①②。

20世纪80年代日本的健康保险制度进行多次针对需方的支付方式改革。1984年日本重新修订了《健康保险法》，在职工健康保险中引入了起付线或者10%的共付，还引入了家庭封顶线。1984年健康保险法案修订后，雇员的共付率变为10%，随后又有所增长，1997年增长到20%，2003年增长到30%。③ 老人的共付率也逐步增长，2003年收入低于平均收入水平的老人共付率增长为10%，高于平均水平的共付率增长为20%，并在2006年进一步增长为30%。④ 目前，除了收入低于平均水平的70岁以上老人（占所有老人的93%）共付率是10%和6岁以下儿童的共付率是20%外，整个日本所有参保人的共付率都是30%。

第三节　日本健康保险制度演变的特点

日本健康保险制度经过多年的发展和完善，逐步实现全民覆

① Tatara K, Okamoto E. Japan: Health system review. Health Systems in Transition [R], 2009, 11 (5): 1 - 164.

② Naoki Ikegami, Byung - Kwang Yoo, Hideki Hashimoto, et al. Japanese universal health coverage: evolution, achievements, and challenges. The Lancet, 378 (9796): 1106 - 1115.

③ Hashimoto H, Ikegami N, Shibuya K, et al. Japan: Universal Health Care at 50 Years 3: Cost containment and quality of care in Japan: is there a trade - off? [J] Lancet. 2011, 378 (9797): 1174 - 82.

④ Yumiko Arai, Naoki Ikegami. Health care systems in transition Ⅱ. Japan, Part I. An overview of the Japanese health care systems. Journal of Public Health Medicine. 1998, 20 (1): 29 - 33.

盖，其演变发展过程中形成了诸多特点。

一、循序渐进，以法律为依据，逐步实现医保制度的全民覆盖

日本尽管1905年就开始健康保险制度试点，但经过56年的时间（1961年）才真正实现健康保险制度的全民覆盖，而且日本均以法律为依据，确保健康保险制度的强制性。如1922年通过《健康保险法案》，为职工建立健康保险制度；1938年颁布并实施的《居民健康保险法》，为居民建立健康保险制度；1961年颁布《国家健康保险法》，规定所有居民必须参与健康保险；1984年日本重新修订《健康保险法》。

二、建立了健康保险基金的合理分担机制，强调个人筹资责任

日本在健康保险制度筹资方面，确立了合理的筹资分担机制，强调个人的筹资责任，个人的平均筹资比例接近50%，其余部分由雇主或政府税收承担。这既有助于参保人员树立费用控制意识，也有助于减轻雇主的负担，保证健康保险制度的可持续发展。

三、不同保健制度覆盖人群的服务包逐渐趋同、补偿水平逐渐统一

日本尽管健康保险方案多样化、经办主体多元化，但不同健康保险方案的保障待遇基本一致，不同保险方案的服务包和共付比例基本相同。目前，日本除了收入低于平均水平的70岁以上老人（共付率是10%）和6岁以下儿童（共付率是20%）外，其余所有参保人的共付率均为30%。

四、不同保险方案之间建立了风险分担和资金转移机制

日本健康保险方案经办主体多元化，不同保险方案面临的风险有所差异。为了降低基金风险，日本在不同保险方案之间建立风险分担和资金转移机制，同时也有利于实现不同保险方案保障待遇的一致性。

五、加强对供方的约束力，控制医药费用快速上涨

日本不同保险方案实行统一价目表，加强了对供方的约束力和谈判能力，确保医药费用的上涨速度控制在合理范围内；另外，DPC 的改革也有助于约束供方的行为，促进取得一定的效果。

第四节　日本健康保险制度改革对我国的启示

日本与我国文化同源，1961 年就实现了全民覆盖，当时其人均 GDP 为 5000 美元左右，目前我国的人均 GDP 已经超过日本当时的水平，因此，借鉴日本健康保险制度的演变历程对我国的医保制度改革具有重要意义。

一、逐步健全法律法规，为完善我国健康保险制度提供保障

我国尽管城镇职工和居民医疗保险分别于 2000 年和 2007 年在全国全面推开，但《中华人民共和国社会保险法》于 2010 年才正式颁布[①]，且对于城镇居民参保没有法律强制性要求；而针

① 中华人民共和国社会保险法［EB/OL］.（2010－10－29）［2018－12－20］. http://www.china.com.cn/policy/txt/2010－10/29/content_21225907_3.htm.

对农村居民的新型农村合作医疗制度，至今未能出台国家层面的管理条例，明显滞后于新农合制度的发展，也使该制度的建立健全缺乏强制性。由于缺乏强制性，全国至今仍有部分城乡居民未能被医疗保险制度覆盖。因此，我国应该尽快健全医疗保险制度的法律法规，确保医疗保险制度的强制性，真正做到医疗保险制度覆盖我国的所有居民。

二、建立筹资分担机制，逐步提高个人筹资责任

我国虽然确定了筹资分担机制，但过于强调雇主的筹资责任，个人的筹资分担不足；如城镇职工医疗保险，大多城市的个人筹资比例仍维持在工资总额的2%不变，而雇主的筹资比例则在6%以上，高的甚至达10%以上，雇主的筹资责任明显高于参保职工；对于城镇居民医疗保险和新农合，个人筹资比例也较低，大多占筹资总额的比例不足25%。这样的筹资机制，尽管有助于扩大医保的覆盖面，但是对于雇主来说，负担相对较重，对于参保人员来说，也不利于他们树立费用控制的意识。因此，我国在完善医保制度过程中应逐步改善筹资分担机制，适度增加个人的筹资比例、降低雇主和政府补助的分担比例。

三、推进不同医保制度覆盖人群保障待遇的统筹和统一

目前，我国的医疗保险制度主要包括两个制度，但有3000多个基金统筹单位，不同基金统筹单位的保障待遇差别较大，尤其是城镇职工医疗保险制度和城镇居民、新农合之间的保险待遇差距甚大。建议我国在改革医保制度过程中，借鉴日本的经验，通过缩小不同医保制度之间的保障待遇差距，提高医保的公平性，逐步实现保障待遇的统筹和统一，而不是仅仅将重点放在提高统筹层次（人群和地区）上。

四、尽快建立不同健康保险制度之间的风险分担机制

我国不同医疗保险制度的基金运行情况有较大差别，城镇职工基本医疗保险的累计基金结余已超过当年的筹资总额，而城乡居民医保基金结余较少，部分统筹地区甚至出现当年收不抵支现象。政府可尽快在不同的医疗保险制度之间建立风险分担和资金转移机制，降低不同医保制度的基金运行风险，逐步缩小不同保险制度的待遇差距，保障医保制度的可持续发展。

五、积极探索支付方式改革，控制医药费用快速上涨

支付方式改革是医保部门控制医药费用上涨的重要手段。我国在进行医保支付方式改革时可以借鉴日本的做法，不同医保制度实施统一的服务包和价目表，加强对供方的约束力，积极探索适合中国国情的支付方式改革，尽快缓解目前支付方式碎片化、对供方控制力度较弱的现局面，以尽快控制医药费用的快速上涨。

第三章

墨西哥全民健康覆盖发展历程及对我国的启示

墨西哥位于北美洲，现有人口 1.28 亿，2018 年人均 GDP 为 9698.08 美元，与我国经济发展水平非常接近。按照世界银行的分类标准，属于中等偏上收入国家。2016 年，墨西哥人均卫生总费用为 462 美元，卫生总费用占 GDP 比例为 5.47%，个人卫生支出占卫生总费用的比例为 40%。2017 年墨西哥居民平均期望寿命为 75.4 岁，婴儿死亡率为 12.1‰，孕产妇死亡率为 34/10 万；2016 年墨西哥千人口床位数仅 1.39 张，千人口医生数为 2.35。[①②]

墨西哥是中等收入国家中推进 UHC 进程较快的国家之一，其主要通过建立大众健康保

① OECD Health Statistics 2019 [EB/OL]. (2019-06-21) http://www.oecd.org/els/health-systems/health-data.htm.

② Mexico [EB/OL]. (2019-06-22) https://data.worldbank.org/country/mexico? view=chart.

险来推进全民健康覆盖进程的。我国与墨西哥均是中等收入国家，均具有人口众多、存在一定程度和范围的贫富差距等特点；同时，墨西哥的健康保险制度与我国医疗保险制度的发展有诸多相似之处，均是先覆盖正式就业人群，再扩展到非正式就业人群，且两类人群分别被不同的医疗保险制度覆盖。因此，本章分析墨西哥实现全民健康覆盖的发展历程和经验，以期为进一步加快我国全民健康覆盖建设进程提供借鉴。

第一节　墨西哥全民健康覆盖的发展历程

2003 年改革前，墨西哥卫生系统存在自付费用较高、公共资源在不同地区和人员之间分配不公平、不同州的筹资责任不公平、基础设施建设投入不足等问题。这些问题在很多中低收入国家都存在，直接影响了卫生系统对老龄化、慢性疾病和伤害的应对。[①] 2003 年，墨西哥进行卫生改革，在全民健康覆盖领域开展长达 9 年的探索，建立了大众健康保险（Popular Health Insurance，PHI）——Seguro Popular，覆盖非正式就业人群，于 2012 年实现全民健康覆盖。[②]

一、改革前的卫生系统与卫生筹资

（一）卫生系统概况

2003 年改革之前，墨西哥卫生系统与大多数拉美国家一样，

① Frenk J, González - Pier E, Gómez - Dantés O, et al. Comprehensive reform to improve health system performance in Mexico [J]. Lancet, 2006, 368 (9546): 1525 - 1534.

② Knaul F M, González - Pier E, Gómez - Dantés O, et al. The quest for universal health coverage: achieving social protection for all in Mexico [J]. Lancet, 2012, 380 (9489): 1259 - 1279.

存在碎片化和不公平问题。1943 年成立墨西哥卫生部，同年建立 IMSS（the Mexican Institute for Social Security），覆盖私立部门的正式雇员及其家庭成员。IMSS（实际上并不是一种社会保险，更像是一种服务，兼顾提供和支付功能）作为垂直管理的联邦机构，筹资状况良好，是最大的卫生服务提供者。1959 年，墨西哥建立 ISSSTE（the Institute for Social Security and Services for Civil Servants），覆盖公共部门雇员及其家庭成员，他们利用 ISSSTE 运营的诊所得到服务，而大量自由执业者、失业人员及非正式雇佣人员无任何健康保障。

这种最初的制度设计，将获取卫生保健的权利通过是否有正式工作和收入区分开来，造成了健康保障制度的分裂和碎片化。[①] 有正式工作的雇员及其家庭成员享有健康保障，通过雇主和雇员交纳的保费以及联邦政府补贴，能够从 IMSS 和 ISSSTE 免费得到卫生服务；不被健康保障制度覆盖的穷人只能自费通过卫生部管理的服务提供系统（公共卫生机构，除少数专科医院由联邦政府管理外，一般由州政府管理）获得卫生服务；还有很多家庭利用管制较差、费用较高的私人服务[②]。另外，由于有保障人群的筹资从联邦政府税收收入中获得大量补贴，而税收是对全民征收，这也导致了不公平问题。[③]

由于享有不同健康保障的人群只能利用各自系统内部的卫生服务资源，消费者没有机会进行选择，因此，卫生服务提供机构

① Londoño J L, Frenk J. Structured pluralism: Towards an innovative model for health system reform in Latin America [J]. Health Policy, 1997, 41 (1): 1 -36.

② Frenk J, Knaul F, Gómez - Dantés O, et al. Fair financing and universal protection: the structural reform of the Mexican health system [R]. Mexico: Ministry of Health, 2004.

③ Jason M, Lakin. The End of Insurance? Mexico's Seguro Popular, 2001—2007 [J]. Journal of Health Politics, Policy and Law, 2010, 35 (3): 314 -352.

之间没有竞争；而且公共部门的卫生机构占有垄断地位，缺乏动力去关注消费者的需要和服务质量。另外，公共和私立卫生服务机构都没有进行严格认证，提供的服务也没有明确范围。

（二）卫生筹资

20 世纪 90 年代初期，墨西哥超过 50% 的卫生支出由患者自付，很多家庭尤其是贫困和没有保障的家庭出现因病致贫和因病返贫现象，家庭遭受致贫性卫生支出的风险很高①。2000 年，约一半的墨西哥家庭没有任何健康保障②；而这一半有保障的家庭中，40% 是由 IMSS 覆盖的私立部门正式雇员及家庭③，7% 是由 ISSSTE 覆盖的公共部门雇员及家庭，还有 3% ~4% 的人员由私立健康保险覆盖。

无保障人群与有保障人群获得的公共筹资有明显差距，不公平程度较高，如 2002 年墨西哥无健康保障人群占 55%，但仅得到 34% 的公共投入，有保障人群的人均投入是无保障人群的 2.3 倍。④

墨西哥无保障的非正式就业人群（自我雇用者、失业者）主要通过公共救助在各个州的卫生部门得到服务。由于没有保障，这些人群卫生保健服务的筹资不确定，服务也不全面，只能在接受服务时按项目付费，因此，很多家庭面临致贫的风险。⑤ 墨西哥

---

① Frenk J, Lozano R, González – Block M A, et al. Economía y salud. Propuestas para el avance del sistema de salud en México. Mexico: Fundación Mexicana para la Salud, 1994.

② Frenk J, Sepúlveda J, Gomez – Dantes O, et al. Evidence – based health policy: three generations of reform in Mexico [J]. Lancet, 2003, 362 (9396): 1667 – 1671.

③ OECD Review of Health Systems: Mexico [R]. Paris: OECD, 2005.

④ Frenk J. Bridging the divide: global lessons from evidence – based health policy in Mexico [J]. Lancet, 2006, 368 (9546): 954 – 961.

⑤ Gakidou E, Lozano R, González – Pier E, et al. Assessing the effect of the 2001—2006 Mexican health reform: an interim report card [J]. Lancet, 2006, 368 (9550): 1920—1935.

健康基金会和卫生部的分析指出，每年有200万~400万家庭（多是贫穷和无保障家庭）遭受灾难性卫生支出（占家庭非食品支出的30%）和致贫性卫生支出（使家庭收入低于贫困线）。①

联邦政府对各个州的人均卫生投入严重不均衡，投入最多与最少的州之间相差5倍之多。卫生部门的预算一般是在前几年预算的基础上经通胀率调整后计算得出，分配到各个州的资金与卫生机构和卫生人员的数量有关。因此，不管实际的卫生需要如何，拥有更多卫生机构的州则会得到更多的联邦资金。② 另外，各个州政府的人均卫生投入差距更大，投入最多与最少的州之间的差距达115倍。③④⑤⑥⑦

二、2003年的卫生改革

（一）卫生系统改革概况

为了实现全民健康覆盖，墨西哥卫生部试图进行改革，建立

---

① Knaul F, Arreola H, Méndez O. Protección financiera en salud, México 1992 a 2004 [J]. Salud Publica Mex 2005, 47 (6): 430 -439.

② Londoño J L, Frenk J. Structured pluralism: Towards an innovative model for health system reform in Latin America [J]. Health Policy, 1997, 41 (1): 1 -36.

③ Frenk J, Lozano R, González - Block M A, et al. Economía y salud. Propuestas para el avance del sistema de salud en México. Mexico: Fundación Mexicana para la Salud, 1994.

④ Secretaría de Salud. Programa Nacional de Salud 2001—2006. La democratización de la salud en México. Hacia un sistema universal de salud [R]. Mexico: Secretaría de Salud, 2001.

⑤ Knaul F, Arreola - Ornelas H, Méndez O, et al. Evidence is good for your health system: policy reform to remedy catastrophic and impoverishing health spending in Mexico [J]. Lancet, 2006, 368 (9549): 1828 -1841.

⑥ Knaul F M, Arreola - Ornelas H, Mendez O, et al. Preventing impoverishment, promoting equity and protecting households from financial crisis: universal health insurance through institutional reform in Mexico [R]. 2006.

⑦ Secretaría de Salud. Información para la rendición de cuentas [R]. Mexico: Secretaría de Salud, 2002.

覆盖非正式就业人群的健康保险——Seguro Popular。但改革遇到了很多阻力，IMSS 认为 Seguro Popular 的建立会使 IMSS 的资源被转移，并使 IMSS 陷入困境；财政部也因为财政问题反对建立 Seguro Popular。[①]

尽管存在重重阻力，墨西哥的卫生改革还是得到了迅速推进。2001 年墨西哥开始建立社会健康保障制度（System of Social Protection in Health，SSPH），其中 Seguro Popular 于 2002 年在 20 个州试点；2003 年建立 SSPH 法案，并于 2004 年 1 月开始执行。[②] 墨西哥改革的目的，是实现宪法规定的所有居民均能享有健康保健服务的权利。

SSPH 将没有保障的 5000 多万人纳入保险体系，其改革包括五个方面：一是 Seguro Popular 覆盖人员的筹资标准与正式就业人员相似；由于 Seguro Popular 覆盖人群主要依靠政府筹资，因此政府卫生支出需逐年增加。二是参保人员、卫生部门和纳税人明确个体健康服务包内容，这样便于参保人员充分利用卫生服务，也便于纳税人实施监督。三是参加 Seguro Popular 是自愿的，每次参保签约年限为一年。根据参保人员的数量，各个州从联邦政府获得保险基金。自愿参保有助于激励州政府改进服务质量、提高效率以鼓励更多人员参保，进而获得更多的联邦财政支持。四是联邦政府的投入分成个体服务和群体服务两部分，有助于保证公共卫生服务筹资不被忽略。五是联邦政府直接负责建立灾难性卫生支出基金，用于覆盖可能会导致灾难性卫生支出但不在基本服务包内的疾病。

---

① Nu'ria Homedes, Antonio Ugalde. Twenty - Five Years of Convoluted Health Reforms in Mexico［J］. PLoSMed. 2009, 6（8）: e1000124.

② Secretaría de Salud. Decreto por el que se reforma y adiciona la Ley General de Salud.［R］Mexico: Diario Ofi cial de la Federación, 2003.

卫生改革以来，墨西哥的全民健康覆盖取得很大进展。2012年健康保险覆盖1.1亿人，覆盖率达98%[①]，其中IMSS覆盖4200万人，ISSSTE覆盖600万人，Seguro Popular覆盖人群达到5260万人。Seguro Popular覆盖人群大多数是贫困人口，35%居于农村社区，9%居于贫穷社区[②]，许多参保家庭户主为妇女[③]。卫生总费用占GDP的比例从2000年的5.1%增长至2011年的6.2%，各个州之间以及不同保障制度之间的差异也有所减少。与未参保人群相比，Seguro Popular增加了参保人群的卫生服务利用、减少了个人自付费用和灾难性卫生支出。[④⑤]

（二）卫生筹资改革

墨西哥三大健康保障制度（IMSS，ISSSTE，Seguro Popular）的保险费用均由三部分构成（见表3-1）。一是社会税款（Social Contribution）由联邦政府承担，所有家庭标准相同，根据通胀率定期调整，有助于保证三大健康保障制度覆盖人群的一致性（Solidarity）。2004年社会税款为最低工资（Mandatory Minimum Wage）的15%，相当于每个家庭每年230美元。[⑥] 二是共同责任保险费用（Co-responsible Contribution），其中

① Instituto Nacional de Estadística y Geografía (INEGI). Censo de población y vivienda 2010. Panorama sociodemográfi co de México [R]. Mexico: INEGI, 2011.

② Comisión Nacional de Protección Social en Salud. Informe de resultados 2011 [R]. Mexico: CNPSS, Secretaría de Salud, 2012.

③ Ibid, Ministry of Health. Comisión Nacional de Protección Social en Salud [R].

④ Londoño J L, Frenk J. Structured pluralism: Towards an innovative model for health system reform in Latin America [J]. Health Policy, 1997, 41 (1): 1-36.

⑤ Knaul F M, Arreola-Ornelas H, Mendez O, et al. Preventing impoverishment, promoting equity and protecting households from financial crisis: universal health insurance through institutional reform in Mexico [R]. 2006.

⑥ Knaul F M, Frenk J. Health insurance in Mexico: achieving universal coverage through structural reform [J]. Health Affairs, 2005, 24 (6): 1467-1476.

IMSS 和 ISSSTE 的筹资来源于雇主；由于参加 Seguro Popular 的是非正式就业人群，这部分筹资被称为一致性保险费（Solidarity Contribution），主要来于联邦和州政府，其中联邦政府承担费用相当于 1.5 倍社会税款，州政府承担约一半社会税款。并且根据不同州的发展水平，联邦政府补助的一致性保险费存在地区差异，贫穷地区得到的多，富裕地区得到的少，这有利于保证不同人群健康保障制度的一致性。三是家庭保险费（Family Contribution），采取累进制方式征收，有助于重新分配家庭收入。其中，IMSS 和 ISSSTE 费用从工资扣除；Seguro Popular 费用的额度根据家庭支付能力确定，按照可支配收入的一定比例缴纳，但不超过 5%。在申请参保时，每个家庭要接受一个社会经济状况调查，用于估计每个家庭应该缴纳的保险费。[①] 将家庭按收入排序十等分，每个十分位的家庭采用一个缴费比例[②]，对低收入人群（最穷的 20% 人口）和部分有孕妇和儿童的家庭进行费用减免。按收入从低到高排序后，在第三个十分位的家庭保险费为 60 美元，而最富的 10% 家庭每年的保险费为 950 美元。[③] 但是，截至 2011 年底，缴费的家庭不到 1%。另外，为了消除卫生服务利用障碍，减少灾难性卫生支出和致贫性卫生支出的发生，2003 年改革取消了使用者付费。

① Knaul F M, Arreola - Ornelas H, Mendez O, et al. Preventing impoverishment, promoting equity and protecting households from financial crisis: universal health insurance through institutional reform in Mexico [R]. 2006.

② Londoño J L, Frenk J. Structured pluralism: Towards an innovative model for health system reform in Latin America [J]. Health Policy, 1997, 41 (1): 1 - 36.

③ Frenk J, Gómez - Dantés O, Knaul F M. The democratization of health in Mexico: financial innovations for universal coverage [J]. Bull World Health Organ, 2009, 87 (7): 542 - 548.

表 3－1　　墨西哥健康保障制度筹资构成

类型	社会税款	共同责任保险费	家庭保险费
IMSS	联邦政府	私人雇主	雇员
ISSSTE	联邦政府	公共部门雇主	雇员
Seguro Popular	联邦政府	一致性保险费：联邦和州政府	家庭

Seguro Popular 在联邦水平还有三个子基金，分别是灾难性支出基金（8%）、用于贫穷地区基础设施投资的基金（2%）和用于应对需求波动和各个州之间交叉利用服务的临时支付基金（1%），主要是从联邦政府的社会税款和一致性保险费中按一定比例抽取，有助于分担疾病风险。

除三个子基金外，剩余的社会税款和一致性保险费从联邦分配到各个州，而家庭缴纳的保险费留在各个州。联邦政府的社会税款每个家庭是相同的，只需根据参保家庭数量拨付。联邦政府的一致性保险费在不同的州有所不同，通过公式计算分配到各个州的份额。公式中包括每个家庭的固定部分、根据健康需要调整的部分、促进州政府增加补助的部分以及基于卫生系统绩效的部分，政府采用这一公式分配资金以纠正长期以来资源分配不均衡和不公平现象，应对不同人群的不同需要，提供激励改进绩效吸引参保，促进一致性和公平性。在实施初期，这一公式对于参保指标设定的权重很高，以引导州政府吸引更多家庭参保，迅速增加覆盖面。目前，公式的权重和指标每年都进行调整。①

Seguro Popular 由卫生部下属的机构健康保障国家委员会（National Commission for the Social Protection in Health）及其在各

① Aterido R, Hallward－Driemeier M, Pagés C. Does Expanding Health Insurance BeyondFormal－Sector. Workers Encourage Informality? Measuring the Impact of Mexico's Seguro Popular [R]. Washington, DC: World Bank, 2011.

个州的下属机构负责管理。国家委员会主要有以下职能：一是计算每个州的 Seguro Popular 基金并将基金转移到各个州；二是直接向灾难性卫生基金覆盖项目的提供者付费；三是与卫生部的其他项目协调。[①]

改革后，筹资模式发生了根本性转变，从供方主导转为需方主导，州政府获得的资金主要与参保人数有关，因此，能激励各个州增加参保人数，也能够保证更有效的利用卫生资源。[②③]

三、改革后的卫生服务提供

改革后，IMSS、ISSSTE 和 Seguro Popular 覆盖的人群只能在各自的卫生服务提供网络内获得服务。

Seguro Popular 将个体卫生服务分为三类：初级流动性保健（Ambulatory Care）、二级门诊和住院服务、费用较高的三级服务，主要由公共服务网络提供，包括由州卫生行政部门管理的初级和二级服务机构以及联邦卫生部门管理的二级和三级卫生服务机构。[④]为了改进卫生服务提供，墨西哥加强对基础设施、医疗设备和人力资源的投资。

基本服务包括初级和二级服务，由各个州负责提供。[⑤]这些服务均是低风险的，由各个州的医保基金覆盖，服务包内容由健康保障国家委员会负责确定。[⑥]随着筹资水平提高，基本服务包

①④⑥　Knaul F M, Arreola – Ornelas H, Mendez O, et al. Preventing impoverishment, promoting equity and protecting households from financial crisis: universal health insurance through institutional reform in Mexico [R]. 2006.

②　Londoño J L, Frenk J. Structured pluralism: Towards an innovative model for health system reform in Latin America [J]. Health Policy, 1997, 41 (1): 1 – 36.

③⑤　Gonzúlez – Pier E, Gutiérrez – Delgado C, Stevens G, et al. Priority setting for health interventions in Mexico's System of Social Protection in Health [J]. Lancet, 2006, 368 (9547): 1608 – 1618.

不断扩大，覆盖的服务和药品种类也不断增加。为了确保参保者能够有能力享有这些服务，服务包的信息会详细告知参保人。另外，服务包的内容也用来对服务提供者进行认证，获得认证的机构必须能够提供服务包内的所有服务。

三级服务由联邦灾难性卫生支出基金覆盖①，服务内容由两个机构经过两个步骤确定。一是健康委员会（General Health Council，国家最高卫生行政机构，直接对总统负责）负责确定灾难性疾病类型；二是由基金技术委员会（Technical Committee of the Fund）决定这些疾病的哪些服务和费用可以被基金覆盖，选择依据包括可支付、成本效益、资源的可获得性、风险保护、社会可接受性等。改革后，通过加强卫生服务机构认证，卫生服务质量得到提升。只有通过认证的机构才能为 Seguro Popular 提供服务、获得资金，但实际上一些提供者并未获得认证。设立了监测服务质量的指标，如候诊时间、药品发放等。另外，很多州还建立了仲裁委员会，以控制医疗事故诉讼的发生。②

第二节　墨西哥推进全民健康覆盖面临的挑战

一、未消除卫生系统的碎片化

墨西哥卫生改革尽管很快扩大了健康保障的覆盖范围，但没有消除卫生系统的碎片化。改革本来期望将筹资和提供分开并建

① Secretaría de Salud. Sistema de Protección Social en Salud. Elementos conceptuales, financieros y operatives [R]. Mexico: Secretaría de Salud, 2005.

② Tena C, Sotelo J. Malpractice in Mexico: arbitration not litigation [J]. BMJ. 2005, 331 (7514): 448 -451.

立新的支付机制，实现在不同州以及不同健康保障制度之间的转换，进而实现健康保障制度的可携带性和提供者网络的整合，但这一目标并未实现。① 墨西哥三大健康保障制度均有各自的基金来源、风险池、管理机构和服务提供网络，不同健康保障制度之间没有整合。各大健康保障制度均有自己的服务提供网络，覆盖人群只能在各自的服务网络内获得服务，各个提供网络之间几乎没有任何交流，不利于竞争和改进服务质量。

二、支付方式改革推进缓慢，供方缺乏增加服务提供、改进服务质量的激励

尽管支付方式改革是 2003 年卫生改革的目标之一，但没有取得实质性进展。除了灾难性卫生基金覆盖服务，其他供方的支付依然与服务量无关；对供方的支付还是基于过去预算，而不是绩效②，这导致供方没有改进卫生服务绩效的动机③。改革后，供方并不满意，因为改革后收入没有增加，而临床服务需求量增加。

三、不同健康保障制度间及不同州之间依然存在不公平问题

不同健康保障制度的服务包不同导致了不公平问题。如 IMSS 和 ISSTE 服务包涵盖所有服务，但 Seguro Popular 仅覆盖初级、二级和有限的三级服务，并且不同健康保障制度提供的服务质量存在较大差异。④

---

①③　Kurowski C, Villar – Uribe M. Mexico's Social Protection in Health and the Transformation of State Health Systems [R]. Washington, DC: World Bank, 2012.

②④　Knaul F M, Arreola – Ornelas H, Mendez O, et al. Preventing impoverishment, promoting equity and protecting households from financial crisis: universal health insurance through institutional reform in Mexico [R]. 2006.

尽管卫生改革包括增加卫生服务资源（公共卫生服务提供系统的医生、护士和医院床位）、消除利用卫生服务的经济和其他障碍等措施，不同州之间仍然存在健康结果和卫生资源的不公平问题[①]，主要原因是改革之前各州之间已经存在的不公平以及超越卫生系统的社会经济的不公平。

四、患者自付费用仍然很高

卫生改革后，个人自付卫生费用占卫生总费用的比例和发生灾难性卫生支出的家庭比例均有所减少。个人自付卫生费用占卫生总费用的比例从 2000 年的 50.9% 下降到 2010 年的 47.1%；发生灾难性卫生支出的家庭比例从 2000 年的 3.1% 下降到 2010 年的 2.0%。另外，Seguro Popular 覆盖人群的个人自付卫生费用和发生灾难性卫生支出的比例明显低于无保险人群，并接近于 IMSS 和 ISSTE 覆盖人群。但个人自付卫生费用占卫生总费用的比例仍较高，且远高于其他中高收入国家，卫生筹资对低效的个人自付的依赖导致发生灾难性卫生支出的比例并未明显下降。[②③]

五、州政府资金未能及时到位

州政府对改革并不满意，认为无力负担一致性费用，而联邦政府的弱势地位也不能强迫其执行。因此，联邦和州政府之间最终进行了协商，减少了州政府实际支出。联邦政府允许州政府将

---

① Frenk J, Knaul F, Gómez – Dantés O, et al. Fair financing and universal protection: the structural reform of the Mexican health system [R]. Mexico: Ministry of Health, 2004.

② Jason M, Lakin. The End of Insurance? Mexico's Seguro Popular, 2001—2007 [J]. Journal of Health Politics, Policy and Law, 2010, 35 (3): 314 – 352.

③ World Bank. Trends in Government and Health Financing in Mexico [R]. Washington, DC: World Bank, 2010.

过去几年和未来几年的基础设施投资冲抵对 Seguro Popular 的投资。这显然与州政府为个体服务筹资的初衷不相符，而且即使加上这部分基础设施投资，州政府的资金支持也没有达到应有水平。

第三节 墨西哥全民健康覆盖对我国的启示

2003 年墨西哥建立了 Seguro Popular 覆盖非正式就业人员，再加上覆盖正式就业人群的 IMSS 和 ISSSTE，为实现全民健康覆盖奠定了坚实基础。

我国的医疗保险制度与墨西哥有一定的相似性。我国先为正式就业人员建立城镇职工医疗保险，并于 2003 年和 2007 年分别建立新型农村合作医疗（以下简称“新农合”）和城镇居民基本医疗保险制度，覆盖农村居民和城镇非正式就业人员。2016 年，政府将“新农合”和城镇居民基本医疗保险制度整合成城乡居民基本医疗保险制度。截至 2018 年底，我国两大基本医疗保险制度覆盖率达 95% 以上，基本实现了医保制度的全民覆盖。与墨西哥相比，我国两大医保制度之间一致性较差，职工医保的筹资水平和待遇保障远高于城乡居民基本医疗保险制度。

一、同步推进医疗保险制度与卫生服务体系改革

墨西哥卫生改革后，公共卫生服务提供网络的医生、护士和医院床位数大幅增加[1]，如 2% 的 Seguro Popular 基金用于基础设

① Frenk J, Knaul F, Gómez – Dantés O, et al. Fair financing and universal protection: the structural reform of the Mexican health system [R]. Mexico: Ministry of Health, 2004.

施建设，保障服务能力。

我国医疗保险制度的建立和完善为患者提供了风险保护，降低了患者自付费用比例，保障了患者享有卫生服务的权利，但医疗保险基金也面临超支风险。各地虽然均在采取措施控制费用，但费用的有效控制还要依靠卫生服务资源的合理利用。我国鼓励患者在基层医疗机构获得服务，也通过转诊、报销比例分层等方式引导患者基层就医，但实际数据显示患者正在流向更高级别的医疗机构。如 2011 年中部某省新农合患者的住院分布，40% 在县医院，30% 在县外医疗机构，只有 30% 在乡镇卫生院。[①] 大量患者向上层医疗机构流动，不仅对基金安全造成威胁，也增加了患者经济负担，从而导致卫生费用上涨。其原因主要在于基层医疗机构服务能力和内涵的提升不能满足群众就医需求：一是目前基层医疗机构人员能力偏低，加上绩效工资的实施，卫生人员激励机制缺失，开展临床服务的积极性降低；二是基本公共卫生服务项目的开展以来，各个基层医疗机构都有明确的考核指标，基层医疗机构迫于行政压力必须安排大量人员开展公共卫生服务，人力资源不足愈加明显；三是基本药物制度实施后，基层医疗机构药品种类减少，部分患者因为药品不全而流失。这些问题都影响了基层医疗服务机构的能力提升，进一步加剧了患者向上流动现象。我国在加强医疗保障制度建设的同时，也应注重医疗卫生服务体系的协同发展。

二、尽快实现不同医疗保险制度之间的一致性

与 IMSS 和 ISSSTE 覆盖的正式就业人群不同，Seguro Popular

---

① 卫生部新型农村合作医疗研究中心．新型农村合作医疗信息统计手册（2011）年［M］．2011．

覆盖的非正式就业人员没有雇主为其交纳一部分保费。为了保证不同健康保障制度之间的一致性，墨西哥联邦和州政府为非正式就业人员缴纳一致性保险费，保证非正式就业人员与正式就业人员缴纳的保险费相似，进而保障公平享有卫生服务。

与墨西哥类似，我国也是两大健康保险制度并行，且两大保险制度之间，尤其是城镇职工医保制度与城乡居民医保之间，筹资和保障水平存在很大差异，这显然偏离了全民健康覆盖的内涵。尽管在目前状态下，我国实现两大保险制度并轨尚无明确的路径和条件，但可借鉴墨西哥的经验，通过实施差别化政府投入缩小不同保险制度之间筹资标准，进而保证保障水平的一致性，实现真正意义的全民健康覆盖。

三、加强不同部门之间的协调

卫生系统的改革不应是卫生部门自身的改革，需要各个部门的协调合作。墨西哥的卫生改革初期遭遇了诸多反对力量，包括财政部因为联邦财政负担较高的参保费用而反对、社会保障部（IMSS）担心 Seguro Popular 会挤占他们的资源而反对、州政府因为要承担一部分一致性保险费而反对。尽管存在重重阻力，但卫生部依然在总统的支持下推动改革，建立了 Seguro Popular，实现全民健康覆盖。

我国在推进全民健康覆盖过程中也存在部门协调的问题，现在城乡居民医保参保费用大部分来自中央财政和地方财政，这需要财政部门的支持；同时如何充分发挥医保基金的作用，更好地为参保人员购买到合格的医疗卫生服务，这需要国家医保局和国家卫生健康委加强协调。因此，我国在推进全民健康覆盖过程中，可借鉴墨西哥经验，加强不同部门之间的协调。

第四章

泰国全民健康覆盖发展历程及启示

泰国位于东南亚，是东南亚国家联盟成员国之一，现有人口 6943 万人，2018 年人均 GDP 为 7273.56 美元，按照世界银行的分类标准，属于中等偏上收入国家。2016 年，泰国人均卫生总费用为 222 美元，卫生总费用占 GDP 比例为 3.71%，个人卫生支出占卫生总费用的比例仅为 12%，已经低于 OECD 国家的平均水平。2015 年泰国居民平均期望寿命为 74.9 岁，婴儿死亡率为 6.7‰，孕产妇死亡率为 20/10 万；千人口床位数为 2.1 张（2010 年数据），千人口医生数为 0.5 人。[①②]

泰国是全球第一个实现全民医保的中等收入国家[③]，其主要通过建立全民覆盖项目

① Thailand [EB/OL]. (2019 - 06 - 18) https://data.worldbank.org/country/thailand? view = chart.

② WHO. WORLD HEALTH STATISTICS 2015 [R]. 2016.

③ 刘玉娟. 泰国“30 铢计划”对我国医疗保险的启示 [J]. 卫生经济研究, 2011 (4): 45 - 47.

（Universal Coverage Scheme，以下简称 UCS）来推进全民健康覆盖进程的。本章重点介绍泰国是如何在财力约束情况下，通过建立和完善全民覆盖计划来快速推进泰国全民健康覆盖进程的。

第一节　泰国全民覆盖项目制度架构

一、泰国医疗保险制度框架与发展历程

2002 年之前，泰国的医疗保险大约覆盖 70% 的居民，当时的医疗保险制度主要由四个部分组成。一是公务员医疗福利计划（Civil Servant Medical Benefit Scheme，简称 CSMBS），根据 1978 年泰国皇家颁布的法令建立，主要覆盖公务员和国有企业单位雇员、退休人士及其家属，资金主要来自财政拨款。二是私营企业职工强制性的社会医疗保险（Social Security Scheme，以下简称 SSS），该保险于 1990 年开始实施，主要覆盖私立机构的正式雇员，由雇主、雇员和政府各支付薪水的 1.5% 作为保费。三是自愿医疗保障计划，包括商业健康保险和健康卡计划。泰国分别于 1983 年和 1991 年启动社区筹资计划和自愿健康卡计划，努力扩大对非正式部门工人的覆盖范围。然而，这两个计划都没有成功，因为它们的自愿导致了逆向选择和道德风险的问题。2002 年“30 铢计划”正式实施后健康卡制度被废止。四是低收入人群救助制度，该制度 1975 年建立，资金主要来自国家财政预算，旨在保障低收入人群，后来该制度扩大到覆盖老年人、12 岁以下儿童、残疾人和退伍军人等弱势群体。虽然对弱势群体有所帮助，但该计划的目

标定位效果差，且资金严重不足①。截至 2002 年，上述保险制度覆盖了大约 70% 的泰国居民。②③

2001 年，泰国新当选的政府推出了“所有疾病只需 30 铢的政策”④。UCS 最初于 2001 年 4 月在六个试点省份开始实施⑤。该政策后来在 6 月扩大到 15 个省，10 月扩大到除曼谷以外的所有地区。截至 2015 年底，泰国的公务员医疗福利计划覆盖大约 7% 的人口，私营企业职工强制性的社会医疗保险覆盖大约 15% 的人口，UCS 覆盖大约 76% 的人口。

二、UCS 的筹资、支付与监管⑥⑦

（一）UCS 的筹资与支付

UCS 的基金主要来源于税收和受益人共付，其中税收是基金的主要来源，而受益人付费部分即每人每次 30 铢。

每年，NHSO 从政府收到一份基于其所覆盖的受益人数量和每个受益人的人头税率的 UCS 预算。NHSO 根据其单位成本研究

① Pannarunothai, S. , and A. Mills. The Poor Pay More: Health - related Inequality in Thailand [J]. Social Science & Medicine , 1997, 44 (12): 1781 - 90.

② 刘玉娟. 泰国“30 铢计划”对我国医疗保险的启示 [J]. 卫生经济研究, 2011 (4): 45 - 47.

③ 翁玉虎. 泰国医疗保险制度对我国的启示 [J]. 中南财经政法大学研究生学报, 2012 (3): 120 - 124.

④ “30 铢政策”是指参与该计划的国民到定点医疗机构就诊，无论是门诊还是住院，每诊次只需支付 30 铢挂号费，即可得到免费的基本卫生医疗服务，其中贫困人口和特殊群体免于共付。

⑤ Hughes, D. , S. Leethongdee. Universal Coverage in the Land of Smiles: Lessons from Thailand's 30 Baht Health Reforms [J]. Health Affairs, 2007, 26 (4): 999 - 1008.

⑥ Piya Hanvoravongchai. Health Financing Reform in Thailand: Toward Universal Coverage under Fiscal Constraints [R]. 2013.

⑦ 叶雯. 泰国“30 铢计划”对我国医保改革的启示 [J]. 商, 2016 (35): 83 - 90.

和覆盖的受益人数量来估算服务提供成本。每个受益人的成本（人头税率）随后提交给政府内阁审批。基于人头税率的总预算与 NHSO 运营成本作为议会批准的政府预算的一部分一起提交。自 2002 年成立以来，议会从未修改过内阁批准的人头税率。

与此同时，泰国还实施了对需求侧卫生筹资和医疗服务战略购买的重大改革，并采用封闭式支付机制。UCS 不再使用中央 MOPH 以前给卫生保健提供者的基于机构规模、员工人数和历史绩效的预算分配模式，而是由 NHSO 作为其购买者，与卫生保健提供者签订合同，为受益人提供卫生服务。公共卫生部及其医院网络是 NHSO 的主要合作方。合作方可以根据需要与私人诊所或健康中心等机构签订合作协议（转包），让其为参保人员提供初级保健及预防与健康促进服务。MOPH 下属有 1 万多个卫生中心加入了 MOPH 医院的协议网络。

NHSO 使用几种积极的采购机制将基金支付给签约的供方，采取的支付方式主要是按人头付费和按疾病诊断相关组付费（DRGs）。门诊服务的支付根据在初级保健协议单位（Contracting Unit for Primary Care，以下简称 CUP）注册的受益人数量进行分配。人头税率根据年龄构成进行调整，在每个预算年度开始时，基金直接拨付给 CUP。根据 NHSO 和 MOPH 之间的事先协议，MOPH 机构的支付金额可扣除中央或省级的员工工资等具体费用。根据总额预付上限，住院服务费用采用 DRGs 方式进行支付；这意味着每个 DRG 相对权重的支付费率根据每个时期内 DRG 相对权重的总数而变化。

UCS 大部分预算资金用于门诊和住院费用，除此之外，NHSO 还为疾病预防和健康促进（P&P）活动、紧急服务、康复服务、特定的高费用疾病、优先服务和提供不足的临床领域采用了额外的筹资机制。心肌梗死、中风、血友病或需要特殊仪器的特定疾病等高成本病例将使用预先分配的资金支付。UCS 对糖尿病和高血压患者的早期发现和护理给予特殊奖励补贴。抗逆转录病毒基金和肾脏替代治疗基金是 UCS 的特殊基金，其目的是为艾滋病毒/艾滋病患者提供医疗保健，并为晚期肾脏疾病患者提供肾脏替代治疗。这些基金根据预先确定的专业保健费用表，向提供方支付费用。

泰国针对不同的干预措施，采用不同的支付方式和激励机制。通过在总额预算下支付人头税和基于 DRG 的支付，该系统激励供方提高效率和成本意识。同时，由于两种支付机制的成本控制效应，该系统试图避免因患者治疗不足而对保健质量产生负面影响，并通过为特定的高成本疾病或手术引入额外的付费来实现。NHSO 还为及时报告利用率数据和质量改进等其他要求的提供方行为，提供额外的资金激励。

2011 年，UCS 的总支出为 898.36 亿铢（NHSO，2012）。约 36% 的预算用于门诊服务，42% 用于住院服务，10% 用于预防和健康促进活动，6% 用于资本折旧重置。其中，抗逆转录病毒治疗基金和肾脏替代治疗预算均不足 3%，其余的支付渠道各占不到 1%。

（二）UCS 的监管①

除了战略采购方法外，UCS 还建立内部监控和评估系统，以确保该计划的有效性。NHSO 对来自其在线报告系统的电子记录和数据进行定期审计，根据一组既定的标准，将选择疑似存在错误的赔付进行仔细评估。例如，严重或事故病例比例高于平均水平的医院或有超出其能力范围的病例或治疗手段的医院将进行索赔并付审计筛查，还会选择基于 DRG 住院时间不合适的病例、

① Piya Hanvoravongchai. Health Financing Reform in Thailand: Toward Universal Coverage under Fiscal Constraints [R]. 2013.

多次索赔的病例、不符合诊断治疗程序的病例。

根据合同，NHSO 可以随时派检查员考察签约供方，检查员下达的命令必须在规定的时间内执行。如果供方被发现提供低于标准的医疗服务，NHSO 有权与其他医疗服务供方签订合同，以取代当前的供方机构①，并通过减少支付来处罚违规的供方。

除了索赔审核系统外，NHSO 还使用其他监控系统，如使用关键绩效指标（KPIs）进行绩效管理。每年都会根据这些关键绩效指标对 NHSO 绩效进行外部评估，并向 NHSB 报告。UCS 还建立了一个系统，允许其成员或签约的供方提出投诉和上诉并设立了一个号码为 1330 的电话热线以接受公众提问和投诉。

三、受益人确认和登记

未被 CSMBS 或 SSS 覆盖的泰国国民均有资格参加 UCS。UCS 参保是自动的，但需要登记。最初，NHSO 依靠全国运动和社区领导来增加受益者的登记。通过民事登记系统、房屋登记系统和国家识别号，UCS 与 SSS 和 CSMBS 合作确认其受益人，从而剩余人口成为合格的 UCS 受益人。

成员需要指定其登记提供方，这些提供方将是 NHSO 的主要合作方。通过向任何 UCS 签约的卫生保健服务提供方报告，成员每年最多可以更换四次提供方②。虽然没有重新认证系统，但 CSMBS、SSS 和 UCS 之间的信息链接允许 UCS 在其成员切换到 SSS 或 CSMBS 时添加或删除受益人，反之亦然。

在 30 铢共付计划期间，系统需要确定哪些穷人可以免除共

① 实际上，由于大多数地区只有一个医疗服务提供者（地区医院），所以 NHSO 从未取代承包商，因此，使用了惩罚威胁且 NHSO 更依赖于减少付款的惩罚。

② 2012 年 9 月之前，UCS 成员每年最多只能更换两次主要签约服务提供方/承包商。

付。NHSO 简单地采用了 UCS 之前存在的医疗福利计划的受益人作为共付豁免组。现任政府于 2012 年 9 月重新引入了 30 铢共付计划，但仅适用于收到处方并愿意支付费用的患者。目前，泰国有 21 个受益者群体可免除共付，主要包括穷人、老年人和 12 岁以下儿童等。恢复共付计划的官方原因是为了减少不必要的照顾。[①]

四、UCS 的服务包管理

UCS 服务包是全面综合的，包括住院和门诊服务、预防保健、健康促进和康复。泰国的服务包有一个正面清单和一个负面清单，规定具体被覆盖或被排除的疾病或临床诊疗手段。服务包还涉及国家基本药物目录，该目录基于有效性和成本效益特征将药物和疗法分类。

根据新的卫生技术和干预措施，NHSB 服务包委员会负责修订服务包，并就采用新药物和新技术向 NHSB 提出建议。2010 年之前，没有系统透明的机制来做出此类决定[②]。因此，相关部门制定了一项指导方针，委员会定期要求健康干预和技术评估计划以及国际卫生政策计划，两个 MOPH 下属技术机构从事卫生技术评估和卫生系统评估，提供各种卫生干预措施的有效性和成本效益等证据，这些将被考虑用于扩大福利包。财务可行性、预算影响和伦理学考虑是决策过程中的重要标准。

---

① Piya Hanvoravongchai. Health Financing Reform in Thailand: Toward Universal Coverage under Fiscal Constraints [R]. 2013.

② Jongudomsuk, P., S. Limwattananon, P. Prakongsai, et al. 2012. Evidence-Based Health Financing Reform in Thailand [M]. In The Economics of Public Health Care Reform in Advanced and Emerging Economies. Washington, DC: International Monetary Fund, pp. 307-326.

五、UCS 的信息系统架构

UCS 需要一个广泛的信息系统来登记受益人和提供方的付款，以及监控和评估卫生系统。NHSO 依靠现有的和专门成立的几个组织和内部信息管理来满足其信息需求。主要参与者包括：

1. 内政部的省行政管理司，负责国家重要登记制度。1984年开发的国家身份证号码系统，要求所有泰国公民都有一张带有唯一号码的身份证，该身份证也用于他们的房屋登记。NHSO 与省行政厅合作，使用这一重要登记数据库提供的人口信息。UCS 还采用了国民身份证作为其会员卡，因此，所有个人信息都与国民身份证号码相连。

2. 成员（受益人）和使用率统计数据定期在 NHSO 网站上报告。财务报告可以每年下载，但个人使用记录不向公众公开。

3. 卫生保健信息中心办公室，这是一个独立的非营利性机构，最初是为支持 CSMBS 报销系统而设立的。它有助于制定信息系统标准和信息共享网络，以报告所有卫生保健提供者的利用率统计数据，特别是按病种付费的支付系统下的数据。

4. 泰国病例组合中心，该机构旨在为病例组合支付系统开发必要的工具和标准，以支持所有医疗保险机构。

5. NHSO 还拥有内部信息系统，负责处理用于监测和评估以及政策和规划的利用率数据。NHSO 索赔管理局处理卫生保健提供者以电子方式报告的电子索赔。

除了用于系统管理的常规卫生信息外，NHSO 还支持并与医保体系研究办公室（HISRO）合作，该办公室是继 UCS 之后成立的一家独立的非营利性研究机构，负责卫生筹资和卫生服务系统开发方面的研发。另外还对卫生结果和卫生系统绩效的其他方面进行了特别研究。

对于研究团体，NHSO 和 HISRO 之间有一项协议，即使用个人利用率统计数据来研究卫生服务。为了保护患者隐私，为研究人员提供数据和其他利用信息的方案正在制订中。其他主要信息来源还来自国家统计局的健康和社会经济家庭调查以及卫生保健提供者的日常管理数据。这些数据集的完成情况和及时性可能会有所不同，尤其是对不属于 MOPH 和民营部门提供者的统计数据。

六、UCS 基金的管理

2002 年 11 月 11 日泰国颁布了《国家健康保障法》[1]。该法规定："泰国人民应有权享受具备本法规定的标准和效率的健康服务。"在国家健康保障委员会（NHSB）的授权下，成立了独立的国家健康保障办公室（NHSO）。根据法律规定，委员会有权规定"UCS 受益人健康服务的类型和限制"。委员会还任命负责 NHSO 业务的 NHSO 秘书长。根据法律，NHSO 负责受益人和服务提供方的登记，并根据 NHSB 规定管理基金和支付索赔。NHSB 有 30 名来自各个部门和学科的成员，以促进包容性，并确保在 UCS 治理中的制衡。公共卫生部部长是 NHSB 的主席，公共卫生部（MOPH）的常任秘书是成员，其他重要部门也有代表，包括预算局局长，还有来自民间部门、卫生专业机构和地方行政组织的代表，以及健康保险、医学科学、公共卫生和其他领域的技术专家。这些委员会成员由政府内阁任命，NHSO 秘书长自动指定为委员会秘书。此外，还有一个标准和质量控制委员

① 《国家健康保障法》[EB? OL]. http://www.nhso.go.th/eng/Files/Userfiles/file/Thailand_NHS_Act.pdf.

会，它是UCS的另一个管理委员会，负责质量控制。NHSO支持NHSB及标准和质量控制委员会的管理工作。[①]

UCS的出现以及随之而来的卫生系统的重大筹资改革，特别是2002年采购方和提供方的分离，意味着NHSO已经转变为重要的卫生筹资机构。因此，MOPH和NHSO之间的紧张关系偶尔会被报告。许多MOPH管理者认为这一变化是UCS破坏了MOPH作为系统管理者的作用，至少，财政权力和优先权已经转移给了NHSO。NHSO还被分配了一个与MOPH现有角色重叠的监管角色。除了公共卫生部国家健康保障委员会成员和MOPH常任秘书之外，MOPH没有关于UCS卫生保健财政的直接政策制定或筹资职能。[②]

公共基金的现金流管理经常被视为NHSO的弱点。一些公立和私人的医疗卫生机构抱怨NHSO在支付其提供的服务时延迟付款。泰国财政部还担心，如果没有及时付款，政府预算不应保存在NHSO账户中。[③] 对于NHSO来说，当有总额预付上限时，困难在于DRG支付住院治疗费用。要计算每个相对权重的价格，系统需要知道整个期间交付的DRG相对权重的总数，然后才能计算要补偿的金额，这会导致几个月的延误。当提供者延迟提交使用率统计信息时，付款将进一步延迟。为了解决这一问题，NHSO采用了一种新的系统，根据历史使用率统计，在财政年度的早期支付初始付款，以便提供方有一些现金可供运营。最后一批财务划转对最终金额进行调整或更正。

---

①② Piya Hanvoravongchai. Health Financing Reform in Thailand: Toward Universal Coverage under Fiscal Constraints [R]. 2013

③ 来自卫生保健提供者的其他投诉包括对不同的医疗项目有太多的支付机制，以及P&P项目管理不善。一个更常见的投诉与UCS管理无关，而是来自低预算的支付不足。

第二节　泰国全民健康项目的成效

一、对泰国卫生系统和卫生结果的影响

2011年，国际专家对UCS进行评估，认为泰国引入和实施UCS至少对卫生系统产生了以下六个方面的影响。①

（一）NHSO采用的战略采购方法及其实施所产生的经验，间接影响了其他主要医疗保险计划，使它们在采购中更为积极。例如，CSMBS和SSS已考虑使用DRG系统支付住院医疗费用。UCS决定覆盖肾脏替代治疗和抗逆转录病毒治疗，也影响了SSS为其受益人扩大服务包。

（二）UCS通过提高地区医疗提供者的技术质量以及他们的协调能力，增加了对初级卫生保健系统的投资。

（三）UCS对卫生信息系统的发展作出了重大贡献。由于需要扩大对其他计划尚未覆盖的人口的覆盖范围，NHSO与登记管理局合作，改善内政部的重要登记系统和出生登记，以更好地掌握泰国人口数量。

（四）相对于以前的预算制度，UCS支付系统使得医院的财政自主性增加，许多医疗卫生服务机构能够通过雇用更多的临时工作人员，或为其工作人员提供额外补偿，更好地应对卫生服务利用率的提升。

（五）为响应其对服务包决策证据的需求，UCS为加强卫生

① HISRO. Thailand's Universal Coverage Scheme: Achievements and Challenges. An Independent Assessment of the First 10 years (2001—2010) [R]. 2012.

技术评估能力作出了重大贡献。UCS 还支持引入和实施医院认证系统。

（六）UCS 的初期阶段，工作人员工作量增加，需要卫生保健提供者快速调整，以满足日益增长的医疗服务需求。UCS 专注于治疗服务也意味着公共卫生职能，尤其是没有获得 UCS 资金的领域，受到预防和保健资金水平相对较低的不利影响。

除了上述影响外，有研究显示：泰国居民卫生保健利用率有所提高，表明卫生保健的可及性有所改善。引入 UCS 后，灾难性卫生支出和卫生付款引起贫困的发生率也有所下降。一组美国经济学家的最新证据也证实，在控制了其他因素后，引入 UCS 提高了卫生保健的利用率，尤其是在以前没有保险的人群中，婴儿死亡率显著降低。①

由于 UCS 不是一个专门针对贫困人口的计划，因此，没有针对 UCS 对贫困人口覆盖率进行具体评估。但泰国 UCS 的数据显示：从 2003 年到 2011 年，UCS 成员的门诊和住院服务稳步增长，人均门诊就诊数从 2.45 增加到 3.23，住院率从 9.42% 增加到 11.40%（见表 4－1）。Limwattananon 等研究了最贫困和最富裕的 20% 人口之间的门诊和住院患者利用率的差异，发现最贫困组的利用率明显更高。② 一项福利分析也证实，政府补贴更频繁地流向最贫困的群体，而非最富裕的群体。③

区域公共卫生保健提供者的广泛网络的可用性及没有共同支付被认为是有益于穷人补贴的主要贡献者。公共卫生机构排队时

①③ Piya Hanvoravongchai. Health Financing Reform in Thailand: Toward Universal Coverage under Fiscal Constraints [R]. 2013.

② Limwattananon, S., V. Tangcharoensathien, and P. Prakongsai. "Catastrophic and Poverty Impacts of Health Payments: Results from National Household Surveys in Thailand [R]. Bulletin of the World Health Organization, 2007, 85 (8): 600－606.

间相对较长可能是另一个因素，因为有能力承担自费的富人可以在生病时选择私人诊所或私人医院。

表 4-1　2003—2011 年泰国居民卫生服务利用情况

年份	年人均就诊次数（人次）	住院率（%）
2003	2.45	9.42
2004	2.41	8.91
2005	2.37	9.20
2006	2.42	9.95
2007	2.55	10.45
2008	2.75	11.04
2009	3.12	11.20
2010	3.22	11.68
2011	3.23	11.40

资料来源：根据 2012 泰国国家健康保障办公室的数据改编。

二、在财政约束下实现全民覆盖

UCS 的一个重要特征是它关注成本控制。UCS 的引入还将医疗保险覆盖范围扩大到了以前没有被任何公共健康保险计划覆盖的 1400 多万人口。这需要仔细考虑预算影响，因为这个计划主要依靠政府的税收来提供资金。

UCS 的设计强调了成本控制，这是一种允许该计划在规定的预算限制内覆盖大量人口的关键方法。因此，当引入公共部门买方和供方分离，并采用“战略”采购方法时，UCS 的出台是进行重大卫生筹资改革的机会。战略采购是指 NHSO 利用不同支付机制的激励措施主动委托或承包服务，以确保居民在预算限制内获得必要的卫生保健服务。①

根据 SSS 的经验，采用了按人头付费的支付系统，这种支付机制具有很强的成本抑制效应，尽管存在一些质量问题。每个主承包商根据其注册的 UCS 成员数量获得门诊服务的预期资金。对于住院治疗，尽管 UCS 也采用了按病例付费的 DRG 系统，但为了减少住院治疗的使用不足，系统仍然对这一部分施加了“总额预付”限制。这意味着一个点或一个 DRG 权重单位的补偿值将根据系统中所有承包商累积的总点数而变化。因此，如果在所有供方中有更多的单位，每个 DRG 调整后的相对权重单位的补偿水平将会更低。这种按病例付费的系统使用具有总额预付上限的 DRG，允许 UCS 将总成本控制在总可用资金范围内。UCS 后来为特定的高成本护理项目引入了特殊的支付或收费系统，以减少使用不足和转诊不足。

除了通过选择提供方付款方式来控制成本外，UCS 还采用了一些额外的机制来帮助控制成本。UCS 的药物效益基于国家基本药物清单，其中包括根据其有效性、安全性和成本效益选择的药物。它还制定了鼓励使用仿制药处方的政策。此外，UCS 拥有强大的买方垄断力量，可以与服务提供方及供应商谈判价格。对于价格昂贵的设备和药品，中央价格谈判系统已就位，来集体协商最优价格的项目。此前，UCS 还使用——并威胁使用——药物的强制许可，以获得仍然处于专利保护下的药物的较低价格，如抗逆转录病毒和癌症药物。据估计，从 2008—2011 年，这些机制帮助 NHSO 节省了约 125 亿铢。

UCS 还依赖守门人制度来管理高级别保健的利用率。UCS

① Piya Hanvoravongchai. Health Financing Reform in Thailand: Toward Universal Coverage under Fiscal Constraints [R]. 2013.

参保人员必须在特定的卫生保健提供者（承包商或 CUP）注册，该提供者可以是 UCS 的私人或公共卫生保健提供方。参保人员必须在所注册的卫生服务提供方或其网络先接受初级卫生保健，病人在紧急情况下可以越过守门人使用任何服务提供者。

UCS 系统强有力的成本控制措施引起了提供方之间的争议，提供方声称该支付不能覆盖其成本，并且这是财务风险从筹资机构向签约医疗服务提供方的不公平转移。2011 年，媒体报道说，几家公立医院正处于亏损状态，尽管对许多人来说，这可能是由于现金流延迟，再加上国家增加员工工资的政策，而不仅仅是成本回收的结果。有人认为，由于成本回收低，一些私人提供方承包商离开了 UCS，但公共提供方和 MOPH 提供方不能离开。①

尽管已制定了成本控制措施，但 UCS 的总费用仍在不断增加。每个参保人员的成本从 2002 年的 1201.40 铢上升到 2011 年的 2693.50 铢，或者从 2002 年的不足 600 亿铢上升到 2011 年的超过 1200 亿铢（见表 4-2）。这相当于同期实际增长 70%。提高卫生保健人员特别是高技能专业人员的薪酬，是总费用较高的主要原因之一。随着 CSMBS 成本的快速增长，卫生支出在政府一般支出中所占的比例从 UCS 之前的不足 10% 上升到 2010 年的约 13%，政府卫生支出占卫生总费用的比例上升到约 75%。2012 年中期，泰国政府宣布了冻结 UCS 预算增长的目标，并讨论了一些成本分担方案，如共同支付或免赔额。

① Piya Hanvoravongchai. Health Financing Reform in Thailand: Toward Universal Coverage under Fiscal Constraints [R]. 2013.

表 4－2　　2002—2011 年 UCS 人均预算趋势

年份	UCS 人均预算		
	铢（2012 年价格）	铢（2007 年价格）	美元（2012 年价格）
2002	1201.40	1406.80	27.94
2003	1201.40	1380.90	28.93
2004	1308.70	1463.90	32.50
2005	1396.40	1495.10	34.68
2006	1718.00	1756.60	45.30
2007	1983.40	1983.40	57.38
2008	2194.30	2081.90	65.77
2009	2298.00	2199.00	66.93
2010	2497.20	2312.20	78.71
2011	2693.50	2404.90	88.33

资料来源：根据 2012 年泰国 NHSO 的资料整理。

第三节　泰国全民健康覆盖面临的挑战

尽管泰国在 10 多年前就已经实现了全民医疗覆盖，但泰国的卫生筹资体系仍然面临许多挑战。

第一，公共部门的卫生保健费用迅速上升，目前占政府一般公共预算支出的 15%。UCS 正在考虑一些成本控制措施，包括成本分摊、药品供应管理和现金流管理，同时 CSMBS 实施了更强有力的利用率审查。

第二，民间社会组织和利益集团越来越多地推动解决三个医疗保险计划中服务包和支付机制的差异。CSMBS受益人享有最优惠的服务包，而SSS受益人享有的福利比UCS受益人的福利更有限。此外，医疗保险计划中的采购机制也存在条块分割现象，这些采购机制是供方的行政负担，对卫生保健产生了不同的激励。政府已开始通过协调各计划的紧急医疗融资系统来解决这一问题，以便在提供医疗服务之前不需要核实患者的参与情况。

第三，需要调整供给侧，以满足卫生需求和服务需求。UCS包括扩大覆盖范围，以及通过需求侧和战略采购进行筹资改革。10年后，已经证明仅有筹资制度不足以在供方产生所需的变化。中部地区医院床位和工作人员仍然集中，偏远地区和农村地区工作人员短缺。关闭或缩小现有医院并不容易，而且MOPH卫生工作者的公务员制度过于僵化，无法进行这种改革。

第四，恒定不变的人头税率带来医疗服务提供不足问题。泰国的NHSO，作为医疗服务的购买者需要按照国家给定的人头税率做好一年的资金预算并申请资金，然后通过与公立、私立医院签订合同的方式为民众购买医疗服务。但是，这种预算约束的做法往往会带来医院对患者医疗服务提供不足的情况，从而影响患者的治疗和康复。同时，随着时间的推移，恒定的人头税率的做法可能导致医院逆向选择的发生，从而使老人，残疾人等医疗服务的迫切需求者得不到相应的治疗。

第五，每年的预算平衡机制导致的实际支出往往大于预算支出的问题。30铢计划主要是实现短期平衡，国家医疗保险办公室需要每年做好该地区收益人群的人数估计，然后结合人头税率计算出相应的预算额。但是，这种短期平衡的做法导致了实际支出大于预算支出的问题。

第四节　泰国的经验及其对我国的启示

一、实现全民健康覆盖，既需要政治支持和顶层设计，也需要有合理的实施路径

泰国在实施全民健康覆盖进程中，既注重顶层设计，也注重实施路径。顶层设计方面，在实施 UCS 时，注重部门联动，设立了国家健康保障委员会（NHSB），并成立了国家健康保障办公室（NHSO），NHSB 有 30 名来自各个部门和学科的成员，以促进包容性，增强部门的联动性。

实施路径方面，泰国的医疗保险制度，首先覆盖了正式就业人员，然后开始探索覆盖贫困人口和非正式就业人员的医疗保险制度。与大多数中等收入国家一样，医疗保险向非正式部门延伸对泰国来说也是一个严峻的挑战。泰国从以往的健康、福利和保险计划中吸取了许多经验教训，在政治环境发生重大变化时，卫生筹资的发展以及从过去计划中获得的技术诀窍使泰国能够采用一项新的全民覆盖计划。政治领导是必要的，在技术和政治领域，让政策拥护者致力于推动全民医覆盖运动也很有帮助。由于政治环境、政策拥护者和基层群众的支持，泰国在 2002 年实现了全民覆盖。泰国的经验表明，重要的是从一开始就确保所有新计划都具有“战术”。

我国也已经基本实现了基本医疗保险的全民覆盖，当前应借鉴泰国的经验，既要加强医保与卫生及相关部门的协作与联动，也要重点加强“战术”层面的探索，尽快完善实施路径，加快推进我国全民健康覆盖进程。

二、服务包设计与管理科学，有助于以较低投入取得较好的健康产出

服务包设计有助于推动医防融合。泰国 UCS 的服务包既包括住院和门诊服务，也包括了预防保健、健康促进和康复服务，这样的制度设计，有助于推进医防融合，使有限的医保基金更好地发挥作用。实践表明，泰国的卫生总费用占 GDP 比例仅为 3.71%，在中等收入国家中处于较低水平，但其居民的健康指标则高于中等收入国家的平均水平。泰国之所以能够以较低的投入取得较好的健康产出，与其 UCS 的服务包设计密切相关。目前，我国基本医疗保险基金主要支付门诊和住院服务费用，预防保健、健康促进等相关支出由财政部门单独安排预算，这样的制度设计，不利于医防融合，也不利于提高资金的使用效率。建议我国在推进全民健康覆盖过程中，尽快整合基本医疗保险基金和预防保健支出，从资金层面推动医防融合，提高资金的使用效率，以适宜的成本取得较好的健康结果。

建立了服务包动态调整机制。泰国的 UCS 服务包调整，主要采用了卫生技术评估的方法，在调整过程中，除了技术的安全性、有效性、科学性和合理性外，主要考虑财务可行性、预算影响和伦理学等因素。我国在服务包调整过程中，有必要借鉴泰国的经验，引入卫生技术评估方法，提升决策的科学性，建立健全我国基本医疗保险服务包的动态调整机制。

三、支付方式改革全覆盖，对供需双方的约束力度更强

泰国实施的支付方式改革，主要包括按人头付费和按疾病诊断相关组付费（DRGs），覆盖了所有医疗机构、所有患者和所有的门诊和住院服务，对供需双方的约束力度更强。泰国的支付方式改革，既有宏观层面的总额控制（财政预算）的硬约束，

也有微观层面的DRGs的激励与约束机制。我国在加快全民健康覆盖进程中，也可借鉴泰国经验，提高支付方式改革的覆盖面，尽快实现支付方式改革的全覆盖，加强宏观与微观层面的激励约束协同，更好地规范供需双方的服务和就医行为。

四、实施注册登记制度，同时建立守门人制度

泰国在实施UCS过程中，注重与CSMBS和SSS信息系统的互联互通以及参保人员的信息共享，对未被CSMBS和SSS覆盖的居民，采用了注册登记制度，保障了泰国医疗保险制度的全民覆盖。同时，泰国在进行UCS注册登记时，要求参保人选择医疗服务的守门人。这样的制度安排，既保障了制度的全覆盖，又有助于加强对居民医疗服务利用的管理，引导患者合理利用服务，控制医保基金风险。

目前，我国基本医疗保险制度也基本实现了全民覆盖，但重复参保现象仍是有发生，建议我国尽快建立全民参保注册登记系统，加强参保人员基本信息的共享，加强不同保险制度之间的参保信息衔接与转换，尽快识别并防止基本医疗保险的重复参保和漏保。我国至今尚未建成医疗服务的守门人制度，建议借鉴泰国经验，在参保时引导居民选择守门人，为尽快建立守门人制度和分级诊疗制度奠定基础。

第五章 美国责任保健组织的发展及启示

美国位于北美洲，现有人口3.27亿，2018年人均GDP达62641美元，是世界第一经济强国。2017年，美国人均卫生总费用为10206.5美元，卫生总费用占GDP的比例为17.1%，位居全球第一。2017年美国居民平均期望寿命为78.54岁，婴儿死亡率为6.0‰，孕产妇死亡率为19/10万；2016年美国千人口床位数2.77张，千人口医生数为2.61人。[①②]

尽管美国人均卫生总费用全球第一，但其卫生系统绩效并不理想，公民健康水平与其投入并不匹配，美国也是唯一一个至今尚未实现全民健康覆盖的发达国家。美国卫生保健系统长期存在医疗费用高、服务质量相对不高、服务提供碎片化等问题。为解决这些问题，2010

① World Health Organization. World Health Statistics 2017 [R]. 2018.

② United States [EB/OL]. (2019 - 05 - 28) https://data.worldbank.org/country/united - states? view = chart.

年美国通过可支付保健法案（Affordable Care Act，ACA）将责任保健组织（Accountable Care Organizations，ACO）引入美国的Medicare。①

将 ACO 引入 Medicare，是支付方式与卫生服务体系协同改革的一次探索，对于我国实施分级诊疗制度建设、推进全民健康覆盖具有一定的借鉴意义。本章重点对美国 ACO 改革的做法进行总结和分析。

第一节　美国责任保健组织的主要做法

一、ACO 出现的背景

美国大多公共和私立健康保险均采用按项目付费的方式，导致医生过度医疗，增加了病人和支付方的负担。同时，美国医生执业相对独立，医生之间不能充分共享病人信息和协调诊疗措施，重复诊疗现象时有发生。多年前部分组织尝试鼓励初级保健医生、专科医生和医院形成联合体，共同为病人提供综合性卫生服务，如凯撒医疗集团（Kaiser Permanente），梅奥医院集团（Mayo Clinic）和克里夫兰临床医院（Cleveland Clinic）等。这些组织通过制定内部诊疗规范等措施，确保提供者之间协同合作，避免过度医疗，进而改进服务质量和效率。②

除以上医院集团外，美国一些医生、医院和保险公司也曾尝

① Patient Protection and Affordable Care Act §3022 and §10307, Pub L No. 111148, 124 Stat 119.

② Mark Merlis. Health Policy Brief: Accountable Care Organizations, Health Affairs, 2010 (7): 27.

试对医疗服务提供进行整合。为能够在一定限额内提供最好的服务，20 世纪 70 年代，很多医生与医院联合起来成立保险机构，或同保险机构签订合同，采用按人头支付方式为参保人群提供全方位服务。但是，很多居民对限制就医选择表示反对。随后，1973 年健康维护法案（Health Maintenance Act）通过并实施，管理保健（Managed Care）逐渐成为主流，健康维护组织（Health Maintcnancc Organizations，HMO）作为管理保健和控制成本的一种方式得到重视。虽然管理保健和 HMO 的目的是降低成本，但由于供方抵制法案，同时鼓励病人拒绝 HMO 的干预，不但没有实现费用控制目标，而且还影响了服务质量。20 世纪 90 年代，提供方和患者对 HMO 的反对达到顶峰，HMO 不再广泛推行。①

为促进医疗服务整合并解决以上问题，ACO 随之产生。2006 年达特茅斯卫生政策和临床诊疗研究所（Dartmouth Institute for Health Policy and Clinic Practice）Elliott Fisher 和 Medicare 支付管理委员会主席 Glenn Hackbarth 联合提出了 ACO 的概念：ACO 是一种卫生服务提供组织，它将医生与其他卫生保健提供者组成一个网络，协同合作，为特定人群提供全方位服务，并改进服务质量、减少费用。② Medicare 和 Medicaid 服务中心（Centers for Medicare and Medicaid Services，CMS）将 ACO 定义为：卫生服务提供者组织为加入该组织的 Medicare 受益人提供全方位的保健服务，并对质量和费用负责。③

---

① Cora Drew. Accountable Care Organizations Series：Why Are ACOs? Health capital. 2011，4（5）.

② Ellen Josephine Angelo. Accountable care organizations are they the right answer? Nursing Management. 2011（2）：21 - 24.

③ Centers for Medicare and Medicaid Services. Medicare "Accountable Care Organizations"［EB/OL］.（2019 - 06 - 13）. https：//www. cms. gov/OfficeofLegislation/Downloads/AccountableCareOrganization. pdf.

二、美国 ACO 的主要做法

在按项目付费背景下，卫生服务提供方为获得更多收益而提供更多服务；而 ACO 改变了卫生服务提供方式，根据服务质量进行支付，消除了提供过度医疗的动机。此外，保险方将一部分风险转移给 ACO，ACO 通过承担一部分风险来获得相应奖励。因此，这有助于 ACO 提高质量，控制费用，促进保险方和提供方合作。ACO 形式多样，并无严格标准，可能包括不同形式的卫生服务提供者，如综合性卫生服务提供系统、初级保健小组、医院系统、独立执业的医生网络等。①

（一）以供方为主体探索多层次的整合

不同形式的 ACO，有不同的掌控者。ACO 的掌控者，控制大部分的资金结余。掌控者可能是医生，他们与医院签约或者隶属于医院，控制市场上的资金流动；也可能是医院，他们雇用医生。不同的掌控者，采用不同的整合形式。②

ACO 的整合包括三个层次：完全整合、部分整合和契约式整合。不同层次的整合各有优劣，特定的卫生保健组织结构决定了整合水平。

完全整合，即整合后机构共享所有权和雇用权。这种形式的整合具有强大的市场支配能力和谈判能力，因而能够更好满足 ACO 标准。另外，这种组织能够支付得起 ACO 要求的大量投资，严格的集中式领导和明确的等级控制能够保证严谨决策，实

---

① McClellan M, McKethan AN, Lewis JL, et al. A national strategy to put accountable care into practice [J]. Health Affair. 2010, 29 (5): 982 – 90.

② Robert Kocher, Nikhil R. Sahni. Physicians versus Hospitals as Leaders of Accountable Care Organizations [J]. The New England Journal of Medicine. 2010, 363 (27): 2579 – 2582.

现服务的高质量和高效率。[①②]

部分整合主要通过联合运营实现，这类组织可能存在一些财务上整合，更多的是临床合作，但在验证质量改进和成本控制的效果方面，这种整合形式还存在诸多困难。[③④]

契约式整合通过签订合作协议实现，协议中明确整合的具体内容。这种整合形式富有灵活性，可以长期整合也可以短期整合，但不可能实现保健和管理的充分协调。[⑤⑥]

（二）改革支付方式促进体系整合

支付方式改革对于实现ACO的预期目标至关重要，通过支付方式改革可以引导供方行为，激励医生提高服务质量，降低医疗费用。美国在探索体系整合过程中，始终伴随着支付方式改革。ACO支付方式改革主要有以下几种：共享结余项目、基于不同治疗阶段的捆绑支付（Bundled Payments for Episodes of Care）、总额预付或部分封顶（Partial Caps）等。

1. 共享结余项目

共享结余项目中，供方可通过提供高质量和高效率的服务而获得奖励。支付方将ACO病人的费用与该病人以前或未参与ACO的相似病人的费用进行比较，如果ACO节省了费用，部分结余资金将作为奖金返还给ACO。这部分资金在参与ACO的各

①④⑥ Douglas A. Hastings. Constructing Accountable Care Organizations: Some Practical Observations at the Nexus of Policy, Business, and Law [J]. Health Law Reporter. 2010, 19 (25).

② Cora Drew. Accountable Care Organizations Series: Where Are ACOs? Health capital. 2011, 4 (8).

③⑤ Robert Kocher, Nikhil R. Sahni. Physicians versus Hospitals as Leaders of Accountable Care Organizations [J]. The New England Journal of Medicine. 2010, 363 (27): 2579 - 2582.

个提供方之间如何分配由每一个 ACO 独立决定。[①]

CMS 设计了两种共享结余方式：一是提供方进入 ACO 便承担费用超出定额的风险，目标（主要是质量和费用）实现即能获得的奖励，目标未实现要受到相应的惩罚。在签约的三年内，如果结余占总费用的比例超过 2% 时，就可以分享结余，并且最多可以共享结余的 65%；同时，在费用超出定额时要偿还相应费用。二是提供方前两年不承担风险，第三年开始承担风险。当结余超过总费用的 2% ~3.9% （具体根据覆盖人口数量决定）时才能分享结余，并且最多可以共享结余的 52.5% 。[②]

2. 捆绑支付制度

捆绑支付制度，是指对某一疾病的所有服务或者某一病程（Episode of Care）的部分服务进行支付。捆绑支付之前要确定预算，如果服务成本低于预算，提供方有获得收益机会；如果成本高于预算，提供方需要承担相应损失。捆绑支付能够激励提供方提供综合性服务，促进合作，并减少不必要服务。

3. 总额预付或者部分封顶

总额预付或者部分封顶，即对在一定时期内支付 ACO 为某特定人群提供的所有服务或者部分服务。此种支付方式与服务数量无关，ACO 承担了为覆盖人群提供所需服务的医疗风险，但支付方也会根据覆盖人群的年龄、健康状况等进行调整，以避免 ACO 承担“保险风险”（Insurance Risk）。尽管如此，这种支付方式仍给提供方带来了一些风险，如难以仅仅通过改善质量和效

① C. Frederick Geilfuss, Renate M. Gray. Accountable Care Organizations: Promise of Better Outcomes at Restrained Costs; Can They Meet Their Challenges? [J]. BNA's Health Law Reporter, 2010, 19 (956).

② Harris Meyer. Accountable Care Organization Prototypes: Winners And Losers? [J] Health Affairs. 2011, 30 (7): 1227 -1231.

率就能控制的风险。[①]

（三）患者就医自主权仍然保留

与HMO不同，加入ACO后患者的就医自主权没有受到影响。如果患者主要在ACO的某一机构就诊，就被“分配（Assigned）”到这一机构；如果患者主要在ACO的某一初级卫生保健医生处就诊，那么就属于这个初级卫生保健医生。[②] 虽然要求每个初级保健医生只能隶属于一个ACO，但由于患者不需在ACO注册，因此，患者既可以在不同的ACO获得服务，也可以不在ACO获得服务，甚至有些患者根本不了解ACO的存在。

第二节　美国责任保健组织的经验与挑战

一、美国ACO的主要经验

（一）以患者为中心，保证医疗服务的连续性

ACO改变了卫生服务提供现状，将分散、不连贯的卫生服务系统整合为协调合作的系统，有助于纠正卫生服务提供的碎片化。通过整合家庭医生（全科医生）、专科医生和医院等主要的卫生服务提供方，保证患者得到连续性的医疗卫生服务，体现了以患者为中心的价值取向。

ACO允许病人按照自己意愿选择卫生服务机构和医生，保

---

① C. Frederick Geilfuss, Renate M. Gray. Accountable Care Organizations: Promise of Better Outcomes at Restrained Costs; Can They Meet Their Challenges? [J]. BNA's Health Law Reporter, 2010, 19 (956).

② Harold S. Luft. Becoming Accountable — Opportunities and Obstacles for ACOs [J]. The New England Journal of Medicine. 2010, 363 (15): 1389 – 1391.

证了居民就医选择权。让居民参与管理自己健康，减少了不必要的卫生支出和资源浪费；通过增加预防保健以及其他措施来维护健康，患者满意度增加。

（二）建立了供方主动参与的激励机制，提高服务效率

ACO 实现了支付方式改革与卫生服务体系整合的有机结合。通过支付方式改革，ACO 建立了利益共享和分担机制；以供方为整合的动力和主体，促使医疗服务提供方实现资源和信息的共享，共同承担风险，共享成本结余，促使供方主动参与，增强了供方提供整合医疗服务的积极性，提高了医疗服务的效率。

（三）实现费用控制和质量改进的平衡

与以前管理保健过度关注费用控制不同，ACO 尽量平衡费用控制和质量改进。通过鼓励对健康进行支付，有助于防止过度医疗，控制费用上涨，节约卫生资源。ACO 在关注费用控制的同时要求供方持续改进质量，较好地实现了质量和费用之间的平衡。

（四）加强了政府对医生的管制

ACO 的发展会增加政府管制，尤其是对医生执业的管制。①医生在分散的诊所执业使得一些中央机构比如 Medicare 对其监管很难，一旦医生加入 ACO，Medicare 可以针对整个 ACO 进行监管②，从而对医生的临床决策产生更多影响。

二、美国实施 ACO 面临的挑战

理论上，ACO 是解决卫生服务提供碎片化比较有力的途径。③

---

① Francis J. Crosson. Accountable Care Organizations: Whatever Its Growing Pains, The Concept is Too Vitally Important to Fail [J]. Health Affairs. 2011, 30 (7): 1252.

② Gottlieb S. Accountable care organizations: the end of innovation in medicine? [R] American Enterprise Institute, 2011.

③ Elhauge E, ed. The Fragmentation of US Health Care [M]. New York, NY: Oxford University Press; 2010.

通过良好的信息系统、完善的补偿机制、互相补充的卫生服务机构的纵向整合，能够减少医疗事故、避免重复检查、协调各种因素，从而提高效率和质量，实现以病人为中心。[①]但是，ACO 在实践过程中，仍面临一些问题和挑战。

（一）规模较小的机构难以参与 ACO

支付方需要收集病人服务利用和费用信息，通过卫生服务质量和人群健康状况等指标对 ACO 进行绩效评估。这需要大量资金支持以建立信息系统和其他基础设施，CMS 估计需要 180 万美元[②]。许多规模较大的医疗机构可以满足信息系统建设所需的资金支持[③]，但独立或小组执业的医生资金缺乏，不能发展信息技术或开展技术培训[④]，这对 ACO 的可持续发展形成了挑战。对资本和管理支持的要求使得规模较小的卫生保健机构被淘汰出局，规模较大的医院和卫生系统更有可能成为 ACO 的一员。[⑤]

（二）短时间内支付方式改革难以全面推开

ACO 要成功转变卫生服务提供方式，要求大多数支付方（政府、保险公司）进行支付方式改革，但美国有众多的医疗保

---

① Enthoven AC, Tollen LA. Competition in health care: it takes systems to pursue quality and efficiency [J]. Health Affair. 2005: W5 - 420 - W5 - 433.

② Linda E. Fishman, Senior Vice President of Public Policy Analysis and Development, AHA. Letter from AHA to CMS Regarding Advanced Payment Initiative. June 17, 2011.

③ Minott J, Helms D, Luft H, et al. The group employed model as a foundation for health care delivery reform [R]. The Commonwealth Fund, 2010.

④ National Committee for Quality Assurance. Supporting small practices: lessons for health reform [EB/OL]. (2012 - 06 - 15) http://www.ncqa.org/Portals/0/HEDISQM/CLAS/Briefing/Small_Practices_Report.pdf.

⑤ Rittenhouse DR, Grumbach K, O'Neil, et, al. Physician organization and care management in California: from cottage to Kaiser [J]. Health Affair, 2004, 23 (6): 51 - 62.

险基金，不同的医保基金采用不同的支付方式，短时间内支付方式改革难以全面推开。如果只有少数支付方采用新的支付方式，其他仍采用按项目付费，那么不可能改变供方行为。另外，供方之间如何分配结余资金也存在问题，如分配比例在初级保健医生和专科医生之间、在不同卫生服务提供者之间如何确定，仍然存在争议。①

（三）卫生机构的整合可能形成垄断并加剧卫生费用上涨

美国卫生保健市场碎片化和过于集中问题共存。② 有证据表明卫生保健市场过于集中是导致医疗保险费用上涨的主要因素，20 世纪 90 年代医院合并导致住院服务费用至少增长了 5%，而那些距离较近的医院合并后导致费用上涨 40% 以上③。而 ACO 将卫生机构整合起来，会形成巨大的市场力量。④ 因此，有人质疑 ACO 的目的可能不是为了节约成本，而是为了加强与保险方谈判的能力。⑤ 有研究提出，ACO 规模扩大以及知名度提升，会带来定价权的增大。⑥ 保险方担心随着 ACO 规模日益增大，可能迫使自己提高报销水平。并且，由于 ACO 取代保险方对保健服务进行管理并获得相应的经济奖励，保险方临床方面的作用和

① Ellen Josephine Angelo. Accountable care organizations are they the right answer? [J]. Nursing Management. 2011 (2): 21 - 24.

② Greaney TL. Competition policy and organizational fragmentation in health care [J]. U Pitt Law Rev. 2009 (71): 217 - 39.

③ Williams CH, Vogt WB, Town R. How has hospital consolidation affected the price and quality of hospital care? [R]. Robert Wood Johnson Foundation, 2006.

④ Greaney TL. Accountable care organizations—the fork in the road [J]. N Engl J Med. 2011, 364 (1): e1.

⑤ Barak D. Richman, Kevin A. Schulman. A Cautious Path Forward on Accountable Care Organizations [J]. JAMA. 2011, 305 (6): 602 - 603.

⑥ Berenson RA, Ginsburg PB, KemperN. Unchecked provider clout in California foreshadows challenges to health reform [J]. Health Affair. 2010, 29 (4): 699 - 705.

基金收益会减少。[①]

（四）患者归属问题影响 ACO 的进一步实施

如何确定患者归属问题，会对 ACO 能否成功实施产生重要影响。根据最近一段时间内，患者所接受服务的初级卫生保健医生将其归于不同 ACO 的做法，目前还存在诸多争议。一些很少利用服务的患者（很健康而很少看医生或者病情很重而直接看专科医生）难以确定如何分配。[②] 另外，ACO 在了解病人归属于哪一个 ACO 组织方面存在滞后性。CMS 规定患者可以自由选择 ACO 之外的医生和医院，对于这个规定不同的提供者有不同的态度，有些提供者认为可行，但有些认为对那些不受他们管辖的患者负责，有很大难度[③]。

（五）卫生信息共享有待加强

ACO 需要良好的信息系统向 Medicare 和 Medicaid 服务中心报告服务质量，同时 Medicare 的信息也需要被迅速、高效地共享，但 ACO 并不能将参与者限定到既定的服务提供方，而且还要对患者在 ACO 外获得的服务负责。如果关于外部利用服务的信息缺失，那么 ACO 可能会面临经济风险，并最终影响临床质量。因此，Medicare 应尽快提供可用的数据信息，但这需要 ACO 了解他们的病人在 ACO 以外获取多少服务[④]。

① Gottlieb S. Accountable care organizations: the end of innovation in medicine? [R]. American Enterprise Institute, 2011.

② Berenson RA, Ginsburg PB, KemperN. Unchecked provider clout in California foreshadows challenges to health reform [J]. Health Affair. 2010, 29 (4): 699 - 705.

③ C. Frederick Geilfuss, Renate M. Gray. Accountable Care Organizations: Promise of Better Outcomes at Restrained Costs; Can They Meet Their Challenges? [J]. BNA's Health Law Reporter, 2010 , 19 (956).

④ Krieger LM. Obama Care is already damaging health care [J]. Wall Street Journal. 2011 Feb 23; Sect. A: 15.

第三节　美国责任保健组织发展对我国的启示

随着我国城乡居民疾病谱的变化、医药技术创新、重大传染病防控和卫生费用快速增长，要求对我国卫生服务体系进行更好地整合。优化资源配置、扩大服务供给、转变服务模式、提升服务效率，确保人民群众得到安全、有效、优质、连续的基本医疗卫生服务，一直是我国卫生系统和社会各界关注的重要问题。美国引入 ACO 给我国卫生服务体系整合有以下启示：

一、医疗服务机构是卫生服务体系的整合主体和核心

美国 ACO 实施过程中，始终以医疗服务机构作为主体进行资源整合。我国的北京、上海和江苏镇江等地正在积极探索卫生资源的有效整合[①]，在探索过程中各地应体现医疗服务提供者在卫生服务体系整合中的核心地位，充分尊重各级医疗卫生服务机构的意愿，鼓励各级医疗卫生服务机构主动参与体系整合，而不是被整合。

二、合理的激励机制是确保卫生服务体系有效整合的前提和基础

改革支付方式、建立激励机制，是美国 ACO 成功整合相关卫生服务机构的前提和基础。我国在进行卫生服务体系整合时应有合理的激励机制作为支撑，保证体系整合的有效性和持续性。新一轮医改中，我国多地在探索卫生服务体系的整合，但是对于

① 代涛，韦潇，王芳，等. 医药卫生体制改革评价研究 [R]. 2012.

如何通过合理的激励机制促进体系整合关注不够。因此，在未来的卫生服务体系整合过程中，财政、卫生和医保等部门需出台相应的配套政策，建立健全激励机制，实现医疗服务机构间的有效整合。

三、控制费用、提高质量和效率，既是卫生服务体系整合的目的，又是衡量整合是否有效的重要标准

ACO的初衷是通过体系整合，达到控制费用、改进质量和提升效率的目标，这也是衡量ACO是否成功的重要标准。我国正在进行的卫生服务体系整合，有些地区在强调费用控制的同时，却忽略了卫生服务的质量和效率。因此，在后续的体系整合过程中，各地应妥善处理好费用控制、服务质量和效率提升之间的关系，使患者在得到高质量、高效率卫生服务的同时，有效控制医疗费用的上涨速度。

四、防止形成供方垄断、提高医疗服务价格，导致卫生费用的不合理上涨

鉴于医疗服务提供的地域性和不可移动性，卫生服务体系整合过程中有可能形成供方的寡头垄断，从而提升医疗服务价格，进而导致卫生费用的不合理上涨。因此，我国在进行体系整合时应尽量避免寡头垄断的形成，尤其要注重建立合理的医疗服务价格形成机制，防止由于供方的寡头垄断推动卫生费用的快速上涨。

五、完善的信息系统是卫生服务体系改革和可持续发展的重要保障

完善的信息系统是ACO组织建立的必要条件。具有完善的信息系统，才能及时准确地对 ACO 提供服务的质量和费用进行评价，进而建立合理的激励机制，促进 ACO 组织提高质量，降低费用。为促进卫生服务体系整合，我国应加强卫生信息系统建设，发挥其基础性保障作用。

第三篇

全民健康覆盖的中国实践

与我国经济社会发展转型相适应，我国UHC的发展经历了不同的阶段，不同阶段其发展重点各不相同。从我国卫生事业发展和UHC演变历程看，我国的UHC可以分为以下几个阶段：初级卫生保健萌芽期（1949—1978年），这段时期，我国优先发展初级卫生保健，基本医疗卫生服务实现了低水平、广覆盖，居民健康状况明显改善，卫生事业发展与经济社会发展基本同步。转型探索与初级卫生保健发展期（1979—1996年），这段时间，我国对卫生事业在经济社会发展中的作用认识不充分，对政府与市场如何在卫生事业发展中发挥作用认识有分歧，政府对卫生事业的投入不足，初级卫生保健发展受到一定程度的影响，居民健康状况改善相对缓慢，卫生事业发展相对滞后于经济社会发展。改革推进与全民健康覆盖启动期（1997—2008年），这段时期，中央和地方各级政府在医疗保障制度改革、农村卫生服务体系建设、公共卫生服务体系建设等方面进行了积极探索，并取得一定成效，为快速推进全民健康覆盖奠定了重要基础。深化改革与全民健康覆盖发展期（2009年至今），这段时期，全民健康覆盖的理念在我国医药卫生体制改革探索中得到坚持和发展，从初级卫生保健向全民健康覆盖转变取得积极进展；健康中国建设全面启动，将健康融入所有政策的理念逐步为社会各界理解和接受，健康中国建设与经济社会发展协同程度日益提高，居民健康水平位居中等收入国家前列，全民健康覆盖对小康社会建设的贡献日益显现，为我国实现经济社会的可持续发展、实现中华民族的伟大复兴奠定了坚实基础。

第六章

计划经济时期的卫生体系发展与初级卫生保健萌芽

中华人民共和国成立后，随着经济和社会秩序的逐步恢复，我国卫生体系也逐步建立健全。主要表现在以下几个方面：一是卫生服务提供体系逐步建立，农村卫生三级网得到明显加强；二是医疗保险制度初步建立，劳保医疗制度、公费医疗制度和合作医疗制度初步建成；三是爱国卫生运动广泛开展，居民健康水平明显改善。

第一节　卫生服务供给体系初步建立，基本医疗卫生服务可及性明显改善

中华人民共和国成立初期，我国卫生事业基础十分薄弱，卫生机构少，卫生人员数量

少、质量低、分布不平衡，广大农民缺医少药现象比较普遍。[①]面对经济发展水平低下，卫生资源短缺，传染病、地方病危害严重的现实，1950年全国卫生会议上，卫生部确立了“面向工农兵”“预防为主”“团结中西医”为新中国卫生工作的三大基本方针。1952年全国卫生会议确定了“面向工农兵、预防为主、团结中西医、卫生工作与群众运动相结合”的新中国的卫生工作方针。[②]

1950年，卫生部在第一届全国卫生会议上下发了《关于健全和发展全国基层卫生组织的决定》。1951年5月，卫生部医政工作会议总结了各地发展农村基层组织的经验，发布了《关于组织联合医疗机构实施办法》。此后，各级政府通过改造和新建卫生机构等方式，在城乡逐步建立起三级医疗体系，城市三级医疗服务体系主要由市、区两级医院和街道、厂矿单位的门诊（医务室等）组成，在农村形成由县医院、乡镇卫生院和村卫生室组成。政府通过创办、组建县（区）医疗卫生机构，要求城市医务人员上山下乡开展巡回医疗，经过短期培训，培育大批初级卫生人员和接生员等，初步形成了以集体经济为依托的农村三级医疗预防保健网，这一时期县设医院，公社设卫生院，大队（村）设卫生所（室）。公社卫生院兼有医疗和预防功能。[③]

我国农村医疗卫生机构的设立，是一个由县到区、乡再到行政村、自然村的自上而下的分布过程。在20世纪50年代初期，政府首先分别设置县、区医疗卫生机构，医务人员上山下乡，开

---

① 李德成．合作医疗与赤脚医生研究［D］．浙江大学，2007．

② 李长明，汪早立，王敬媛．建国60年我国农村卫生的回顾与展望［J］．中国卫生政策研究，2009，2（10）：1－5．

③ 魏来．连续—碎片—整合——我国农村三级医疗卫生网络服务提供模式的历史演变及启示［J］．中国卫生政策研究，2014，7（12）：24－30．

展巡回医疗工作，并组织和培训农村中的私人医生，参与疾病防治工作，向农民普及卫生常识，改变不文明、不卫生习惯。到20世纪50年代中期，随着农业合作化的发展，农业社社员和农村卫生人员共同集资建立了农业社保健站，这时已开始提出了“农村卫生工作网”的概念。1958年在人民公社化中，国家举办的区卫生所和乡办的保健站合并为公社医院，联合诊所和村保健站变成生产大队卫生室。农村三级医疗预防保健网的建立，使我国农村居民能够获得基本的预防保健服务，是农村居民健康保障的重要支柱。[①]

这段时期，我国城镇化率较低，农民的健康问题是我国卫生事业发展重中之重。党中央高度重视农村卫生工作，1965年6月26日，毛泽东同志提出“把医疗卫生工作的重点放到农村去”。[②] 在以阶级斗争为纲的特殊历史环境下，通过政治运动把许多城市卫生资源无偿转移到农村。具体表现在：大批城市医务人员和医科院校毕业生被抽调或分配到农村长期工作；派遣城市巡回医疗队下乡；采取短期培训方式，为农村培养“半农半医”的基层卫生人员——“赤脚医生”；由财政和集体经济共同出资新建、扩建公社卫生院；群众集资建立村合作医疗站。[③]

为了应对农村医生缺乏的问题，当时中国最有创新的是为农村培训“赤脚医生”。毛泽东同志做出“把医疗卫生工作的重点放到农村去”指示之后，卫生部和教育部确定为农村加快培养不脱产的卫生员和半农半医的医生。1968年《红旗》杂志发表

---

① 李卫平，石光，赵琨．我国农村卫生保健的历史、现状与问题［J］．管理世界，2003（4）：33－43．

② 张德元．中国农村医疗卫生事业发展历程回顾与分析［J］．湖南科技学院学报，2005，26（9）：90－95．

③ 李长明，汪早立，王敬媛．建国60年我国农村卫生的回顾与展望［J］．中国卫生政策研究，2009，2（10）：1－5．

文章，将半农半医的初级卫生保健人员称为“赤脚医生”。“赤脚医生”是当时农村卫生工作的“全面手”：不仅负责治病，而且担负着预防接种、卫生知识宣传、用新法接生等多方面工作，对提高农村卫生保健水平起了很大作用。到70年代末，我国约有“赤脚医生”160万人，卫生员约350万人，接生员约70多万人。[①] 另外，为解决农村医疗资源短缺的问题，各级政府还积极整合城市和军队的医疗资源，到农村巡回医疗。到1975年，全国城市和解放军医务人员先后有110多万人次下农村巡回医疗，并有10余万城市医务人员在农村安家落户。[②]

这段时间，政府财政也对卫生事业的发展给予了大力支持。1960—1978年，国家财政对卫生机构的补助约占全部医院开支的35%。国营公社卫生院的全部基本建设投入、设备购置经费以及人员工资由政府财政负责；对集体办的卫生院，政府财政则负责部分基本建设投入、设备购置经费和人员工资。到1978年，国家每年投入的卫生事业费已由新中国成立初期的1.9亿元增加到22.4亿元，卫生基本建设费由新中国成立初期的1.3亿元增加到3.2亿元。另外，政府通过降低医药成本减轻农村患者疾病负担。1956年，卫生部将药品加成费减少30%，手术费减少60%，接生费和普通挂号费分别减少50%和30%。1958年和1966年，医疗价格又进一步降低。[③④]

① 张西凡，曲江斌，唐颖．我国农村卫生服务体系的发展历程、现实问题及对策思考［J］．卫生软科学，2005，19（3）：147－149．

② 中国卫生年鉴编委会．中国卫生年鉴（1983）［M］．北京：人民卫生出版社，1984．

③ 郑志君．医疗收费制度变迁的回顾与展望［J］．中国卫生经济，1987（2）：32．

④ 魏来．连续—碎片—整合——我国农村三级医疗卫生网络服务提供模式的历史演变及启示［J］．中国卫生政策研究，2014，7（12）：24－30．

这些举措显著改善了我国城乡医疗卫生服务体系，卫生机构数显著增加，从1950年的8915所增加至1978年的169732所；卫生技术人员数从1950年的555040人增加至1978年的2463931人；乡村医生和卫生员人数略有波动，从1970年的4779280人增加至1975年的4841695人，随后下降至1978年的4777469人；医疗卫生机构床位数快速增加，从1949年的8.46万张增加至1978年的204.17万张（见表6－1至表6－3）。经过30年的发展，我国医疗服务能力显著增强，城乡居民基本医疗卫生服务的可及性明显提升。从投入看，这一时期以集体经济支持为主，国家财政给予一定支持，农村卫生体系的高效益、低成本、广覆盖，取得了良好的效果。

表6－1　　1950—1978年我国医疗卫生机构数变化

年份	合计	医院	乡镇卫生院	门诊部（所）	防疫站	专科疾病防治机构	妇幼保健机构
1950	8915	2803	—	3356	61	30	426
1955	67725	3648	—	51600	315	287	3944
1960	261195	6020	24849	213823	1866	683	4213
1965	224266	5330	36965	170430	2499	822	2910
1970	149823	5964	56568	79600	1714	607	1124
1975	151733	7654	54026	80739	2912	683	2128
1978	169732	9293	55018	94395	2989	887	2571

资料来源：《中国卫生统计年鉴2003》；医疗卫生机构不包括村卫生室（所）。

表6－2　　1950—1978年我国卫生人力资源变化情况

年份	卫生技术人员	执业（助理）医师	注册护士	乡村医生和卫生员
1950	555040	380800	37800	—
1955	874063	500398	107344	—
1960	1504894	596109	170143	—

续表

年份	卫生技术人员	执业（助理）医师	注册护士	乡村医生和卫生员
1965	1531600	762804	234546	—
1970	1453247	702304	295147	4779280
1975	2057068	877716	379545	4841695
1978	2463931	1033018	406649	4777469

资料来源：《中国卫生统计年鉴 2003》。

表 6－3　1949—1978 年我国医疗卫生机构病床数及其分布

年份	合计（万张）						
		医院	疗养院	卫生院	妇幼保健机构	专病防治机构	其他
1949	8.46	8.00	0.39	—	—	—	0.07
1950	11.91	9.71	0.6	—	0.27	—	1.33
1955	36.28	21.53	5.77	—	0.57	—	8.41
1960	97.68	59.14	10.69	4.63	0.88	1.74	20.6
1965	103.33	61.20	9.84	13.25	0.92	—	18.12
1970	126.15	70.50	4.76	36.8	0.7	—	13.39
1975	176.43	94.02	3.72	62.03	0.97	2.88	12.81
1978	204.17	110.00	5.09	74.73	1.16	2.63	10.56

资料来源：《中国卫生统计年鉴 2003》。

第二节　基本医疗保障制度初步建成，制度向人群全覆盖迈进

一、劳保医疗和公费医疗制度先后建成并逐步覆盖城镇职工及其家属

中华人民共和国成立后，经过短暂的经济恢复时期，我国开

始逐步确立以高度集中的指令性计划为特征的产品经济模式，并逐步形成了政企合一的关系。与此相适应，我国的城镇职工医疗保障制度也逐步建立。1951 年政务院发布了《中华人民共和国劳动保险条例》[①②]，规定享受劳保医疗的主要对象是国营企业的职工，县以上城镇集体所有制企业职工可参照执行。1952 年，政务院发布了《关于全国各级人民政府、党派、团体及所属事业单位的国家工作人员实行公费医疗的指示》。公费医疗经费统筹统支，使用时可按照情况重点支付，不允许发放给本人。在劳动保险的管理体制上，1954 年 5 月起将开始时劳动部和全国总工会两部门共管的格局，改为由全国总工会统一管理。

截至 1952 年底，全国实行劳动保险的企业有 3861 个，有职工 302 万人，连同他们供养的直系亲属在内约有 1000 万人；1953 年修订《中华人民共和国劳动保险条例》后，实行劳动保险的企业达到 4400 多个，职工人数达 420 万人，另外还有签订集体劳动保险合同的单位 430 多个，职工 70 多万人；到 1956 年，实行劳动保险的职工已达到 1600 多万人，签订集体劳动保险合同的职工达 700 万人。至此，享受劳动保险待遇的职工人数已占到当年全国职工总数的 94% 以上。而全国享受公费医疗的职工人数开始时有 400 万人左右，到 1957 年时，则已覆盖 740 万人。[③]

随后，公费医疗和劳保医疗制度逐步完善，一方面从工资福利、保险财务、提取比例、高干高知医疗、离休退休退职、职业

① 职工医疗保障制度变迁的轨迹（上）[J]. 中国社会保险，1998（6）：10－11.

② 劳动和社会保障部，中共中央文献研究室. 新时期劳动和社会保障重要文献选编［M］. 北京：中国劳动社会保障出版社，2002.

③ 本刊编辑部. 职工医疗保障制度变迁的轨迹（上）［J］. 中国社会保险，1998（6）：10－11.

病、病伤生育休假、待遇异地支付、生活困难补助等方面进一步作出政策规定，以完善职工医疗保障制度；另一方面针对显露出的一些矛盾和问题进行了整顿改进。当时制定的整顿方针是简化项目，加强管理，克服浪费，改进不合理的制度。然而，这一方针及其指示精神却由于种种原因以及“左”的影响未能及时贯彻落实。直到调整国民经济之后的1965年，以中央对卫生部党委报告作出批示，要求“公费医疗制度应做适当改革，劳保医疗制度的执行也应适当整顿”为契机，有关部门才开始着手实施对两项制度的改进工作。卫生部、财政部两部门于1965年发出了《改进公费医疗制度管理问题的通知》；1966年劳动部和全国总工会颁发了《关于改进企业职工劳保医疗制度几个问题的通知》[①]，其中，对于整顿方针和指示精神给予了初步的体现落实。但是，待遇规定总体上改变不大，只是将一般情况下的门诊挂号费出诊费等以及职工亲属半费医疗的一些项目改为由个人承担。在随后的实际工作中，未能完全收到预期改进成效。其后，由于“文革”的爆发，公费医疗和劳保医疗制度进入停滞维持阶段。“文革”开始后，由于各级工会遭受破坏，业务干部队伍离散，管理工作趋于瘫痪，劳动保险的全部管理工作由工会组织完全转到了企业行政方面。1969年，劳动部人员下放以及1970年少量留守人员并入国家计委劳动局，导致对职工医疗保障的宏观组织管理几乎缺位。此后，尽管各地劳动部门遵循有关通知精神逐步建立了管理社会保险业务的工作机构，但在地方上仍不可避免地出现了许多有章不循、有章难循的状况。[②]

---

① 劳动和社会保障部，中共中央文献研究室．新时期劳动和社会保障重要文献选编［M］．北京：中国劳动社会保障出版社，2002.

② 本刊编辑部．职工医疗保障制度变迁的轨迹（上）［J］．中国社会保险，1998（6）：10－11.

在劳动保险金统一征集管理调剂使用制度已经难以为继的情况下，财政部1969年2月发文，要求国营企业停止提取劳动保险金，改由企业营业外列支；11月又决定中央国营企业的奖励基金、职工医疗卫生补助费与福利费捆在一起，计提比例为工资总额的11%，由企业自行管理并打入成本[①]。这期间，不但劳保医疗失去了宏观管理，就是仍然存留的卫生部和财政部，也是整整四年几乎没就医疗保障再专门下发一份有关文件。尽管整个宏观管理工作受到挫折失去控制，经费管理陷于一片混乱，但由于职工自身的坚决维护，地方有关政府机构还在勉力而为，基本医疗待遇支付并未完全停止，整个医疗保障制度总算是勉强维持下来了。

“文革”后期，公费医疗和劳保医疗制度逐步恢复整顿。卫生部、财政部首先针对公费医疗管理混乱无序的状态，于1974年1月发文进一步明确公费医疗可否享受的人员范围，事隔半年，又发文对自费药品作出扩大范围的全国统一的试行规定。1975年国民经济开始恢复，新宪法再次重申劳动者罹患疾病时有获得物质帮助的权利，民生问题又被摆上突出位置。1975年9月，国家劳动总局宣告成立，劳保医疗的行政领导工作又有了依托。1977年10月，卫生部、财政部和劳动总局三家联合发文，对公费和劳保医疗的自费药品范围，一起作出了限制。面对制度停滞管理悬空的状况，1978年财政部、卫生部两部门下发了《关于整顿和加强公费医疗管理工作的通知》（〔78〕财事字第156号），对整顿和加强公费医疗管理工作提出了意见，督促尽快恢复到正常工作状态，尤其强调恢复到制度初期工会与劳动部

---

① 宋晓梧．建国60年我国医疗保障体系的回顾与展望［J］．中国卫生政策研究，2009，2（10）：6－14.

门共同管理劳动保险工作的格局。①

经过前期的规范奠基，后期的整顿改进，我国传统的职工医疗保障体系框架至此已经基本定型，整个制度也已经进入成熟期。其基本特点是：医疗免费、惠及亲属；项目保障较全面、用药范围有限制、定点机构有范围，身份职业有差别；国家制定政策，单位执行政策。

经过30年左右的努力，我国的劳保医疗和公费医疗制度初步形成。更加难能可贵的是，这段时间，无论是机关事业单位还是企业单位，均设立了规模不一的医务室（或医院），作为单位职工的健康守门人。这种做法既有助于控制费用的快速上涨，也有助于引导患者有序就医，初步实现了医保制度与有序就医的结合。

二、农村合作医疗制度逐步覆盖农村居民

中华人民共和国成立初期，我国农村卫生非常落后，农村地区普遍存在缺医少药问题，严重影响了农民的身体健康和农业生产。在医疗保障制度建设方面，公费医疗制度和劳保医疗制度逐渐覆盖城镇地区机关事业单位和企业职工及其家属，而农村地区缺乏相应的医疗保障制度安排。为此，部分地区进行积极探索，在农村地区建立了依靠集体、农民互助共济的合作医疗制度。

新中国成立以后，我国农村逐步开展农业合作化运动，将以生产资料私有化为基础的个体农业经济逐步改造成以生产资料公有制为基础的农业合作经济。“合作医疗制度是随着农业互助合作化运动的兴起而逐步发展起来的。”当时，一些地区农村的干部、群众，为改变缺医少药的状况，开始探索一种互助性质的医

① 卫生部政策法规司，中国医学科学院卫生政策与管理研究中心．卫生改革发展重要文件选编（1978—2008）．

疗形式：由社员群众和集体筹集一定的资金，社员看病的药费由生产大队统一支付或给予一定比例的报销；基层医疗人员的报酬采取由生产大队记工分的方式解决，参与集体收益分配和口粮分配（一般相当于一个中等劳动力的收入）。医生有病人就行医，无病人则参加农业劳动，农忙时还在田间地头巡诊。

我国农村正式出现具有保险性质的合作医疗制度，是在农业合作化高潮的1955年。其标志是山西高平、四川内江、河南正阳、山东招远、湖北麻城等地的农村建立了一批由农业生产合作社举办的保健站。最早实行“医社结合”建立合作医疗保健制度的是山西省高平县米山乡。1955年5月1日，在联合诊所的基础上，在有关部门的大力支持下，米山乡联合保健站挂牌成立。当地的乡人民委员会（乡政府）统一领导保健站，农业生产合作社、农民群众和医生共同集资兴建，日常经费来自农民交纳的“保健费”、从农业社提取的15%～20%的公益金和医疗收入（主要是药费）；每个农民每年自愿缴纳2角钱的“保健费”，即可享受预防保健服务，患病就诊免收门诊费、出诊费、挂号费、手术费；保健站挂签治病、巡回医疗，医生分片负责村民的卫生预防医疗；保健站的工作人员“专任兼职”，实行“三土上马”（土医、土药、土方）、“四自创业”（自种药、自采药、自制药、自用药），发挥中国传统医药的优势，减轻集体经济的负担；采取记工分与支付现金相结合的办法解决医生的报酬。①②③

① 宋士云.1955—2000年中国农村合作医疗保障制度的历史考察［J］.青岛科技大学学报（社会科学版），2007，23（3）：60－66，75.

② 夏杏珍.农村合作医疗制度的历史考察［J］.当代中国史研究，2003（5）：110－118.

③ 曹普.人民公社时期的农村合作医疗制度［J］.中共中央党校学报，2009，13（6）：78－83.

1955年冬，山西省人民委员会和卫生部相继对米山乡的经验进行调查总结并给予充分肯定，认为这种组织形式和制度安排为农村的预防保健工作建立了可靠的社会主义组织基础。由于卫生部的肯定，米山乡的做法在全国部分地区得到推广。到1956年底，全国农村共办起了2万多个集体保健站，农村居民预防保健和基本医疗服务的费用得到部分分担。

1959年，山西省稷山县翟店公社太阳村开始实行社员每人每年缴2元保健费、不足部分从公益金中补助的“大家集资，治病免费”的合作医疗制度。同年11月，卫生部在稷山县召开全国农村卫生工作现场会议。与会代表一致认为，“根据目前农村地区的生产发展水平和群众觉悟等实际情况，以实行人民公社社员集体保健医疗制度为宜，即各地所说的‘保健费’办法或‘合作医疗’，每年由社员缴纳一定的保健费，看病只需交药费和少量挂号费，在可能的范围内，由公社、生产队的公益金补助一部分。随着生产的发展逐步增加公益金补助部分”。“实行这种制度，对于开展卫生预防、保障社员看病能及时治疗，和巩固公社的医疗卫生组织，都较为有利。”会后卫生部党组向中央上报《关于全国农村卫生工作山西稷山现场会议情况的报告》及其附件，在报告和附件中提到：关于人民公社的医疗制度，目前主要有两种形式，一种是谁看病谁出钱；一种是实行人民公社社员集体保健医疗制度。1960年2月，中共中央转发了这份报告及其附件，并指出“报告及其附件很好”，要求各地参照执行。这是“合作医疗”一词第一次出现在中央文件中。此后，“合作医疗”逐渐成为我国农村医疗保障制度的主要指代名称。在各级党委和政府的推动下，合作医疗制度迅速发展，1958年全国仅有10%的生产大队（行政村）举办了合作医疗，1960年就覆盖了32%的生产大队，到1962

年则覆盖了46%的生产大队。[①]

尽管合作医疗制度迅速发展，但随后受到当时“左倾”错误思想的影响，出现了较为冒进的做法，对合作医疗制度的发展产生不利影响。一些地区尽管农民个人缴费水平和集体补助相对较低，但盲目提高补偿比例，部分地区甚至实行“看病不要钱”，使合作医疗入不敷出，“春办秋黄”现象时有发生，影响了合作医疗制度的可持续发展。到1964年，合作医疗制度在全国的生产大队（行政村）覆盖率下降到30%以下。

农村卫生工作的变化引起了毛泽东同志的注意，1965年6月26日，毛泽东同志明确指示：“把医疗卫生工作的重点放到农村去”[②]。随着集体经济的恢复和农村服务的能力的增强，合作医疗制度快速发展。1965年9月21日，中央批转了卫生部党委向中央提交的《关于把卫生工作的重点放到农村的报告》（中发〔65〕586号），报告指出，“农村公社卫生组织，目前存在三种形式：国家办，公社、大队办和医生集体办。医生集体办的占多数，问题也最多，以逐步走向社队举办为宜”，从而规范和调整了农村基层卫生机构的所有制问题，重新恢复了合作医疗制度所依赖的医疗服务供给体系。[③④⑤⑥]

1968年12月5日，经毛泽东同志批示同意，《人民日报》在头版头条发表了题为《深受贫下中农欢迎的合作医疗制度》

---

①③ 夏杏珍．农村合作医疗制度的历史考察［J］．当代中国史研究，2003（5）：110－118.

② http：//history. people. com. cn/n1/2018/0123/c372327－29781514. html.

④ 宋士云．1955—2000年中国农村合作医疗保障制度的历史考察［J］．青岛科技大学学报（社会科学版），2007，23（3）：60－66，75.

⑤ 曹普．人民公社时期的农村合作医疗制度［J］．中共中央党校学报，2009，13（6）：78－83.

⑥ 江宇．论中华人民共和国前30年的社会保障［J］．社会保障评论，2018，2（4）：125－134.

的调查报告，介绍了湖北省长阳县乐园公社的合作医疗制度建设经验。这一事件又一次唤醒了各地开展合作医疗的热情，制度迅速铺开，在20世纪70年代末，合作医疗达到高峰，覆盖了90%的村庄，为中国农民获得基本医疗服务提供了重要保障①②；创造了世界卫生史上的“中国奇迹”，被世界银行和世界卫生组织将之誉为“发展中国家解决卫生经费的唯一范例”③④。

1978年，第五届全国人民代表大会第一次会议将“合作医疗”正式写入《中华人民共和国宪法》，确立了其作为农村基本医疗保障制度的地位。到1979年，合作医疗制度在全国的村庄覆盖率达到90%以上，传统的合作医疗制度发展达到第一次高潮⑤。

第三节　公共卫生体系逐步建立并积极落实预防为主的理念

中华人民共和国成立初期，我国公共卫生体系十分薄弱，1949年仅有9个妇幼保健院（所、站）和11个专科防治所（站）⑥。为此，新中国成立后，人民政府便开始了公共卫生体系

---

① Feng X, Tang S, Bloom G, Segall M, Gu X. Cooperative medical schemes in contemporary rural China. Social Science and Medicine 1995 (41): 1111 - 1118.

② Liu Y, Hsiao W, Li Q, Liu X, and Ren M. Transformation of China's health care financing. Social Science and Medicine, 1995 (41): 1085 - 1093.

③ 张德元．农村医疗保障出路何在［J］．经济学家，2003（3）：8 - 11.

④ 世界银行．中国：卫生模式转变中的长远问题与对策［R］．北京：中国财政经济出版社，1994.

⑤ 周寿祺．探寻农民健康保障制度的发展轨迹［J］．国际医药卫生导报，2002（6）：18 - 19.

⑥ 中华人民共和国卫生部．2003中国卫生统计年鉴［M］．北京：中国协和医科大学出版社，2003.

的建设工作，逐步形成了一套符合我国实际情况的公共卫生体系。1949 年 11 月，在卫生部内设立了专管卫生防疫工作的公共卫生局，统一负责全国的传染病、交通检疫、环境卫生、食品卫生、学校卫生、劳动卫生和卫生监督等卫生防疫工作。1953 年，公共卫生局改称为卫生防疫司。1952 年，中央还成立了爱国卫生运动委员会，并在全国各地设立了爱国卫生运动委员会办公室，由各级政府领导。爱国卫生运动委员会主要任务是：组织和发动全国人民起来讲究卫生、除“四害”、消灭疾病。[①] 为了应对传染病和寄生虫病等的大流行，新中国成立后，首先建设公共卫生体系。在卫生部的统一领导下，主要靠政府财政支出，我国迅速建立起包括国家、省、市、县各级卫生防疫站、妇幼保健站等预防机构、专科病防治与地方病防控机构等在内的相对完整的公共卫生体系。

新中国成立初期，在卫生防疫体系建设方面，我国主要是学习苏联卫生防疫机构建设的经验，结合我国防病治病的实际情况，开始试办卫生防疫站。1953 年 1 月，经政务院批准，在全国范围内建立卫生防疫站。到 1978 年，全国各地共建立卫生防疫站 2989 所[②]，形成了遍及全国城乡的卫生防疫网络。卫生防疫系统包括省、地（市）、县三级卫生防疫站，以及部分行业和大型厂矿防疫站。卫生防疫站的主要任务是：贯彻预防为主的方针，应用预防医学的理论和技术，进行疾病控制、监测、卫生监督、卫生宣传、科研和干部培训。卫生防疫站是我国公共卫生系统的核心机构，是当地卫生防疫工作的业务技术指导中心。

① 李玉荣．改革开放前新中国公共卫生事业的发展及其基本经验［J］．理论学刊，2011（3）：51－55.

② 中华人民共和国卫生部．2003 中国卫生统计年鉴［M］．北京：中国协和医科大学出版社，2003.

妇幼保健体系建设方面，新中国成立后，为了保护妇女和婴幼儿的健康，人民政府高度重视妇幼保健机构的建设。在卫生部内设有妇幼卫生局（后改称妇幼卫生司），统一领导全国的妇幼保健工作；各省、市、自治区卫生厅（局）均设有妇幼卫生科（组），县一级都由妇幼卫生的业务机构代行行政职能。除在各级综合医院、卫生院设立妇产科和儿科外，还在全国各地逐步建立了妇幼保健站（所），到 1978 年，全国共建立妇幼保健站（所）2571 个。设在地（市）级以上的妇幼保健机构，大都设有门诊和病床。其主要职责是：面向基层，开展妇幼保健工作；开展妇产科、小儿科、计划生育技术指导的临床业务；培训妇幼保健人员；开展科学研究及普及妇幼卫生科学知识。县级妇幼保健机构主要负责本地区妇幼保健业务的组织领导和业务技术指导，有的还开设门诊。

专科病防治与地方病防治体系建设方面，我国逐步建立了专科病防治机构和地方病防治机构。新中国成立后，各级专科防治所（站）逐步建立，主要有结核病防治所、皮肤病防治所等。这些机构基本上是以某种或某类疾病的防治为主要工作内容，采用预防控制的手段来进行疾病干预，有的机构也开展临床服务，属于防治结合型的卫生服务机构。地方病防治方面，针对我国血吸虫病流行趋势的变化，1955 年 11 月，我国成立了中共中央防治血吸虫病领导小组（后改为血吸虫病防治领导小组），各省、地、县级党委成立了相应的领导小组，各级领导小组下设办公室。同时卫生部成立了血吸虫病防治局，同血吸虫病办公室合署办公，省、地、县建立防治所、站等机构。为加强对鼠疫、克山病、大骨节病、地方性甲状腺肿大等地方性疾病的防治，1960 年 3 月，中共中央又成立了北方地方病防治领导小组，各病区省、地（市）、县也成立了相应的领导小组及其办事机构①。截至 1978 年，全国共建立各类专科疾病防治机构 887 所②。

公共卫生职能除了由以上专职机构承担外，非专职的公共卫生机构（即同时承担公共卫生职能和医疗职能的机构）如各级医院的预防保健科、传染病科，以及厂矿企业卫生室、农村卫生室等基层卫生组织，也承担为周围地区或基层群众提供基本的公共卫生服务的职能。在政府的严格管理之下，这些专职机构和非专职机构密切配合，共同为公民提供基本的、免费的公共卫生服务，其自身所需经费来自政府的财政拨款或集体经济补贴。③

经过 30 年的努力，我国的公共卫生服务体系初步建立，免疫接种工作快速推进，传染病得到有效遏制，传染病的发病率从 1950 年的 163. 37/10 万上升至 1970 年的 7061. 86/10 万，随后逐年下降至 1978 年的 2364. 89/10 万。死亡率总体呈下降趋势，但过程略有起伏，从 1950 年的 6. 70/10 万上升至 1955 年的 18. 43/10 万，1960 年有所下降，1965 年又回升至 18. 71/10 万，随后逐渐下降至 1978 年的 4. 85/10 万（见表 6 - 4）。部分对人民群众健康产生重大危害的传染病如鼠疫和天花接近灭绝，但霍乱的发病率和死亡率有所上升。群众性爱国卫生运动广泛开展并逐步常态化。爱国卫生运动由最初的清除垃圾向“讲卫生、除四害（蚊子、苍蝇、老鼠和臭虫）、消灭疾病”的方向发展，1958 年掀起了爱国卫生运动的高潮。由于广泛动员，群众性爱国卫生运

① 李玉荣. 改革开放前新中国公共卫生事业的发展及其基本经验［J］. 理论学刊，2011（3）：51 - 55.

② 中华人民共和国卫生部. 2003 中国卫生统计年鉴［M］. 北京：中国协和医科大学出版社，2003.

③ 高冬梅. 从医疗卫生发展看改革开放前党对社会主义社会建设的探索［J］. 邢台学院学报，2016，31（4）：40 - 45.

动在改善环境卫生、培养民众卫生习惯、防治传染病、寄生虫病以及地方病方面发挥了非常重要作用。

表 6－4　1950—1978 年我国传染病发病率和死亡率变化

年份	总计		鼠疫		霍乱		天花	
	发病率（1/10万）	死亡率（1/10万）	发病率	死亡率（1/10万）	发病率（1/10力）	死亡率（1/10万）	发病率（1/10万）	死亡率（1/10万）
1950	163. 37	6. 70	0. 68	0. 25			11. 22	2. 37
1955	2139. 69	18. 43	0. 01				0. 43	0. 07
1960	2448. 35	7. 47	0. 01	0. 01			0. 01	0
1965	3501. 36	18. 71	0	0	0. 01		0	0
1970	7061. 86	7. 73	0. 01	0				
1975	5070. 27	7. 40	0	0	0. 07			
1978	2364. 89	4. 85	0	0	1. 60	0. 02		

数据来源：《中国卫生统计年鉴 2003》。

中华人民共和国成立之初的 30 年，是我国居民健康状况改善最快的 30 年。婴儿死亡率从 1949 年前的 200‰降至 1975 年的 47. 0‰，预期寿命从 1949 年前的 35 岁上升至 1975 年的 63 岁以上，其中男性 63. 6 岁，女性 66. 3 岁（见表 6－5）。

表 6－5　中华人民共和国成立前到 1975 年我国居民健康状况主要指标变化情况

年份	婴儿死亡率（‰）	期望寿命（岁）		
		合计	男	女
1949 年前	200 左右	35	…	…
1973—1975	47. 0	…	63. 6	66. 3

数据来源：《中国卫生统计年鉴 2003》。

这段时期，从体系发展来看，我国的医疗服务体系和公共卫生服务体系逐步建立，居民的基本医疗卫生服务可及性明显改善。从医保制度设计来看，医疗保障制度与我国的经济、政治制度是融为一体的，政策的设计充分利用了中国的制度优势，采取符合国情和发展水平的技术路线和管理手段。基本医疗保障制度建设取得突出成就，医疗保障事业同步甚至优先于经济发展。[①]卫生筹资与卫生服务供给协同性较强，乡村医生、农村卫生服务三级网和合作医疗制度被称为我国卫生事业发展的三大法宝；城市的公费医疗和劳保医疗制度，也出现了首诊制度的雏形。中国这个时期取得的经验，得到国际社会的广泛关注和高度认可。

1977年5月第30届世界卫生大会通过了全球性卫生目标——“2000年人人享有卫生保健（Health For All）”，1978年，WHO和联合国儿童基金会在阿拉木图召开了国际初级卫生保健会议。会议随后发布的《阿拉木图宣言》[②]中明确指出：初级卫生保健是实现“2000年人人享有卫生保健”目标的关键和基本途径。

国际初级卫生保健理念的形成，充分吸收了中国的经验和做法。WHO和联合国儿童基金会在1975年发表了《在发展中国家满足基本卫生服务需求的选择》，奠定了初级卫生保健的理论基础和实践依据[③]。国际学者至今仍然认为，初级卫生保健的许多要素起源于中国的“赤脚医生”模式和其他以社区为基础的卫生运动经验。[④]

---

① 江宇．论中华人民共和国前30年的社会保障［J］．社会保障评论，2018，2（4）：125－134.

② 世界卫生组织．阿拉木图宣言［EB/OL］．［1978－09－12］（2019－06－05）．http：//www. who. int/topics/primary_health_care/alma_ata_declaration/zh/.

③ 汤胜蓝．初级卫生保健发展与保障机制的国际经验［R］．卫生部人才交流中心，2007.

④ 陈育德．重温《阿拉木图宣言》推进健康中国建设［J］．中华预防医学杂志，2018，52（5）：457－459.

第七章

改革开放初期的自由探索与初级卫生保健发展期

1978 年，十一届三中全会召开，公报要求："把全党工作的重点和全国人民的注意力转移到社会主义现代化建设上来。"[①] 随后，我国政府的一切工作都以经济建设为中心，政府的意识形态基本上以市场化为导向，卫生保健政策措施紧跟其经济政策亦步亦趋：私有化市场取代国家规划、资金和集中控制。[②③] 主要表现在以下几个方面：一是公费医疗和劳保医疗制度弊端日益突显，与经济体制改革不相适应，城镇职工基本医疗保险制度启动试点；二是农村合作医疗制度举步维艰，覆盖率大幅

① 十一届三中全会公报（19781218－19781222）［EB/OL］.（2018－12－18）http：//www.sohu.com/a/282818995_100003691.

② Trevor J B，Dummer Ian G C．Exploring China's rural health crisis：Processes and policy implications［J］．Health Policy，2007，83（1）：1－16.

③ 魏来．连续—碎片—整合——我国农村三级医疗卫生网络服务提供模式的历史演变及启示［J］．中国卫生政策研究，2014，7（12）：24－30.

下降，农村居民就医负担明显增加；三是农村三级卫生网有所削弱，初级卫生保健在起伏不定中艰难前行。

第一节　公费医疗和劳保医疗制度与经济体制改革不相适应，城镇职工基本医疗保险制度开始探索

1981 年 6 月，党对新中国成立以来的若干历史问题形成决议，宣告了拨乱反正彻底完成，以经济建设为中心成为党和政府工作的主基调。此后，在计划经济与市场经济此消彼长的过程中，中国社会保障的制度背景开始经历重大变化。在这种变化之中，传统职工医疗保障制度逐步失去了自身存在的基础。一是政企合一的关系明显开始松动，企业逐步向相对独立的经济实体转化，原有单位保障体制下的收入分配与再分配合并使用、社会福利与单位福利混同安排的格局已经难以继续维持下去。二是城镇就业的所有制结构发生变化，就业模式用工形式开始向多样化发展，职工群体的分层也随之趋于明显，并逐步形成了国有、集体等公有制企业为主体，各种非公有制企业并存、共同发展的多元所有制就业结构。这使国家以往对城镇职工保有的“低工资，高福利”和“就业、福利、保障三位一体”的传统格局开始经受严峻的挑战。三是我国财政体制开始了由中央统收统支型财政体制向分级负责、“分灶吃饭”的财政体制转变，医疗卫生事业的发展和传统职工医疗保障制度的运行明显受到中央财力和地方决策的影响，各地发展和运行很不平衡。

公费医疗和劳保医疗费用的超支与浪费一直是两项制度的顽疾，在经济社会环境和国家政治环境发生重大转变时，传统的医

疗保障体制更显露出其缺陷。医疗保障制度的改革，一方面是这一体制自身运行暴露出来的弊端，导致不得不采取必要的措施来满足群众健康需求；另一方面则是经济体制改革的浪潮倒逼医疗保障领域进行革新。

这一时期，各个利益主体从制度运行中所感受到的财政压力的逐步加重，开始自觉主动地进行利益调整。原有制度开始分化变形，新的制度因素开始萌动积聚。

1981 年开始，部分企业和单位开始进行自发控制医疗费用的变革，企业为摆脱难以预料的费用负担，出现将医疗费定额发给职工个人，节约归己，超支自理的做法。

1982 年 3 月，全国总工会、国家劳动总局和财政部共同发出通知，制止了这种把医疗费全部发给个人包干使用做法。然而，这种出于保护企业自身利益的做法，尽管违反政策和制度规定，却表明原有制度框架下的利益关系已在费用支付上产生冲突，这种冲突引发了劳保制度和公费医疗制度的变革。

1983 年 9 月，劳动人事部召开部分省市医疗制度改革座谈会，进一步推动了各地医疗制度的改革。

1984 年，卫生部、财政部发出的《关于进一步加强公费医疗管理的通知》指出："公费医疗制度的改革势在必行，在保证看好病、不浪费的前提下，各种改革办法都可以进行试验，在具体管理办法上，可以考虑与享受单位、医疗单位或个人适当挂钩。"① 同时要求各地积极慎重地改革公费医疗制度。上述改革实践的持续发展既为大包大揽的免费医疗制度打开了缺口，也为职工个人负担医疗费用奠定了基础。

---

① 劳动和社会保障部，中共中央文献研究室．新时期劳动和社会保障重要文献选编［M］．北京：中国劳动社会保障出版社，2002．

1985年1月起，河北省石家庄地区自先后在6个县市开展离退休人员医疗费用社会统筹试点。继石家庄地区率先推行之后，一些正在试行退休费用社会统筹的地方，也将其医疗费纳入了社会统筹范围。① 1985年3月，国家体改委、国家计委和劳动人事部又提出了《关于改革社会保障制度的研究提纲（初稿）》。其中所设计的医改重点是，研究解决职工个人负担一部分医疗费和医疗费的社会统筹两个问题。② 随后，地方政府开始直接介入，在增强费用控制的基础上，通过试验费用社会统筹，引导制度逐步向社会医疗保险转变。1985年以后，部分地区和行业推进了由"企业办保险"向社会保险转变的进程。

在企业对分散风险责任的需求日趋强烈之时，先期推进企业退休费用社会统筹的试点地区已经纷纷组建起了社会保险经办机构。这为改革实际推进的责任主体升级奠定了必要的组织基础。③

1987年10月，卫生部、财政部联合召开了首次公费医疗管理工作经验交流会，但当时只是把重点放在加大管理改革力度上。与劳保医疗的社会化取向相比较，两者的不同步显而易见。地方上陆续建立的一些公费医疗管理机构，其职责定位在于加强对公费医疗制度的管理，其所能做的主要是尽可能地维系制度的继续运行。

---

① 杨健敏．职工医疗保障制度变迁的轨迹（中）[J]．中国社会保险，1998（7）：9－11．

② 张琪，张捷．覆盖城乡居民的中国医疗保障制度改革30年：回顾与展望．北京市社会科学界联合会，北京师范大学：《2008学术前沿论坛·科学发展：社会秩序与价值建构——纪念改革开放30年论文集（下卷）》，北京市社会科学界联合会、北京师范大学，2008年11月。

③ 李晓蕊，邹长青．改革开放以来城市社会医疗保障体系演进[J]．人民论坛，2006（3）：161－163．

1988 年 3 月 25 日，时任代总理李鹏在政府工作报告中提出："要加快社会保障制度的改革，建立和健全各类社会保险制度，进一步发展社会福利事业，继续做好优抚和救济工作，逐步形成具有中国特色的社会保障制度。"① 同时，国务院专门成立了由 8 个部门参加的医疗制度改革研讨小组，并在卫生部设立了办公室。当年 7 月，研讨小组拿出了《职工医疗保险制度改革设想（草案）》，提出了医疗费用由国家、单位、个人三方合理负担，职工看病少量自负医药费，公费与劳保医疗同步改革，逐步建立社会医疗保险制度，同时设计了试点方案和过渡方案，准备采取"点面结合"的办法推进改革。②

从 1989 年起，中央政府开始自上而下推动改革，探索建立社会医疗保险制度。1989 年 3 月 4 日国务院发文批转了《国家体改委 1989 年经济体制改革要点》（国发〔1989〕24 号）。在这份要点中，国家正式确定在丹东、四平、黄石、株洲四市进行医疗保险制度改革试点，在深圳、海南进行社会保障制度综合改革试点。

文件发布后，四个单项试点城市，由于大环境、经济条件以及管理体制等诸多主客观原因，并没能按原有设想创造出值得推广的经验。此后到 1992 年 5 月，体改、卫生、劳动、财政四部委还曾召集四个试点市的有关领导在四平参加全国医疗保险制度改革研讨会，但因推进公费和劳保医疗一体化的改革需要面对诸多障碍，其难度无法正视，四市作为试点最终还是流产了。③

① 1988 年国务院政府工作报告 http：//www. gov. cn/test/2006 - 02/16/content_200865. htm.

② 杨健敏．职工医疗保障制度变迁的轨迹（中）［J］．中国社会保险，1998（7）：9 - 11.

③ 熊先军．中国医疗保险制度的前世今生．http：//www. sohu. com/a/115127182_456062.

与此同时，为反映社会保障与市场经济的关系，作为特区的海南和深圳对综合改革试点都采取了积极推进的姿态。两地当年即成立了改革领导小组，并分别于1991年底和1992年8月成立社会保障局、社会保险局与医疗保险局。建局同时，两地政府都颁行了自行制定的有关医疗保险的行政规章。尽管这两个规章不久就被更加深化成熟的法规所代替，而深圳的两个局也归并为一个局，但其中所体现出的公费与劳保医疗一体化改革的思路及其实践，仍可看作是这一阶段取得的颇具先导性的试验成果。①

1989年8月，卫生部和财政部联合颁发了《公费医疗管理办法》。② 这是自新中国成立初期的法规发布以来，又一个内容较为完整全面的管理办法。虽然这仍是一种大包大揽的传统模式，但其中对公费开支和自费范围分别做了较为详尽的规定，对享受范围所做规定更为细化。用一个新的部门规章代替原有的法规，表明原有制度已经很难正常运行，急需一个更能适应新形势新情况的行政规章来维持运转，也说明在现有管理体制下对公费医疗作根本性变革的时机还不成熟。第二年8月，两部又联合召开了第二次全国公费医疗管理工作经验交流会。

与公费医疗改革不同，劳动部一方面转发文件要求加强管理，严格控制医疗费；另一方面连续多次召开全国部分省市劳保医疗制度改革工作座谈会和企业劳保医疗制度改革经验交流会。1992年3月19日，劳动部所拟定的有关企业职工医改的两个征求意见稿，交各地进行修改完善。1992年9月7日，正式出台的《关于试行职工大病医疗费用社会统筹的意见》，通过规范化

① 宋晓梧．建国60年我国医疗保障体系的回顾与展望［J］．中国卫生政策研究，2009，2（10）：6－14．

② 卫生部政策法规司 中国医学科学院卫生政策与管理研究中心．卫生改革发展重要文件选编（1978—2008）．

办法把这项改革推向了一个新高度。此后，这项改革显示了较强的生命力和适应性，实施的范围逐步从县市到地级市乃至大城市。其在全国的稳步发展为进一步深化医改打下了相当的基础。①

1992年5月，为增强部门间的合力，国务院办公厅发出了《关于进一步做好职工医疗制度改革工作的通知》，决定成立由八个部门组成的医疗制度改革小组，负责推进和指导全国医改工作。通知明确由体改委抓全面，卫生和劳动两部分别负责研究提出公费和劳保医疗改革方案。用正式发文成立的改革小组代替原来的研讨小组，由一体化改革设计又回到分别提出改革方案，表明在探索建立有中国特色的职工医疗保障制度的进程中绝非一帆风顺。②

此后，卫生部于1992年5月21日成立了公费医疗制度改革领导小组，下设了全国公费医疗管理与改革办公室。同时下发了《关于加强公费医疗制度改革试点工作的通知》。劳动部也于1993年10月8日印发了《关于职工医疗保险制度改革试点的意见》，在原试行大病统筹意见的基础上对统筹基金作了修正，提出变单一的大病统筹基金为由个人专户金、单位调剂金和大病统筹金三金组成的医疗保险基金。

经过这个时期的变革，极大地动摇了传统的劳保和公费医疗制度。尽管新的医疗保险制度轮廓还未露出水面，但改革传统制度、建立新型医疗保障制度却已逐渐成为共识。因此，虽然从传统体制到新型体制的过渡时期稍显过长，但若没有在这种过渡中

---

① 李晓蕊，邹长青．改革开放以来城市社会医疗保障体系演进［J］．人民论坛，2006（3）：161－163.

② 杨健敏．职工医疗保障制度变迁的轨迹（中）［J］．中国社会保险，1998（7）：9－11.

的分化变形和萌动积聚，新时期的改革可能还要更加艰难。

这一阶段，正是我国从计划经济向市场经济转型的过渡时期，原有的医疗保障制度安排已经与经济体制改革不相适应，公费医疗与劳保医疗制度改革滞后，单位承担职工医疗费用支出，单位负担过重，影响企业生存和发展，“单位人”，不利于劳动力流动，劳保医疗和公费医疗差异较大，城市就业人口内部出现双轨制。新的经济体制对原有的医疗保障制度提出严峻挑战。由国家出资、单位管理为特色的劳保和公费医疗不适应职工从“单位人”到“社会人”的转变。此时，尽管对于改革公费医疗和劳保医疗制度的必要性已经达成共识，但如何改革仍在积极探索，部分地区已经出现了星星之火，新的医保制度已经处于萌芽状态。

1993 年 11 月，党的十四届三中全会召开，会议通过了《关于建立社会主义市场经济体制若干问题的决定》（以下简称《决定》），明确提出要加快建立社会主义市场经济机制，建立现代企业管理制度，并提出积极推进财税体制改革和建立多层次的社会保障体系。《决定》明确提出了要建立由单位和个人共同负担、实行社会统筹与个人账户相结合的社会医疗保险制度。由此而开始了由中央直接组织推进、从根本上进行制度创新，以建立医疗社会保险制度为主干、重构职工医疗保障新体制的医改历程。

1994 年，中央针对财力分布不均，中央财力下降，财税体制与社会主义市场经济体制改革不相适应的现状，启动分税制改革，较好地解决了中央集权与地方分权问题。1994 我国开始实施分税制财政管理体制。对于理顺中央与地方的分配关系，调动中央、地方两个积极性，加强税收征管，保证财政收入和增强宏观调控能力，都发挥了积极作用。伴随着分税制改革和国有企业改革，城镇职工基本医疗保险制度改革出现突破，最显著的标志是在江苏省镇江市和江西省九江市启动城镇职工基本医疗保险制度试点（以下简称“两江”试点）。

1993年的《决定》发布以后，国家体改委、财政部、劳动部、卫生部会同有关部门开始着手制定试点指导意见，并准备选择已有较好大病统筹工作基础的江苏镇江和江西九江两市作为医疗保险制度探路者先期进行改革试点。1994年4月11—14日，在镇江召开部署医改试点会议。会上，有关部委领导与两市有关方面充分交换了意见。会后，两市根据四部委起草的《关于职工医疗制度改革的试点意见》（以下简称《试点意见》）的基本精神，开始了改革方案的调研设计工作。《试点意见》经国务院批准也于4月14日正式发出。依据《决定》所确立的基本原则制定的这份《试点意见》对如何构建新型体制下职工医疗保险费用的筹措机制、个人账户与社会统筹医疗基金的运行机制、医患双方的费用约束机制均作了明确和具体的规定。

随着“两江”方案的正式实施，我国城镇职工医疗保险制度进入了制度创新的试验阶段。“两江”试点启动后，有关部委先后于1995年6月和1996年1月对“两江”试点推进状况进行了半年和一年总结。总结认为，“两江”试点取得了很大成绩：基本实现了医改的预期目的；统账结合的职工医疗保险制度初步建立起来，广大职工的基本医疗得到了更好的保障，有效地遏制了医疗费用增长过快的势头，推进了医院内部的各项改革。由此，“两江”模式被迅速推崇为全国医改的主导思路，并准备以其作为基本参照物来扩大试点，以完善医改方案，为在全国推广奠定基础。①②“两江”方案的基本内容包括：在实施范围上，基本覆盖

① 本刊编辑部．职工医疗保障制度变迁的轨迹（下）[J]．中国社会保险，1998（8）：19－21.

② 熊先军，董晓莉．职工基本医疗保险制度改革回顾与展望[J]．时事报告，1998（8）：24－31.

了城镇劳动者；在费用收缴上；由用人单位和职工按规定比例共同缴纳，单位按上年度实发工资总额与离退休金总额之和的10%缴纳，其中的50%与职工个人按本人工资总额1%缴纳的费用一起记入个人账户，专款专用。此账户中的本金利息归个人所有，其结余额可以结转使用和继承。单位缴纳的另外50%记入社会统筹基金账户（或称共济账户），由社会保险机构集中统一调剂使用；在待遇支付上，职工就医，费用先从个人账户上支付，不足支付时，再由职工自付，自付费用超过其年工资收入5%以上的，由统筹基金支付，但个人仍要根据分段累减的原则负担一定比例。此外，在待遇支付、费用结算方式、在医改的推进与管理等方面分别还有些规定。① 1996年4月，国务院在总结"两江"试点的基础上，将医疗保障制度改革试点范围再次扩大，在56个城市推广。②

这段时间，尽管公费医疗和劳保医疗制度改革取得一定成效，但由于国有企业改革的推进，部分关停并转企业职工的劳保医疗制度受到严重影响，制度覆盖率不尽如人意。1993年的第一次国家卫生服务调查结果显示：公费医疗、劳保医疗和半劳保医疗覆盖城市居民的比例分别为18.22%、35.26%和12.93%，35%左右的城市居民没有被公费医疗和劳保医疗制度覆盖。③

① 熊先军，董晓莉．职工基本医疗保险制度改革回顾与展望［J］．时事报告，1998（8）：24－31．

② 仇雨临．中国医疗保障70年：回顾与解析［J］．社会保障评论，2019，3（1）：89－101．

③ 中华人民共和国卫生部．国家卫生服务研究—1993年国家卫生服务总调查分析报告［R］．1994．

第二节　农村合作医疗制度举步维艰，覆盖率大幅下降

十一届三中全会以后，为了克服人民公社制度上的各种弊端，我国进行了广泛、深入的农村改革。1982 年以后，农村地区普遍实行联产承包责任制，建立集体统一经营与农户分散经营相结合的农业经营管理体制，农民家庭获得了生产经营的自主权。与农村经营管理体制的变化相适应，1983 年 10 月，中共中央、国务院发布了《关于实行行政社分开建立乡政府的通知》（中发〔1983〕35 号）。按照这一文件要求，各地重新建立乡级人民政府，同时在村级建立村民委员会取代生产大队，村委会下设村民小组取代生产队，结束了人民公社时期政社合一的管理体制。同时，国家采取多种措施扩大全民所有制卫生机构的经营自主权，鼓励社会各方力量（包括医务人员）发展集体卫生机构，支持医务人员个体开业行医，在这些政策的影响下，多数农村医疗卫生机构成为独立核算、自负盈亏的经营主体，内部运行机制发生变化。①②③

上述变化严重影响了合作医疗制度的可持续发展。首先，农民重新回到分散经营的状态，农村集体经济组织的经济实力和组织能力都被大大削弱，集体公共积累明显减少，难以再用提取集

① http：//history. people. com. cn/n1/2018/0123/c372327 －29781514. html.

② 夏杏珍．农村合作医疗制度的历史考察［J］．当代中国史研究，2003（5）：110－118.

③ 宋士云．1955—2000 年中国农村合作医疗保障制度的历史考察［J］．青岛科技大学学报（社会科学版），2007，23（3）：60－66，75.

体公益金和直接扣除社员缴费的方式为合作医疗制度筹资，合作医疗制度失去了其赖以生存的经济载体；其次，合作医疗制度坚持的低水平筹资，难以适应医疗费用和农民医疗服务需求快速增长的形势，合作医疗制度对农民的吸引力下降，逐渐陷入发展困境；最后，伴随着思想解放和经济社会转型，20 世纪 80 年代，有关各方对合作医疗制度的性质、地位和作用以及是否继续发展合作医疗制度未能形成共识。党和政府在这一时期发布的一些政策文件，也未明确提出发展合作医疗制度，而是提出要探索多种形式的农村医疗保障制度。上述几方面的原因共同作用，导致合作医疗制度大面积解体，到 1989 年，合作医疗制度仅覆盖全国 4.8% 的行政村。[①]

合作医疗制度的解体以及医疗费用的快速上涨，使农民看病就医困难，农村地区因病致贫、因病返贫问题较为普遍，成为制约农村经济社会发展的重要因素。党和政府对农村地区出现的看病就医问题高度重视，并开始重新肯定合作医疗制度。

80 年代后期和 90 年代早期，中国政府曾经试图重建合作医疗制度，部分地区也进行了积极探索，试点地区多以乡镇为单位建立合作医疗基金，覆盖人员规模大多在 1 万～5 万人[②]，试点推进缓慢，且各地差别较大[③]。然而，大多数农村地区的试点都很难持久，筹资不足、管理能力低下和政治支持不够是主要原

① 宋士云. 1955—2000 年中国农村合作医疗保障制度的历史考察［J］. 青岛科技大学学报（社会科学版），2007，23（3）：60－66，75.

② Carrin G, Ron A, Hui Y, Hong W, Tuohong Z, Licheng Z, et al. The reform of the rural cooperative medical system in the People's Republic of China: interim experience in 14 pilot counties. Social Science and Medicine 1999 (48): 961－972.

③ Tang S. The changing role of the township health centers in the context of economic reform in China. IDS Bulletin 1997 (28): 39－47.

因，只有很少地区的合作医疗制度持续到 21 世纪初①②。

1985 年，卫生部与美国兰德公司联合在四川眉山、简阳两县进行的“中国农村健康保险试验项目”研究；1987 年，卫生部医政司与安徽医科大学联合进行的两省一市“农村合作医疗保健制度系列研究”；1988 年卫生部政策与管理研究专家委员会的“中国农村医疗保健制度研究”；1990 年，卫生部会同农业部、国家计委、国家教委、人事部向国务院提交了《关于改革和加强农村医疗卫生工作的请示》，提出应当继续提倡和稳步推行合作医疗保健制度，1991 年，国务院批准这一请示。随后在 1991 年发布的《中共中央关于进一步加强农业和农村工作的决定》以及 1993 年发布的《中共中央关于建立社会主义市场经济体制若干问题的决定》中，都提出要发展和完善合作医疗制度。③

1993 年国务院政策研究室和卫生部在全国范围内进行了广泛的调查研究，提出了《加快农村合作医疗保健制度的改革和建设》的研究报告。1994 年，国务院研究室、卫生部、农业部与世界卫生组织合作，在全国 7 个省 14 个县（市）开展“中国农村合作医疗制度改革”试点及跟踪研究。同时，医政司还针对河南省人口多，经济水平不高，在全国、特别在中西部地区有一定代表性的特点，重点抓了开封县和林州市的合作医疗试点。1994 年 9—12 月，江苏省委研究室、省卫生厅组成联合调查组，奔赴南京、常州、苏州、南通、镇江、淮阴、盐城、扬州 8 市

---

① Jackson S, Sleigh AC, Li P, Liu X. Health finance in rural Henan: low premium insurance compared to the out - of - pocket system. The China Quarterly 2005 (181): 137 - 157.

② 刘克军，范文胜．对两县 90 年代合作医疗兴衰的分析［J］．中国卫生经济，2002，21（6）：14 - 17.

③ 周寿祺．探寻农民健康保障制度的发展轨迹［J］．国际医药卫生导报，2002（6）：18 - 19.

20 多个县进行了比较深入的调查。并撰写了《江苏农村医疗保健制度改革调查》之一、之二、之三，得到了省委、省政府主要领导的高度重视。1996 年 4 月彭珮云同志亲自带领国务院研究室和卫生部的同志到江苏、河南考察，6 月又亲自主持召开了 14 个县政府和卫生局领导关于合作医疗的专题座谈会。7 月，卫生部在河南召开了全国农村合作医疗经验交流会，彭珮云同志出席会议，并做了重要讲话。会议深刻剖析了合作医疗的产生、发展和作用，明确了发展、完善合作医疗目标和原则，提出发展完善合作医疗的具体措施，奠定了新时期农村合作医疗发展的基础。1996 年召开的全国卫生工作会议上，国家主席江泽民明确提出："加强农村卫生工作，关键是发展和完善农村合作医疗制度"。国务院总理李鹏也提出："农村合作医疗制度是一件涉及党群关系、农村经济发展和社会稳定的大事，一定要把它办好"。

尽管如此，但由于合作医疗制度的经济基础发生变化，合作医疗的统筹范围较窄，大多集中在乡级，同时各地未能建立可持续的筹资机制，"春办秋黄"现象比较普遍，合作医疗制度只在上海、苏南等少部分集体经济基础较好的地区持续下来，1993 年第一次国家卫生服务调查的结果显示：合作医疗制度的覆盖率仅为 7.74%，农村地区的覆盖率为 9.81%。[①]

第三节　农村三级卫生网有所削弱，初级卫生保健艰难前行

1978 年，农村地区开始农村经济体制改革，改革的重点是

① 中华人民共和国卫生部．国家卫生服务研究——1993 年国家卫生服务总调查分析报告［R］．1994．

确立以家庭承包经营为基础、统分结合的双层经营体制，这一改革改变了农业的经营主体和农村中的积累主体，给原来主要依靠集体经济提供资金的乡村级卫生组织带来极大冲击。农村三级医疗预防保健网逐步瘫痪，农村卫生技术人才大量流失，农村地区预防保健等基本卫生服务提供不足。

在经济建设高速发展的同时，政府财政对卫生等社会公共事业投入不足，卫生事业的社会福利公益性质在这一时期明显淡化。在经济主导的社会发展理念下，国家财政对卫生的投入逐渐退出，转而投向经济领域，政府卫生支出占卫生总费用的比例从1978年的32.16%锐减到1996年的17.04%。[①]

1980年，卫生部针对我国农村三级网（县、公社、大队三级医疗卫生机构）不够健全、县一级各类机构的技术水平低，管理水平差，难以发挥出技术指导中心作用等问题，于当年3月23日出台了《卫生部关于搞好三分之一左右县的卫生事业整顿建设的意见》，进一步加强农村卫生事业建设，根据中央关于调整、改革、整顿、提高的方针，根据国家财力物力的现有条件，集中力量，有计划有重点地进行整顿建设。决定从1979年起到1985年，先抓好1/3左右县的卫生事业建设。以加强县级医疗卫生机构的建设为重点，使之在县卫生局的统一领导下，工作步调一致，积极指导基层，更好地发挥三级医疗卫生网的作用，把全县各项卫生工作搞上去。[②]

1981年，卫生部针对医院卫生经费和基建投资太少；特别是自1958年以来，三次大幅度降低医疗收费标准，而对降价造

① 国家卫生计生委卫生发展研究中心.2018中国卫生总费用摘要［R］. 2018.

② 卫生部关于搞好三分之一左右县的卫生事业整顿建设的意见［EB/OL］.［1980-03-23］（2019-05-21）http://www.pkulaw.cn/fulltext_form.aspx?Gid=680877ec8160dcd4bdfb.

成的医院亏损，国家又没有给予相应的补偿；以及商品提价，医院开支增加，致使医院长期大量赔本，医院正常运行难以为继的现状，向国务院提交了《关于解决医院赔本问题的报告》，当年2月27日，国务院批转卫生部关于解决医院赔本问题的报告（国发〔1981〕25号），建议对公费医疗和劳保医疗实行按不包括工资的成本收费，门诊挂号费职工个人除按现行标准交费外，超过部分分别由公费医疗和劳保医疗报销；对城镇居民和农民的收费标准不变。[①] 尽管国务院批转了该报告，但由于公费医疗和劳保医疗制度覆盖范围较窄，且运行状态不很稳定，医院的赔本经营问题并未得到根本解决。看病难、住院难和手术难现象时有发生，基本医疗卫生服务供给能力不足，影响了城乡居民基本医疗卫生服务的可及性。

1981年，为了巩固和加强初级卫生保健，提升初级卫生保健的可及性，卫生部针对当时农村经济政策和生产责任制的调整改革，赤脚医生待遇偏低和队伍不稳定现象，向国务院提交了《关于合理解决赤脚医生补助问题的报告》，1981年2月，国务院批转卫生部关于合理解决赤脚医生补助问题的报告的通知（国发〔1981〕24号），同意卫生部提出的三点建议：（一）凡经考核合格、相当于中专水平的赤脚医生，发给“乡村医生”证书，原则上给予相当于当地民办教师水平的待遇。（二）赤脚医生补助费的来源：一是经社员讨论，从社队企、副业收入中或社队公益金中提取；二是从诊疗业务收入或医疗站其他收入中解决；三是由地方财政给予适当补助。对于边远山区、少数民族地

① 国务院批转卫生部关于解决医院赔本问题的报告［EB/OL］.［2017-09-13］（2019-05-21）http://www.gov.cn/zhengce/content/2017-09/13/content_5224694.htm.

区和贫穷地区，应给予照顾，地方财政的补助可以多一点。补助费应全部直接发给本人。（三）赤脚医生的调动、培训、考核、发证和政府补助费的管理，均由县卫生局负责。①

各地根据国务院文件的要求，逐步提高赤脚医生补助水平，规范赤脚医生队伍，推动赤脚医生向乡村医生转变。1985 年 1 月 25 日，《人民日报》发表《不再使用“赤脚医生”名称，巩固发展乡村医生队伍》一文，到此“赤脚医生”逐渐消失。随后乡村医生成为农民基本医疗卫生服务的主力军。随着准入要求的提高，乡村医生队伍经历了先急剧下降再逐渐增加的过程，1979 年，我国赤脚医生数量为 4393924 人，随着农村经济改革以及赤脚医生待遇偏低的影响，赤脚医生队伍持续下降，降至 1984 年的 2409327 人；1985 年，随着赤脚医生名称的消失，乡村医生准入要求的提高，我国乡村医生队伍急剧下降至 1293094 人。随后几年，乡村医生队伍数量仍逐年缓慢下降，1990 年后有所上升，1996 年达 1316095 人（见表 7 – 1）。

表 7 – 1　1979—1996 年我国赤脚医生、乡村医生和卫生员变化情况

年份	赤脚医生、乡村医生和卫生员人数（人）
1979	4393924
1980	3802776
1981	3403012
1982	2996609
1983	2667214
1984	2409327

① 国务院批转卫生部关于合理解决赤脚医生补助问题的报告的通知［EB/OL］.［1981 – 02 – 27］（2019 – 05 – 21）http：//www. chinalawedu. com/falvfagui/fg22598/904. shtml? from = groupmessage.

续表

年份	赤脚医生、乡村医生和卫生员人数（人）
1985	1293094
1986	1279935
1987	1278499
1988	1247045
1989	—
1990	1231510
1991	1253324
1992	1269061
1993	1325106
1994	1323701
1995	1331017
1996	1316095

资料来源：《中国卫生统计年鉴 2003》。

20 世纪 80 年代初，多种因素导致一些疾病重新抬头，医疗费用迅猛上升，农民因病致贫、因病返贫的现象日益突出，在一定程度上阻碍了农村地区经济发展和农民生活水平提高。

随着政府财政责任的后撤，1985 年医疗卫生系统正式开启了市场化改革。4 月 25 日《国务院批转卫生部关于卫生工作改革若干政策问题的报告的通知》（国发〔1985〕62 号）正式下发，当时改革的核心思路是：放宽政策，简政放权，多方集资，开阔发展卫生事业的路子，把卫生工作搞活。扩大医院自主权，政府给政策不给钱，允许医疗机构的药品加成 15%，以弥补政府投入的不足。1992 年卫生部按“建设靠国家，吃饭靠自己”的精神，提出医疗机构要实行“以工助医”“以副补主”的政策。这样，几乎所有公立医疗机构不论大小都被推向市场化的前沿阵地。①

市场化的改革思路，促进卫生政策导向逐渐从原有的计划和控制转变为以市场为基础的企业化管理，来提高医疗机构效率，政府仅对公共卫生服务项目给予有限补助，而且补助经费基本上也是按照市场化的分配机制进行。这样，处于弱势地位的农村基层医疗机构对公共财政资源的汲取能力不如县级卫生机构，逐渐造成乡村两级机构“供血不足”。乡镇卫生院床位数有所下降，从1980年的77.54万张下降至1996年的73.47万张（见表7－2），服务能力受到一定影响，对农村居民基本医疗卫生服务的可及性产生不利影响。

表7－2　1980—1996年我国乡镇卫生院床位数变化

年份	乡镇卫生院床位数（万张）
1980	77.54
1981	76.31
1982	75.32
1983	74.62
1984	73.14
1985	72.06
1986	71.12
1987	72.30
1988	72.61
1989	72.3
1990	72.29
1991	72.92

① 魏来．连续—碎片—整合——我国农村三级医疗卫生网络服务提供模式的历史演变及启示［J］．中国卫生政策研究，2014，7（12）：24－30．

续表

年份	乡镇卫生院床位数（万张）
1992	73.28
1993	73.08
1994	73.24
1995	73.31
1996	73.47

资料来源：《中国卫生统计年鉴 2003》。

政府财政投入的减少，倒逼医疗机构向服务市场寻找生存之道。在卫生政策鼓励医疗机构创收的背景下，各级医疗机构普遍推行分配制度、技术承包责任制等改革措施，把医生个人的收入与医疗服务收入紧密挂钩，增加了医生“开大处方卖药、多做检查”的激励，导致药品滥用及药品价格失控。[①] 虽然当时政府预防为主的卫生工作方针没有变化，但在实际中，由于财政的不断退出，使得预防为主的服务理念失去了原有的保障条件，而公共卫生服务中的免疫接种服务和医疗服务相互割裂，逐渐形成了“重治轻防”的服务格局。原来以提供公共卫生和基本医疗服务为主的基层医疗机构面对生存环境的压力，不得不转向有利可图的医疗服务，导致三级卫生机构的同质性竞争激烈，不同层级机构的功能定位逐渐模糊，系统分工合作机制形同虚设，乡村卫生机构逐渐失去了对农村居民健康预警的功能。这就使得计划经济时期形成的医防互动诊疗模式和连续性服务理念被冲垮，以利益为导向的卫生服务促使医疗卫生工作的重点从农村基层逐渐移向城市，从重预防移向重治疗，从低成本、适宜技术移向高科技、

① 李卫平，石光，赵琨．我国农村卫生保健的历史、现状与问题［J］．管理世界，2003（4）：33－43．

高成本。①

在社会主义市场经济体制下卫生事业如何改革发展？初级卫生保健理念如何贯彻？政府责任如何体现？市场机制如何发挥积极作用？初级卫生保健在争论中探索，在探索中争论，初级卫生保健在起伏不定中发展。

1990年，卫生部出台了关于下发《我国农村实现“2000年人人享有卫生保健”的规划目标》的通知（卫医字〔90〕第1号），明确提出：“2000年人人享有卫生保健”是世界卫生组织提出的全球战略目标。时任国务院总理李鹏明确表示：“我国政府已宣布支持世界卫生组织为之所做的一切努力，积极促进这一目标的实现”。尤其要把“保障农民健康，提高人口素质纳入社会经济发展总体目标，使卫生事业与经济的发展同步增长。”根据国务院要求，结合世界卫生组织的倡议，卫生部提出了《我国农村实现“2000年人人享有卫生保健”的规划目标》12项指标和分阶段达标的构想，制定了配套的《初级卫生保健工作管理程序》和《“2000年人人享有卫生保健”评价标准》（见表7-3）。并要求各地结合当地情况，组织贯彻落实。

表7-3 “2000年人人享有卫生保健”最低限标准（以县为单位）

初级卫生保健指标	不同经济地区最低限标准			
	贫困	温饱	宽裕	小康
1. 把初级卫生保健纳入县、乡（镇）政府工作目标和当地社会经济发展规划（%）	100	100	100	100
2. 县、乡政府年度卫生事业拨款占两级财政支出比例（%）	8	8	8	8

① 魏来．连续—碎片—整合——我国农村三级医疗卫生网络服务提供模式的历史演变及启示［J］．中国卫生政策研究，2014，7（12）：24-30.

续表

初级卫生保健指标	不同经济地区最低限标准			
	贫困	温饱	宽裕	小康
3. 健康教育普及率（%）	50	65	80	90
4. A. 行政村卫生室覆盖率（%）	90	95	100	100
B. 甲级卫生室占村卫生室比例（%）	30	50	70	90
5. 集资医疗保健覆盖率（%）	50	50	60	60
6. “安全卫生水”普及率（%）	60	70	80	90
7. “卫生厕所”普及率（%）	35	45	70	80
8. 食品卫生合格率（%）	80	80	85	85
9. 婴儿死亡率每 5 年递降百分比（%）	20	15	8	5
10. 孕产妇死亡率每 5 年递降百分比（%）	30	25	20	15
11. 儿童“四苗”单苗接种率（%）	85	85	90	95
12. 法定报告传染病发病率每 5 年递降百分比（%）	15	15	10	10

针对 20 世纪 80 年代农村卫生工作出现的新情况和新问题，为了保障我国农村实现“2000 年人人享有卫生保健”的目标，卫生部联合财政部、国家计委等部门从“八五”开始在农村地区开展了乡镇卫生院、县防疫站、县妇幼保健站改造和建设活动（简称“三项建设”），致力于加强农村卫生服务体系，提升农村医疗卫生服务能力，贯彻落实初级卫生保健理念。国家计委、财政部、卫生部在“八五”期间对农村卫生“三项建设”共投入资金 4.58 亿元，通过建立专项、确定目标、提出要求、项目管理、政策引导、经验交流、督促检查和表彰奖励等措施，有力地推动了农村卫生和初级卫生保健工作。1995 年三部委对农村卫生“三项建设”活动的中期评估结果显示：1991—1994 年期间，全国农村卫生“三项建设”竣工项目完成投资总额为 67.9 亿

元，共改造农村卫生机构20202所，消除危房520.1万平方米，共培训人员34.3万人。基本完成改造任务的乡镇卫生院、县防疫站和县妇幼保健站分别占各自机构总数的36.5%、35.6%和33.6%。这些机构的房屋条件和装备水平有了一定的改善，人员技术素质有所提高，从而使农村基层卫生服务数量、服务范围和服务质量进一步扩大和提高，收到了良好的社会效益，较好地促进了初级卫生保健任务的落实。

1992年，卫生部、财政部下发了《关于加强农村卫生工作若干意见的通知》（卫计发〔1992〕141号），要求各地深化改革，为农村卫生事业发展创造良好的运行环境，多渠道增加农村卫生投入，促进农村卫生事业发展。

1993年，为了更好地实施初级卫生保健，保护农民健康，解决农民因病致贫问题，促进农村经济和农业生产的发展，卫生部下发了《关于加强领导进一步搞好初级卫生保健工作的通知》，要求各地实事求是、因地制宜、量力而行地推动初级卫生保健。

总体来看，这段时间是我国经济社会发展的转型初期，医疗保障制度和卫生体系均有所削弱，初级卫生保健发展也起伏不定；卫生服务供给不足，看病难、住院难、手术难（“三难”）成为城乡居民就医面临的主要问题；政府投入不足，政府卫生支出占卫生总费用的比例持续下降。医疗保障制度覆盖面较低，居民个人就医负担明显加重。数据显示：千人口卫生技术人员缓慢增加，从1980年的2.83人增加至1996年的3.52人；同期千人口医生数从1.17人增加至1.59人；千人口医师数从0.72人增加至1.21人；千人口护士（师）数从0.47人增加至0.95人；千人口床位数从2.21张增加至2.53张（见表7-4）。政府卫生支出占卫生总费用的比例呈先上升后下降趋势，从1979年的

32.21%上升至1982年的38.86%，随后略有起伏，1986年后持续下降至1996年的17.04%；个人现金卫生支出占卫生总费用的比例总体呈上升趋势，1996年达50.64%，首次超过50%（见表7－5），个人就医负担明显加重。医疗保障制度覆盖率明显下降，1993年包括公费医疗、劳保医疗、半劳保医疗、医疗保险、统筹医疗等多种形式的医疗保障制度仅覆盖了30%左右的城乡居民，69.86%的城乡居民没有被任何医疗保障制度覆盖。[①] 居民健康状况改善缓慢，婴儿死亡率从1981年的37.6‰下降至1996年的31.4‰，居民平均期望寿命从1981年的67.8岁提高至1996年的70.0岁（见表7－6）。

表7－4　1980—1996年我国卫生技术人员配置和床位数配置情况

年份	千人口卫生技术人员	千人口医生数	千人口医师数	千人口护士（师）数	千人口床位数（张）
1980	2.83	1.17	0.72	0.47	2.21
1985	3.22	1.34	0.68	0.60	2.35
1986	3.26	1.34	0.69	0.63	2.38
1987	3.30	1.36	0.71	0.66	2.46
1988	3.35	1.46	0.99	0.75	2.52
1989	3.38	1.52	1.12	0.82	2.54
1990	3.41	1.54	1.14	0.85	2.56
1991	3.44	1.54	1.13	0.87	2.58
1992	3.48	1.54	1.13	0.89	2.60
1993	3.47	1.55	1.16	0.89	2.61

① 中华人民共和国卫生部．国家卫生服务研究——1993年国家卫生服务总调查分析报告［R］．1994．

续表

年份	千人口卫生技术人员	千人口医生数	千人口医师数	千人口护士（师）数	千人口床位数（张）
1994	3.50	1.57	1.19	0.91	2.61
1995	3.51	1.58	1.20	0.93	2.59
1996	3.52	1.59	1.21	0.95	2.53

表7-5　1979—1996年我国卫生总费用构成变化

年份	政府卫生支出（%）	社会卫生支出（%）	个人现金卫生支出（%）
1979	32.21	47.45	20.34
1980	36.24	42.57	21.19
1981	37.27	38.99	23.74
1982	38.86	39.49	21.65
1983	37.43	31.12	31.45
1984	36.96	30.41	32.63
1985	38.58	32.96	28.46
1986	38.69	34.93	26.38
1987	33.53	36.16	30.31
1988	29.79	38.93	31.28
1989	27.27	38.64	34.09
1990	25.06	39.22	35.72
1991	22.84	39.67	37.49
1992	20.84	39.34	39.82
1993	19.75	38.09	42.16
1994	19.43	36.62	43.95
1995	17.97	35.63	46.40
1996	17.04	32.32	50.64

资料来源：国家卫生计生委卫生发展研究中心《2018中国卫生总费用摘要》。

表7－6　1981—1996年我国居民主要健康指标变化状况

年份	婴儿死亡率（‰）	平均期望寿命（岁）
1981	37.6	67.8
1990	32.9	68.6
1996	31.4	70.0

第八章 卫生改革启动期的积极探索

1997 年，《中共中央、国务院关于卫生改革与发展的决定》（中发〔1997〕3 号）正式出台，标志着卫生改革正式启动，这是新中国成立以来的第一份以中共中央和国务院名义出台的卫生改革文件，这也意味着党和政府开始从顶层推动卫生改革。随后的 10 年，中央和地方各级政府在医疗保障制度改革、农村卫生服务体系建设、公共卫生服务体系建设等方面进行了积极探索，并取得一定成效，为新一轮医药卫生体制改革奠定坚实基础，为快速推进全民健康覆盖提供了重要基础。

第一节 医疗保障制度取得突破性进展和阶段性成效

一、城镇职工基本医疗保障制度全面推进，覆盖面持续扩大

1998 年 12 月，国务院召开全国医疗保险

制度改革工作会议，颁布了《关于建立城镇职工基本医疗保险制度的决定》，要求在全国范围内建立覆盖全体城镇职工的、社会统筹和个人账户相结合的基本医疗保险制度，标志着中国医疗保险制度改革的基本目标、基本原则和主要政策已经确定，开始全面推进建立城镇职工基本医疗保险制度。

我国自城镇基本医疗保险制度正式实施以来，覆盖面不断扩大，取得了良好的社会效应。1999 年，国务院办公厅和中央军委办公厅联合发布了《中国人民解放军军人退役医疗保险暂行办法》，劳动和社会保障部下发了《关于铁路系统职工参加基本医疗保险有关问题的通知》，2000 年国务院颁布了《关于完善城镇社会保障体系的试点方案》，进一步明确了“基本医疗保险基金实行社会统筹和个人账户相结合。个人缴费全部计入个人账户，用人单位缴费的 30% 左右划入个人账户，其余部分用于建立统筹基金。个人账户主要用于小病或门诊费用，统筹基金主要用于大病或住院费用。逐步建立多层次的医疗保障体系，要贯彻落实国家公务员医疗补助办法，实行职工大额医疗费用补助办法，妥善解决基本医疗保险最高支付限额以上的医疗费用，建立社会医疗救助制度，有条件的企业可以为职工建立补充医疗保险，提取额在工资总额 4% 以内的从成本中列支。”

2003 年，针对我国就业形势的变化，劳动和社会保障部先后出台了《关于进一步做好扩大城镇职工基本医疗保险覆盖范围工作的通知》（劳社厅发〔2003〕6 号）和《关于城镇职工灵活就业人员参加医疗保险的指导意见》（劳社厅发〔2003〕10 号），逐步将灵活就业人员纳入城镇职工基本医疗保险覆盖范围，并明确了参保方式及缴费办法、医疗保险待遇的享受及等待期。2004 年 5 月，劳动和社会保障部出台了《关于推进混合所有制企业和非公有制经济组织从业人员参加医疗保险的意见》

（劳社厅发〔2004〕5号），进一步推进混合所有制企业和非公有制经济组织从业人员参加医疗保险，扩大城镇职工基本医疗保险的覆盖面。2006年3月27日国务院出台了《国务院关于解决农民工问题的若干意见》（国发〔2006〕5号），提出要积极稳妥地解决农民工社会保障问题，将农民工列为医疗保险制度覆盖人群，要求“各统筹地区要采取建立大病医疗保险统筹基金的办法，重点解决农民工进城务工期间的住院医疗保障问题。”2006年5月，劳动和社会保障部发布了《关于开展农民工参加医疗保险专项扩面行动的通知》（劳社厅发〔2006〕11号），明确提出：以解决农民工大病医疗保障为重点，积极将农民工纳入医疗保险制度范围。各统筹地区要根据国务院〔2006〕5号文件的要求，按照“低费率、保大病、保当期、以用人单位缴费为主”的原则，制定和完善农民工参加医疗保险的办法。争取2008年底将与城镇用人单位建立劳动关系的农民工基本纳入医疗保险。经过10年的努力，城镇职工基本医疗保险制度的不断扩容，覆盖面持续增加。

二、农民医疗保障制度取得重大突破，新农合制度实现县区全覆盖

传统合作医疗制度的萎缩，引发了农村卫生与农民医疗需求相对萎缩、家庭灾难性医疗风险增加等一系列问题，成为导致农民“看病难”的重要原因。2000年，世界卫生组织对全球191个国家和地区的卫生系统绩效进行排名，我国卫生筹资的公平性位居188位[①]，引起高层领导的高度关注。

---

① WHO. The world health report 2000 - Health systems: improving performance. Geneva, 2000.

不断增长的需求和高昂的医疗服务成本，严重降低了农民获得基本医疗保健的机会；建立公平可及的农村居民健康筹资体系逐渐成为我国政府关注的优先事项之一。为提高农村居民基本医疗卫生服务的可及性、缓解农村居民因病致贫和因病返贫问题，中共中央、国务院于2002年10月发布了《关于进一步加强农村卫生工作的决定》，明确提出："到2010年，在全国农村基本建立起适应社会主义市场经济体制要求和农村经济社会发展水平的农村卫生服务体系和农村合作医疗制度。""实行农民个人缴费、集体扶持和政府资助相结合的筹资机制。"由于其筹资机制与既往的合作医疗制度存在明显差异，因此，称为"新型农村合作医疗制度"。这份文件的出台，标志着中国新型农村合作医疗制度的诞生。

2003年1月，卫生部、财政部、农业部正式发布《关于建立新型农村合作医疗制度的意见》，拉开了新型农村合作医疗制度（以下简称"新农合"）的建设序幕。该文件出台后，各地积极开展基线调查，制订试点方案，因地制宜地开展新农合试点工作。截至2003年9月，西部12个省份和中部9个省份的试点县（市）参加新农合的农民达4351万人，占试点地区农民的74%。国务院确定将浙江、湖北、云南和吉林四个省作为试点省。为建立有效的新型农村合作医疗制度试点工作机制，加强各有关部门的协调配合，及时研究制定新型农村合作医疗制度的相关政策，推进新型农村合作医疗制度的建立和完善，卫生部向国务院提交了《关于建立国务院新型农村合作医疗部际联席会议制度的请示》（卫报基妇发〔2003〕139号），国务院于2003年9月做出了《关于同意建立新型农村合作医疗部际联席会议制度的批复》（国函〔2003〕95号），建立国务院新型农村合作医疗部际联席会议制度。联席会议成员单位包括卫生部、财政部、农业部、民政部、发展改革委、教育部、人事部、人口计生委、食品药品监管局、中医药局、扶贫办共11个部门。[①] 2003年11月，国家主席胡锦涛和国务院总理温家宝分别对新农合试点工作做出重要批示。[②]

2004年1月13日，国务院办公厅转发卫生部、民政部等11部门《关于进一步做好新型农村合作医疗试点工作的指导意见》（国办发〔2004〕3号）。2004年7月，国家主席胡锦涛和国务院总理温家宝再次分别对新农合试点工作做出重要批示。2004年下半年，国务院新型农村合作医疗部际联席会议办公室对新农合的试点工作进行检查评估，对新农合试点的进展、成效和主要问题进行了分析，并给出了下一步工作的建议。[③]

2005年，国务院总理温家宝在国务院第101次常务会议上从试点工作总结、进一步搞好新农合制度建设的方针、目标和原则、进一步加大中央和地方财政支持力度、注重完善新农合管理运行机制、加快农村医疗卫生服务体系和网络建设、加强农村基层医疗卫生队伍建设、进一步加强对新农合制度建设的领导等方面对建立新农合制度提出了明确要求。要求新农合继续扩面，将试点县（市）的覆盖率从21%提高到40%左右。[④]

2003年新农合覆盖了29个省份的257个县（市），2004年起覆盖了中国大陆地区所有的省份，2004—2006年，新农合分

---

① 国务院关于同意建立新型农村合作医疗部际联席会议制度的批复. http://www.gov.cn/zhengce/content/2008-03/28/content_6346.htm.

②③④ 卫生部农卫司，卫生部新型农村合作医疗研究中心. 2003—2007年全国新型农村合作医疗（试点）工作会议资料汇编.

别覆盖了333个、678个和1451个县（市）。[①②③]

2006年1月，卫生部、国家发展改革委、民政部、财政部、农业部、国家食品药品监管局、国家中医药局出台了《关于加快推进新型农村合作医疗试点工作的通知》（卫农卫发〔2006〕13号）。文件要求："2006年，使全国试点县（市、区）数量达到全国县（市、区）总数的40%左右；2007年扩大到60%左右；2008年在全国基本推行；2010年实现新型农村合作医疗制度基本覆盖农村居民的目标"。

2007年，国务院副总理吴仪在全国新农合工作会议上讲话，要求新农合尽快覆盖全国所有县（市）。随后，新农合制度快速推进，截至2008年底，新农合制度覆盖了中国（不包括港澳台地区）所有县（市、区，2729个）。

三、城乡居民基本医疗保险制度初步建立，基本医保制度的人群全覆盖初步实现

随着城镇职工基本医疗保险制度和新农合制度的快速推进，城镇未就业居民的医疗保障制度缺失问题日益凸显。2006年，中共中央十六届六中全会通过了《中共中央关于构建社会主义和谐社会若干重大问题的决定》，提出"建立以大病统筹为主的城镇居民医疗保险"。2007年4月4日，国务院总理温家宝主持召开国务院常务会议，研究部署启动城镇居民基本医疗保险试点。会议决定，从2007年开始，在有条件的省份选择1～2个

① 卫生部农卫司，卫生部新型农村合作医疗研究中心．新型农村合作医疗信息统计手册（2003—2004）．

② 卫生部农卫司，卫生部新型农村合作医疗研究中心．新型农村合作医疗信息统计手册（2005）．

③ 卫生部农卫司，卫生部新型农村合作医疗研究中心．新型农村合作医疗信息统计手册（2006）．

市，进行建立以大病统筹为主的城镇居民基本医疗保险制度的试点。2007 年 7 月 10 日，国务院印发了《关于开展城镇居民基本医疗保险试点的指导意见》，2007 年在有条件的省份选择 2～3 个城市启动试点，2008 年扩大试点，争取 2009 年试点城市达到 80% 以上，2010 年在全国全面推开，逐步覆盖全体城镇非从业居民。截至 2008 年底，城镇居民基本医疗保险覆盖人数达 11826 万人①。

城镇居民基本医疗保险制度的建立，弥补了我国城镇非就业人员基本医疗保险制度的缺失。其与城镇职工基本医疗保险制度、新农合制度，共同构成了我国基本医疗保障制度的主体框架，使我国基本医疗保险制度初步实现了人群的全覆盖。

四、城乡居民医疗救助体系逐步建立，多层次的医疗保障体系建设逐渐起步

医疗救助是国家和其他社会主体为了维持公民最基本医疗服务需求所采取的各项措施，它是医疗保障体系的第一块基石，是维护社会底线公平的制度安排，并具体体现着政府的公共责任和社会的道德良心，也是医疗保障“最后的安全网”。②

在我国，城乡医疗救助作为新型社会救助体系的重要组成部分，其发展壮大的过程一直是城市医疗救助和农村医疗救助分支前行、逐渐融合的过程。③

---

① 2008 年度人力资源和社会保障事业发展统计公报［EB/OL］.［2017－10－31］（2019－05－21）http：//www.mohrss.gov.cn/SYrlzyhshbzb/zwgk/szrs/tjgb/201710/t20171031_280388.html.

② 兰剑，慈勤英．中国社会救助政策的演进、突出问题及其反贫困突破路向［J］．云南社会科学，2018（4）：32－38.

③ 周晴．城乡医疗救助发展现状及对策研究［J］．法制与社会，2011（11）：176－177.

我国农村医疗救助制度紧随着农村医疗制度的变迁而变化。2002 年，全国农村卫生工作会议召开，随后，出台了《中共中央国务院关于进一步加强农村卫生工作的决定》（中发〔2002〕13 号），明确提出："建立和完善农村合作医疗制度和医疗救助制度"，"对农村贫困家庭实施医疗救助。医疗救助对象主要是农村五保户和贫困农民家庭"。"医疗救助资金通过政府投入和社会各界自愿捐助等多渠道筹集。政府对农村合作医疗和医疗救助给予支持。"

2003 年，民政部、卫生部、财政部三部门联合下发《关于实施农村医疗救助的意见》（民发〔2003〕158 号），提出了建立农村医疗救助制度的具体实施意见，初步设计了基本制度框架，这在我国历史上是第一个专门为解决 9 亿农民医疗救助问题而出台的行政规章。2013 年底，民政部再次下发文件，明确提出到 2005 年底，要在全国建立起较为完善的农村医疗救助制度。2004 年初，财政部、民政部又下发了《农村医疗救助基金管理暂行办法》（财社〔2004〕1 号），从筹资来源、使用范围、管理方式、核拨支付、监督审计等多个方面规范了农村医疗救助基金的具体运作。

城市医疗救助也与城市医疗保障制度的演变密切相关，但城市医疗救助的发展跳跃性更加明显，相比农村医疗救助，其发展速度也较快。[①] 2005 年，国务院办公厅转发了民政部等部门《关于建立城市医疗救助制度试点工作意见》的通知（国办发〔2005〕10 号），明确提出："建立城市医疗救助基金。通过财政预算拨款、专项彩票公益金、社会捐助等渠道建立基金。地方

① 周晴. 城乡医疗救助发展现状及对策研究［J］. 法制与社会，2011（11）：176－177.

财政每年安排城市医疗救助资金并列入同级财政预算，中央和省级财政对困难地区给予适当补助。城市医疗救助基金纳入社会保障基金财政专户，专项管理、专款专用，不得提取管理费或列支其他任何费用”。文件要求：“从 2005 年开始，用 2 年时间在各省、自治区、直辖市部分县（市、区）进行试点，之后再用 2 ~ 3 年时间在全国范围内建立起管理制度化、操作规范化的城市医疗救助制度”。至此，在我国历史上医疗救助制度第一次从国家层次实现了单独建制，并明确了政府的筹资责任，界定了救助对象，建立了管理机构，确定了发展目标，医疗救助制度被纳入社会发展规划中，成为我国医疗保障体系的重要组成部分。

多层次的医疗保险体系建设逐渐起步。1998 年，国务院下发了《关于建立城镇职工基本医疗保险制度的决定》（国发〔1998〕44 号），全面推行社会基本医疗保险制度的改革，随着公费医疗和劳保医疗制度被取代，城镇职工基本医疗保险的覆盖面短期内出现下降，为商业健康保险的发展留出更大空间。

2002 年，第九届全国人大常委会第三十次会议通过了关于修改《中华人民共和国保险法》的决定，根据修改后的《中华人民共和国保险法》，从 2003 年开始，财产保险公司也可以经营短期健康保险。2003 年上半年，中国保险监督管理委员会（以下简称保监会）下发的《人身保险新型产品精算规定》（保监发〔2003〕67 号）规定：“分红保险可以采取终身寿险、两全保险或年金保险的形式。保险公司不得将其他产品形式设计为分红保险。”根据这一规定，分红健康保险必须退出市场，取而代之的是非分红的健康保险。

2003 年年底，保监会颁布《关于加快健康保险发展的指导意见》（保监发〔2002〕130 号），以正式文件形式鼓励保险公司推进健康保险专业化经营，并继续主办第二届商业健康保险发展论坛，研讨专业化经营的具体问题，深化对专业化经营理念的认识。

2006年6月，国务院下发了《国务院关于保险业改革改革的若干意见》（国发〔2006〕23号），大力推动健康保险发展。2006年8月，保监会颁布《健康保险管理办法》，这是健康保险第一部专门化监管规章，该办法统一财险公司、寿险公司、专业健康保险公司在健康保险业务经营上的监管标准，为多种主体的公平竞争提供制度保障。

同时，补充医疗保险制度也逐步建立，包括国家对公务员实行的医疗补助，社会医疗保险机构开展的补充医疗保险，由工会组织经营的职工互助保险等。

这段时间，商业健康保险保费收入逐年增加，从2000年的28亿元增加至2008年的585.50亿元；原保费收入占卫生总费用的比例有所上升，从2000年的0.61%上升至2008年的4.03%（见表8－1）；商业健康保险和补充医疗保险的共同作用，使我国多层次的医疗保障制度框架初步建立。

表8－1　2000—2008年我国商业健康保险原保费收入及其占卫生总费用比例

年份	原保费收入（亿元）	原保费占卫生总费用比例（%）
2000	28.00	0.61
2001	61.00	1.21
2002	121.00	2.09
2003	242.00	3.68
2004	257.00	3.39
2005	307.00	3.55

续表

年份	原保费收入（亿元）	原保费占卫生总费用比例（%）
2006	377.00	3.83
2007	384.00	3.32
2008	585.50	4.03

资料来源：根据历年中国保险监督委员会2000—2008年公报数据和卫生总费用数据整理而得。

第二节　农村卫生工作不断强化，初级卫生保健进入新的发展阶段

经过10年的努力，我国农村基本实现了1990—2000年初级卫生保健的阶段性目标。2002年4月，根据中国第十个经济社会发展五年计划，在总结20世纪中国农村基本卫生保健工作经验的基础上，卫生部等七部委联合下发了《中国农村初级卫生保健发展纲要（2001—2010年）》（以下简称《发展纲要》）。《发展纲要》发布后，全国各地切实加大农村基本卫生保健工作力度，推动了农村医疗卫生事业长足发展，对于保障和促进广大农村居民公平地获得基本卫生保健服务发挥了积极的作用。

为推动新一轮全国农村初级卫生保健工作的开展，国家颁布了《中国农村初级卫生保健发展纲要（2001—2010年）》，在前10年初级卫生保健规划目标基础上，新增了农村医疗卫生队伍建设、基本医疗管理规范、主要慢性病管理、结核病控制、公共场所卫生、劳动卫生监督、妇幼保健管理等内容。《中共中央、

国务院关于进一步加强农村卫生工作的决定》强调，要坚持以农村为重点的卫生工作方针，全面落实初级卫生保健发展纲要，满足农民不同层次的医疗卫生需求，从整体上提高农民的健康水平和生活质量。全国各地按照国家的总体部署，深化农村卫生改革，积极推动农村初级卫生保健，2006 年《中国农村初级卫生保健发展纲要》中期评估结果显示：农村卫生服务体系建设不断加强，农村环境卫生和农民健康状况得到进一步改善，农村初级卫生保健工作的领导有所加强，全国已有半数以上的参评县达到评估衡量标准。[①]

根据国家全面建设小康社会和社会主义现代化建设第三步战略目标的总体要求，中国新时期农村卫生工作的目标，是在全国农村基本建立起适应社会主义市场经济体制要求和农村经济社会发展水平的卫生服务体系和合作医疗制度。这包括了健全农村卫生服务网络，提高农村卫生服务队伍的专业素质，建立高效的农村卫生管理体制，建立新型农村合作医疗制度和医疗救助制度，以期实现使农民人人享有初级卫生保健。

为实现上述目标，国家制定并实施了农村卫生服务体系建设与发展规划，组织了对中西部地区卫生人员的“定点招生、定向就业”的试点和农村基层卫生人员岗位培训项目，启动了“万名医师支援农村卫生工程”，实施了重大疾病预防控制项目，开展了降低孕产妇死亡率和消灭新生儿破伤风项目，实行了新型农村合作医疗制度，使历史上的“三大支柱”内涵不断丰富和发展。农村初级卫生保健作为政府承诺和职责，已进入新的发展时期。

① 卫生部农村卫生管理司．中国农村基本医疗卫生规划与评估资料汇编(2001—2010 年)［R］．2011.

这一阶段我国政府围绕新时期农村卫生目标，大力推进新型农村合作医疗制度、加强以乡镇卫生院为重点的农村基础设施建设、提高农村卫生人员业务水平、加强公共卫生和重大疾病防治，农村卫生事业有了长足的发展，农民健康水平得到进一步提高。

一、农村卫生三级网建设不断巩固和发展

政府在每个县建立疾病预防控制、卫生监督、医疗救治、妇幼保健等卫生机构，在每个乡镇举办一所卫生院，支持每个行政村设立一个卫生室。同时，政府鼓励在农村发展多种形式的医疗机构。县级卫生机构在提供卫生服务的同时，承担对乡村两级卫生机构的业务指导；乡镇卫生院集预防保健、基本医疗、公共卫生管理等功能于一体，是综合性卫生机构；村卫生室在承担常见病、多发病常规诊治的同时，协助乡镇卫生院提供部分公共卫生服务。

伴随着新农合制度的建立，乡镇卫生院焕发出新的活力，农村卫生服务体系不断加强，服务能力不断提升。到 2008 年底，全国已经建成卫生院 39860 个，平均每乡镇有卫生院 1.14 个；设立村卫生室 613143 个，村卫生室的行政村覆盖率达 89.4%，基本实现每个行政村有一个卫生室（乡镇政府所在地一般不设村卫生室）。农村三级卫生服务网络得到了进一步完善和加强。

二、农村卫生人力建设进一步加强

依据《中华人民共和国执业医师法》和《乡村医生从业管理条例》，在全国农村实行执业注册制度，法律法规对专业技术

人员的准入有明确要求。国家也制定了加强农村卫生人才培养和队伍建设的政策措施。中央财政安排部分培训工作补助经费，对农村卫生技术人员和管理人员开展了大规模岗位培训。从2004—2007年，对乡村两级卫生技术人员累计培训145.2万人次。从2005年开始，国家组织实施了“万名医师支援农村卫生工程”，由中央财政支持，对600个国家扶贫开发工作重点县的县级医院及其这些县所辖的乡镇卫生院进行支援。仅卫生部门组织城市卫生支援乡镇卫生院一项，就累计派出医疗队员近1.6万人次。医疗队在为当地农村居民提供医疗卫生服务，传播健康知识的同时，也对农村卫生技术人员开展基本技能、基础知识和管理知识的培训，提高他们的管理水平和服务水平，达到“派出一支队伍、带好一所医院、服务一方群众、培训一批人才”的任务要求。从2002年起，实行城市医生在晋升一定的专业技术职务之前，必须到农村累计服务一年的制度，同时鼓励医学院校毕业生到农村基层工作。

2002—2008年期间，我国乡镇卫生院人力资源配置明显改善。平均每所乡镇卫生院的卫生技术人员数逐年上升，从1997年的20.41人上升至2008年的23.41人，同期执业（助理）医师从9.29人上升至10.50人，执业医师从5.68人上升至6.30人，注册护士从3.60人上升至4.89人（见表8-2）。截至2008年底，乡镇卫生院卫生人员数达110.93万，卫生技术人员数达93.29万；村级卫生人员数108.28万人，其中持有执业（助理）医师和注册护士的比例达13.34%，村卫生室从业人员资质明显改善。[①]

① 中华人民共和国卫生部.2009中国卫生统计年鉴［M］.北京：中国协和医科大学出版社，2010.

表 8-2　2002—2008 年我国卫生院数量与卫生人力资源配置情况

年份	卫生院数量（所）	卫生技术人员（人/所）	执业（助理）医师（人/所）	执业医师（人/所）	注册护士（人/所）
2002	46014	20.41	9.29	5.68	3.60
2003	45024	20.66	9.42	5.75	3.72
2004	42471	21.29	9.74	5.91	3.96
2005	41694	21.38	9.81	5.96	4.05
2006	40791	21.66	9.92	6.00	4.19
2007	40679	21.85	10.03	6.01	4.47
2008	39860	23.41	10.50	6.30	4.89

资料来源：《中国卫生统计年鉴 2009》。

三、农村卫生状况持续改善，农民健康水平不断提高

改水改厕力度加大。农村改水受益人口占农村人口比例由 1990 年的 75.4% 上升到 2007 年的 92.1%，饮用自来水人口占农村人口比例从 30.7% 上升到 62.7%。2007 年农村卫生厕所普及率达到 57.0%。[①]

疾病预防与控制取得了显著成绩。2008 年全国卫生服务调查结果显示，农村儿童卡介苗接种率为 98.6%、百白破疫苗接种率为 92.0%、脊髓灰质炎疫苗接种率为 93.7%、麻疹疫苗接种率为 91.8%。[②] 2002 年中国政府将乙肝疫苗列入国家免疫规划，2007 年将甲型肝炎、乙型肝炎、结核病、百日咳、白喉、新生儿破伤风、脊髓灰质炎、麻疹、风疹、流行性腮腺炎、流

① 李长明，汪早立，王敬媛．建国 60 年我国农村卫生的回顾与展望［J］．中国卫生政策研究，2009，2（10）：1－5.

② 卫生部统计信息中心．2008 中国卫生服务调查研究［R］．2009.

行性脑脊髓膜炎、流行性乙型脑炎、钩端螺旋体病、出血热、炭疽等15种可以通过接种疫苗有效预防的传染病纳入国家免疫规划。2003年“非典”之后，中国探索了符合国情的传染病管理模式，并于2004年建立了国家卫生信息网络直报与管理系统。截至2008年底，全国100%的疾病预防控制中心、96.9%的县级及县级以上医疗卫生机构和82.2%的乡镇卫生院已经实现了网络直报。

孕产妇保健取得了重大进展。国家投资的“降低孕产妇死亡率和消灭新生儿破伤风项目”以促进住院分娩为目标，通过接生员职能转变、贫困孕产妇救助和专家下基层蹲点督导，使农村孕产妇保健服务普遍可及，质量明显提高。农村孕产妇住院分娩率由2000年的65.2%上升到2007年的88.8%，新生儿破伤风发病率由2000年的1.88人/万人下降到2007年的0.47人/万人。

农村居民健康水平不断提高。中国农村孕产妇与婴幼儿死亡率持续下降至历史最低水平，我国监测数据显示，农村孕产妇死亡率由1991年的10人/万人下降到2008年的3.42人/万人，同期婴儿死亡率从58.0‰下降到14.9‰，2005年全国人口期望寿命达到72岁。农村居民健康状况的改善直接提高了全国的健康水平。根据联合国儿童基金会的数据统计，中国孕产妇死亡率、婴儿死亡率、5岁以下儿童死亡率和中、重度发育迟缓比例远低于世界和发展中国家平均水平。作为世界人口大国，我国农村健康指标的改善对全球健康目标的实现做出了重要贡献。①

① 陈竺部长、陈啸宏副部长在中国农村初级卫生保健发展国际研讨会上的讲话．卫生政务通报，2007（35）．

第三节 城市社区卫生服务体系快速发展

随着我国经济社会的发展、城镇化进程的加快和疾病谱转变，如何应对城市地区老龄人口的健康需求和慢性非传染性疾病的蔓延，日益成为城市卫生面临的重要挑战。为此，中共中央、国务院在出台的《关于卫生改革与发展的决定》（中发〔1997〕3号）中明确提出："改革城市卫生服务体系，积极发展社区卫生服务，逐步形成功能合理、方便群众的卫生服务网络"，拉开了我国城市社区卫生服务发展的序幕。

1999年，卫生部、国家发展计划委员会等下发了《关于发展城市社区卫生服务的若干意见》（卫基妇发〔1999〕第326号），要求各地充分认识发展社区卫生服务的重要意义，明确发展社区卫生服务的总体目标和基本原则，加强政府对社区卫生服务的领导，健全社区卫生服务体系，加强社区卫生服务的规范化管理，完善社区卫生服务的配套政策。

2000年，卫生部出台了《关于发展全科医学教育的意见》，致力于加快发展全科医学教育，建设以全科医师为骨干的高素质的社区卫生服务队伍，为我国加强城市社区卫生服务体系建设提供了重要的人才保障。

2002年，为了进一步推动城市社区卫生服务发展，卫生部与国务院体制改革办公室等11部门联合下发了《关于加快发展城市社区卫生服务的意见》（卫基妇发〔2002〕186号），从实施促进社区卫生服务发展的政策、提高社区卫生服务队伍水平、严格社区卫生服务的监督管理和加强社区卫生服务工作的组织领导等四个方面，提出加快发展社区卫生服务的意见。

2006年，社区卫生服务发展迎来众多利好政策。为了支持社区卫生服务的发展，进一步发挥社区卫生服务在医疗保障中的作用，劳动和社会保障部出台了《关于促进医疗保险参保人员充分利用社区卫生服务的指导意见》（劳社部发〔2006〕23号），积极将符合条件的社区卫生服务机构纳入定点范围，将符合规定的社区卫生服务项目纳入支付范围，完善参保人员利用社区医疗服务的引导措施，加强医疗保险对社区卫生服务机构的管理与服务，促进参保人员充分利用社区卫生服务。为明确政府对社区卫生服务的补助范围及内容，规范政府补助方式，加强财务管理，促进社区卫生事业发展，财政部、国家发展和改革委员会、卫生部联合出台了《关于城市社区卫生服务补助政策的意见》（财社〔2006〕61号）。为加快社区人才队伍建设和人才培养，提高社区卫生人才队伍的整体素质和服务水平，促进城市社区卫生事业的发展，人事部、卫生部、教育部等出台了《关于加强城市社区卫生人才队伍建设的指导意见》（国人部发〔2006〕69号），就健全和完善社区卫生人才培养体系，完善全科医生、护士等社区卫生专业技术人员任职资格制度，建立社区卫生服务机构人员聘用制度，吸引和稳定社区卫生人才队伍，加强社区卫生人才工作的组织领导提出具体要求。为指导社区卫生服务机构合理配置人力资源，保证功能发挥，提高运行效率，加快社区卫生服务发展，中央编办、卫生部、财政部、民政部印发了《城市社区卫生服务机构设置和编制标准指导意见》（中央编办发〔2006〕96号），对社区卫生服务机构设置、职能配置、编制配备、机构编制管理等提出指导意见。为加强对城市社区卫生服务机构的管理，卫生部和国家中医药管理局制定了《城市社区卫生服务机构管理办法（试行）》（卫妇社发〔2006〕239号）。随后，卫生部和国家中医药管理局出台了《城市社区卫生服务中心、站基本标准》（卫妇社发〔2006〕240 号）。

众多部门的关注和诸多政策的支持，使社区卫生服务进入快速发展的轨道。社区卫生服务机构数迅速增加，从 2002 年的 8211 个增加至 2008 年的 24260 个；社区卫生服务机构床位数从 12031 张迅速增加至 98036 张；社区卫生服务机构提供的诊疗人次从 2002 年的 0.36 亿人次增加至 2008 年的 1.72 亿人次，入院人数从 10.61 万人增加至 103.28 万人（见表 8－3），社区卫生服务机构在卫生服务体系中的作用日益凸显。

表 8－3　2002—2008 年我国社区卫生服务发展情况

年份	社区卫生服务中心（站）数量（个）	社区卫生服务机构床位数（张）	社区卫生服务中心诊疗人次（亿人次）	入院人数（万人）
2002	8211	12031	0.36	10.61
2003	10101	12105	0.38	10.28
2004	14153	18137	0.46	15.20
2005	17128	25018	0.59	26.62
2006	22656	41194	0.83	43.63
2007	27069	76453	1.27	74.32
2008	24260	98036	1.72	103.28

资料来源：《中国卫生统计年鉴 2009》。

第四节　覆盖全民的公共卫生服务项目出现萌芽

2003 年，突如其来的重症急性呼吸综合征（SARS），暴露了我国大陆地区公共卫生服务体系的脆弱，引发了全社会对公共卫生的关注。随后，我国政府加大对基本公共卫生服务的投入，公共卫生服务体系逐渐得到加强。专业公共卫生机构数从 1997 年的 8820 所下降至 2001 年的 8728 所，随后逐年增加至 2008 年的 10530 所；2003 年之前，疾控中心的数量起伏不定，2003 年 SARS 后，数量基本稳定在 3550 所左右；妇幼保健院（所、站）数量也有起伏，2005 年以后基本稳定在 3000 所以上；卫生监督所数量持续增加，从 2002 年的 571 所增加至 2008 年的 2675 所；专科疾病防治院（所、站）数量总体呈现下降趋势，2008 年为 1310 所（见表 8 –4）。

表 8 –4　1997—2008 年我国专业公共卫生机构数量变化

年份	公共卫生机构数	疾病预防控制中心（防疫站）数	妇幼保健院（所、站）数	卫生监督所数	专科疾病防治院（所、站）数
1997	8820	3747	3180		1893
1998	8826	3746	3191		1889
1999	8820	3763	3180		1877
2000	8743	3741	3163		1839
2001	8728	3813	3132		1783
2002	9057	3580	3067	571	1839
2003	9204	3584	3033	838	1749
2004	9453	3588	2998	1284	1583
2005	9810	3585	3021	1702	1502
2006	10050	3548	3003	2097	1402
2007	10554	3585	3051	2553	1365
2008	10530	3534	3011	2675	1310

资料来源：《中国卫生统计年鉴 2009》。

2003 年 SARS 后，财政对公共卫生机构的投入明显增强，公共卫生在卫生体系中的地位有所上升。财政对专业公共卫生机构的投入逐年增加，财政投入占专业公共卫生机构收入的比例略有波动。2003 年前财政投入占疾控机构收入的比例有下降趋势，2003 年后逐年上升，2008 年达 55.59%；财政投入占妇幼保健机构收入的比例一直起伏不定，2008 年为 26.20%；财政投入占卫生监督机构的比例持续上升，从 2003 年的 61.83% 上升至 2008 年的 78.30%（见表 8－5）。

表 8－5　1997—2008 年我国公共卫生机构财政投入及其占收入的比例变化

年份	财政投入（万元）			财政投入占收入的比例（%）		
	疾控机构	妇幼保健机构	卫监机构	疾控机构	妇幼保健机构	卫监机构
1997	285788	83377		41.06	34.15	
1998	323624	92234		42.74	30.43	
1999	351908	104639		39.16	27.56	
2000	394483	117871		38.66	26.24	
2001	447639	132537		39.29	26.47	
2002	540768	150116		40.75	26.02	
2003	733253	167973	113162	45.76	25.39	61.83
2004	841227	191509	164129	47.17	23.94	64.73
2005	1071755	224567	217232	50.86	23.47	68.99
2006	1185650	285913	277610	50.91	25.26	70.13
2007	1503509	387101	367250	53.19	27.12	74.69
2008	1809998	453745	478035	55.59	26.20	78.30

资料来源：《中国卫生总费用研究报告 2017》。

流向公共卫生机构的卫生总费用在 2000 年以前有起伏，2000 年起呈现逐年上升趋势，2008 年达 1285.96 亿元。流向公共卫生机构的卫生总费用占卫生总费用的比例在2001年以前有起伏，2002年后呈上升趋势，2007年首次超过8%，2008年为8.58%（见表8-6）。

表8-6　1997—2008年流向公共卫生机构的卫生总费用及其占比变化

年份	流向公卫机构的卫生总费用（亿元）	占卫生总费用比例（%）
1997	185.89	5.45
1998	223.58	5.88
1999	223.46	5.16
2000	246.82	5.07
2001	273.90	5.21
2002	314.48	5.41
2003	397.94	6.14
2004	461.85	5.81
2005	567.80	6.17
2006	646.39	6.27
2007	1063.64	8.84
2008	1285.96	8.58

资料来源：《中国卫生总费用研究报告2017》。

这段时间，基本公共卫生服务项目出现萌芽。上海于1997年开始实施社区预防保健等公共卫生服务项目，这是我国基本公共卫生服务项目的萌芽。2003年后，部分省份针对基本公共卫生薄弱的问题，率先启动基本公共卫生服务项目。浙江省人民政府于2005年下发了《关于加强农村公共卫生工作的实施意见》（浙政发〔2005〕50号），规定了农村居民免费享受的12类公共卫生服务项目（见表8-7），这是我国第一个以省政府名义出台的基本公共卫生服务项目的政府文件；2008年浙江省在城市地区也启动了类似的基本公共卫生服务项目。

表 8－7　　2005 年浙江省直接面向农民的公共卫生服务项目和基本内容

序号	项目名称	服务内容及要求
1	健康教育	村村设置健康宣传栏，定期更新内容；户户获得健康教育资料，及时上门宣教；开展育龄妇女和学生的身心健康咨询与教育
2	健康管理	充分利用健康体检、临床诊疗、无偿献血、婚前检查、职业体检、重点人群服务等体检资料，结合主动上门服务，为农民逐步建立健康档案，并开展有针对性的健康干预
3	基本医疗惠民服务	方便农民常见病、多发病的基本诊治；建立双向转诊制度；结合农忙和疾病防控等情况，及时组织开展社区巡诊，处置常见病患，访视重点对象，落实防控措施，做到小病不出村镇、大病及时救治；合理检查、合理用药，严格执行国家规定的医药收费政策，对困难群众适当减免诊疗费用
4	合作医疗便民服务	负责合作医疗相关问题的解答，协助做好政策宣传。及时了解本区域参加合作医疗人员就医情况。通知并协助参加合作医疗人员及时报销等。保证农村重点人群享有重点服务
5	儿童保健	向 0～7 岁的儿童提供省免疫规划规定的 7 种一类疫苗的接种服务，确保接种率达到 95% 以上；0～3 岁儿童在首次体格检查时建立系统管理档案，定期接受 8 次健康体检，系统管理率达到 90% 以上
6	妇女保健	向孕产妇提供 5 次产前检查、3 次产后上门访视和 1 次产后常规检查；向育龄已婚妇女每三年提供 1 次常见妇科病检查
7	老人和困难群体保健	为 60 岁以上老人和特困残疾人、低保家庭、五保户等困难群体配备社区责任医生，定期随访，跟踪服务，动态管理

续表

序号	项目名称	服务内容及要求
8	重点疾病社区管理	1. 结核病：发现病人及时登记报告并督导服药、复查；2. 血吸虫病：开展查灭螺、病人检查和药物治疗；3. 艾滋病：开展艾滋病咨询，协助做好艾滋病自愿检测和抗病毒药物治疗；4. 精神病：对农村精神病人进行监护指导和治疗指导；5. 主要慢性病：对高血压、肿瘤、糖尿病、肝炎等疾病开展咨询服务和用药指导
9	公共卫生信息收集与报告	按规定要求收集和报告传染病疫情、集体中毒、职业危害及农村集体聚餐、饮用水污染、出生死亡、出生缺陷和外来人员等信息
10	环境卫生协管	配合做好村居环境综合整治和改水改厕工作，协助开展饮用水水质监测和除“四害”工作
11	卫生监督	协查配合市级卫生监督派出机构对农村学校、医疗机构、相关企业和经营单位开展卫生检查
12	协助落实疾病防控措施	承担或协助做好传染病病人的消毒隔离、治疗和其他防控工作，协助开展疾病监测和突发公共卫生事件应急处置工作

江苏省于2006年同步启动农村居民和城市居民的基本公共卫生服务项目，这也是全国第一个实施覆盖全民基本公共卫生服务项目的省份。江苏省的基本公共卫生服务项目包括3类8项基本公共卫生服务。第一类是基本公共卫生服务，包括健康教育、处理突发公共卫生事件、重大传染病防治。第二类是重点人群卫生服务，包括妇女卫生保健、儿童卫生保健、慢性病人与老年人的动态健康管理。第三类是基本卫生安全保障服务，包括农村食品和饮用水卫生监督监测、公共卫生信息收集与报告。上述这些地区的做法，为我国实施覆盖全民的基本公共卫生服务项目奠定了重要基础。

总体来看，这段时间我国仍处于经济社会发展转型期，但卫生事业正逐步走出发展低谷，医疗保障制度和卫生体系均得到明显加强，初级卫生保健也稳定发展，卫生服务供给能力有所提升。

医疗保障制度覆盖面明显提高，2008 年的国家卫生服务调查结果显示：未被医疗保险制度覆盖的人群比例从 1998 年的 76.42% 下降至 2008 年的 12.9%。[①] 卫生人力资源有所加强，千人口卫生技术人员从 1997 年的 3.56 人增加至 2008 年的 3.90 人，千人口执业（助理）医师数从 1.61 人增加至 1.66 人，千人口执业医师数从 1.22 人增加至 1.35 人，千人口注册护士数从 0.97 人增加至 1.26 人，千人口床位数从 2.54 张增加至 3.04 张（见表 8－8）。提供的诊疗服务量从 1999 年的 20.82 亿人次增加至 2008 年的 35.32 亿人次，提供的住院服务人次从 1999 年的 5073 万人次上升至 2008 年的 11483 万人次。[②③]

表 8－8　1997—2008 年我国卫生技术人员配置和床位数配置情况

年份	千人口卫生技术人员（人）	千人执业（助理）医师数（人）	千人口执业医师数（人）	千人口注册护士数（人）	千人口床位数（张）
1997	3.56	1.61	1.22	0.97	2.54
1998	3.55	1.60	1.21	0.98	2.52
1999	3.54	1.63	1.24	0.99	2.51
2000	3.54	1.64	1.26	1.00	2.51

① 卫生部统计信息中心. 2008 中国卫生服务调查研究［R］. 2009.

② 1999 年全国卫生事业发展情况统计公报［EB/OL］.（2019－05－21）http://www.caoss.org.cn/sbnr.asp? id = 108.

③ 2008 年我国卫生事业发展统计公报［EB/OL］.（2019－05－21）http://www.caoss.org.cn/sbnr.asp? id = 877.

续表

年份	千人口卫生技术人员（人）	千人执业（助理）医师数（人）	千人口执业医师数（人）	千人口注册护士数（人）	千人口床位数（张）
2001	3.53	1.65	1.28	1.01	2.51
2002	3.32	1.44	1.14	0.97	2.44
2003	3.39	1.50	1.19	0.98	2.45
2004	3.45	1.54	1.22	1.01	2.51
2005	3.49	1.56	1.24	1.03	2.58
2006	3.60	1.60	1.28	1.09	2.67
2007	3.72	1.61	1.30	1.18	2.80
2008	3.90	1.66	1.35	1.26	3.04

居民健康状况有所改善，婴儿死亡率从2000年的32.2‰下降至2008年的14.9‰，孕产妇死亡率从2000年的53.0人/10万人下降至2008年的34.2人/10万人，居民平均期望寿命从2000年的71.4岁提高至2005年的73.0岁（见表8－9）。

表8－9　2000—2008年我国居民主要健康指标变化状况

年份	婴儿死亡率（‰）	孕产妇死亡率（1/10万）	预期寿命（岁）
2000	32.2	53.0	71.4
2001	30.0	50.2	
2002	29.2	43.2	
2003	25.5	51.3	
2004	21.5	48.3	
2005	19.0	47.7	73.0
2006	17.2	41.1	
2007	15.3	36.6	
2008	14.9	34.2	

资料来源：《中国卫生健康统计年鉴2018》。

这段时期，是我国从初级卫生保健向全民健康覆盖转变的探索期，我国医疗保障制度得到快速发展，基本医疗保障框架基本形成，医疗保险制度覆盖人群已经达到90%左右，为我国迈向全民健康覆盖奠定了坚实基础。基层卫生服务体系特别是城市社区卫生服务体系的发展，为我国快速城镇化提供了支撑，保障了城市居民基本医疗卫生服务的可及性。城市基本公共卫生服务项目的实施，为我国基本公共卫生服务项目的全民覆盖提供了宝贵经验。

这段时期，也是我国卫生事业发展的重要转折期。尽管有了明确的改革方案，但由于各方对政府与市场如何在卫生领域发挥作用争论不休，未能形成广泛共识，1997 年的改革方案未能在地方得到很好的执行；加之我国经济社会的快速转型，如何处理卫生事业与经济社会发展的关系仍在探索之中，在世纪之交我国卫生事业发展经历了低潮期。随着卫生服务体系快速发展，但医疗保障制度的保障水平相对较低，政府对卫生的投入滞后于经济社会的发展和卫生事业的需求，城乡居民对看病难、看病贵的反映日益强烈。卫生总费用数据显示：1997—2008 年，我国政府卫生支出占卫生总费用的比例从 1997 年的 16.38% 下降至 2002 年的最低点 15.69%，随后才逐年上升至 2008 年的 24.73%；社会卫生支出从 1997 年的 30.78% 下降至 2001 年的 24.10%，随后逐年上升至 2008 年的 34.85%；个人现金卫生支出占卫生总费用的比例从 1997 年的 52.84% 上升至 2001 年的 59.97%，随后逐渐下降至 2008 年的 40.02%（见表 8－10）。个人现金卫生支出占卫生总费用的比例过高，看病难、看病贵问题日益成为社会各方关切的重要问题，引发了各方对我国卫生事业发展道路的思考。2005 年国务院发展研究中心课题组对医改的评估报告，给出了“中国医改基本不成功”的结论，引发了社会各方对卫生改革的高度关注[①]。有关政府与市场如何在卫生领域发挥作用、“补供方还是补需方”的争论达到高潮，随后国务院有关部门组织国内外力量，对如何深化医改进行研究。2007 年，北京大学、复旦大学和麦肯锡咨询公司等 7 家国内外机构分别给出了各自的中国医改方案，为我国深化医药卫生体制改革，更好地推进全民健康覆盖奠定基础。

表 8 - 10　　1997—2008 年我国卫生总费用构成变化

年份	政府卫生支出（%）	社会卫生支出（%）	个人现金卫生支出（%）
1997	16. 38	30. 78	52. 84
1998	16. 04	29. 11	54. 85
1999	15. 84	28. 31	55. 85
2000	15. 47	25. 55	58. 98
2001	15. 93	24. 10	59. 97
2002	15. 69	26. 59	57. 72
2003	16. 96	27. 16	55. 87
2004	17. 04	29. 32	53. 64
2005	17. 93	29. 87	52. 21
2006	18. 07	32. 62	49. 31
2007	22. 31	33. 64	44. 05
2008	24. 73	34. 85	40. 02

资料来源：国家卫生计生委卫生发展研究中心《中国卫生总费用摘要 2018》。

① 葛延风．反思中国医疗卫生体制改革［J］．新华文摘，2005（16）：21 - 23．

第九章 全民健康覆盖探索与健康中国建设期

2009年以来，随着我国医药卫生体制改革的不断深入，我国卫生服务体系不断健全，卫生服务提供能力不断提升，医疗保障制度不断巩固完善，医疗保障程度不断加深，基本公共卫生服务均等化不断推动，面向全人群提供覆盖全生命周期、连续的健康服务能力不断增强；全民健康覆盖的理念在我国医药卫生体制改革探索中得到坚持和发展，从初级卫生保健向全民健康覆盖转变取得积极进展；健康中国建设全面启动，将健康融入所有政策的理念逐步为社会各界理解和接受，健康中国建设与经济社会发展协同程度日益提高，全民健康覆盖对小康社会建设的贡献日益显现。

2009年4月，经过3年左右的酝酿，《中共中央国务院关于深化医药卫生体制改革的意见》（中发〔2009〕6号）正式出台，文件明确提出："改革的总目标是建立健全覆盖城乡居民的基本医疗卫生制度，为群众提供安全、有效、方便、价廉的医疗卫生服务。到2011年，基本医疗保障制度全面覆盖城乡居民，基本药物制度初步建立，城乡基层医疗卫生服务体系进一步健全，基本公共卫生服务得到普及，公立医院改革试点取得突破，明显提高基本医疗卫生服务可及性，有效减轻居民就医费用负担，切实缓解“看病难、看病贵”问题。到2020年，覆盖城乡居民的基本医疗卫生制度基本建立。普遍建立比较完善的公共卫生服务体系和医疗服务体系，比较健全的医疗保障体系，比较规范的药品供应保障体系，比较科学的医疗卫生机构管理体制和运行机制，形成多元办医格局，人人享有基本医疗卫生服务，基本适应人民群众多层次的医疗卫生需求，人民群众健康水平进一步提高。”这份文件的出台，有力地推动了我国全民健康覆盖的步伐。随后我国重点围绕卫生服务体系建设、医疗保障制度建设、药品供应保障体系和公共卫生服务均等化建设等方面加速推进我国全民健康覆盖进程。

第一节　卫生服务体系建设，从分类加强向全面整合转变

一、基层卫生改革率先启动并取得阶段性成效

2009年之初，围绕“保基本、强基层、建机制”的改革目标，我国政府在卫生服务体系改革方面率先启动基层卫生综合改革，政府及相关部门加强基层卫生改革的顶层设计，建立健全基层卫生改革相关政策，同时鼓励各地积极探索、主动作为，推动基层卫生改革持续深入。基层卫生综合改革在地方层面的试点起源于安徽，以安徽省人民政府2009年11月印发的《关于基层医

药卫生体制综合改革试点的实施意见》（皖政〔2009〕122 号）为标志，国家层面以国务院办公厅 2010 年 12 月下发的《关于建立健全基层医疗卫生机构补偿机制的意见》（国办发〔2010〕62 号）为标志；随后中央和地方层面围绕基本药物制度、补偿机制、人事分配制度、人才培养和培训、全科医生制度建设、乡村医生队伍建设和基层债务化解等方面进行了积极探索。2013 年 2 月，国务院办公厅下发的《国务院办公厅关于巩固完善基本药物制度和基层运行新机制的意见》（国办发〔2013〕14 号），基层卫生改革进入运行新机制稳步推进阶段。在总结 2009—2012 年基层卫生改革的基础上，国务院办公厅要求各地对基本药物制度和基层运行新机制进行巩固和完善。

2009 年 11 月，安徽省人民政府印发了《关于基层医药卫生体制综合改革试点的实施意见》（皖政〔2009〕122 号），在全国率先启动了基层卫生综合改革试点工作。2010 年 12 月，国务院办公厅下发了《关于建立健全基层医疗卫生机构补偿机制的意见》（国办发〔2010〕62 号），明确提出“大力推进基层医疗卫生机构综合改革”，正式拉开了全国基层卫生综合改革的序幕。截至 2012 年底，基层医疗卫生机构综合改革全面推进，初步建立了基本药物制度，构建了维护公益性、调动积极性、保障可持续的基层运行新机制。2013 年 2 月，为进一步深化改革，扩大医改成果，国务院办公厅下发了《关于巩固完善基本药物制度和基层运行新机制的意见》，对基层卫生综合改革提出新的要求。2013 年 8—9 月，国务院办公厅对该文件的落实情况进行了专题督查，推动各地持续实施基层卫生综合改革。

2014 年，根据国办督查报告的意见和建议，国家卫生计生委在全国范围内选择了 17 个城市 34 个县（市、区）作为基层卫生综合改革重点联系点，要求各联系点在基层卫生综合改革的体制机制上有所突破。同年，国家卫生计生委启动“群众满意的乡镇卫生院”活动（国卫基层发〔2014〕46号），致力于提升乡镇卫生院的服务能力；2015年，国家卫生健康委（原国家卫生计生委）出台《关于进一步规范社区卫生服务管理和提升服务质量的指导意见》（国卫基层发〔2015〕93号），致力于规范社区卫生服务管理和提升社区卫生服务质量。2016年，国家卫生计生委对重点改革联系点的进展进行了初步总结并对未来改革提出建议。2018年，国家卫生健康委结合基层卫生发展的实践，开展优质服务基层行活动（国卫基层函〔2018〕195号），致力于提升基层服务能力，更好地满足分级诊疗制度建设的要求。

在顶层设计不断完善的背景下，基层医疗卫生服务机构得到快速发展，基础设施建设明显增强，基层医疗卫生机构的公益性日益凸显，多渠道补偿机制日益健全，基层卫生服务模式转变日益加速，基层医疗卫生机构服务能力有所增强，基层卫生综合改革取得积极进展和初步成效。

2009—2018年，中央和地方各级政府强化基本医疗卫生服务的供给保障，加强对基层医疗卫生机构的投入力度，落实财政对基层医疗卫生机构的专项补助经费，财政补助收入占基层医疗卫生机构收入的比例持续增加；基层医疗卫生机构的公益性得到进一步体现。政府办基层医疗卫生机构（包括社区卫生服务中心和乡镇卫生院）的收入快速增加，从1477.77亿元增加至4500.83亿元，年均增速达13.17%；财政补助收入从291.67亿元增加至1975.36亿元，年均增速高达23.68%；财政补助收入占基层医疗卫生机构总收入的比例持续上升，从19.74%上升至43.89%（见表9-1）。基层医疗卫生机构医保基金收入持续增加，从2012年的833.83亿元增加至2018年的1652.59亿元；医保基金占基层医疗卫生机构医疗收入比例持续上升，从62.30%上升至69.70%（见表9－2），城乡居民在基层医疗卫生机构的就医负担明显下降，基层医疗卫生机构的公益性进一步显现。

表9－1　2009—2018年我国基层医疗卫生机构财政补助收入及其占比变化情况

年份	总收入（亿元）	财政补助（亿元）	财政补助占总收入的比例（%）
2009	1477.77	291.67	19.74
2010	1728.62	424.94	24.58
2011	1915.53	710.83	37.11
2012	2351.80	919.78	39.11
2013	2657.61	1059.42	39.86
2014	2869.83	1145.77	39.92
2015	3288.37	1424.17	43.31
2016	3659.58	1602.69	43.79
2017	4092.72	1807.71	44.17
2018	4500.83	1975.36	43.89
年均增速（%）	13.17	23.68	—

资料来源：2012—2016年《全国卫生计生财务年报》、2017—2018年《全国卫生健康财务年报》。基层医疗卫生机构仅包括乡镇卫生院和社区卫生服务中心。

表9－2　2012—2018年医保基金收入占基层医疗卫生机构医疗收入的比例

年份	医保基金（亿元）	基层医疗收入（亿元）	医保基金占医疗服务收入的比例（%）
2012	833.83	1338.38	62.30
2013	956.92	1493.53	64.07
2014	1101.89	1620.91	67.98

续表

年份	医保基金（亿元）	基层医疗收入（亿元）	医保基金占医疗服务收入的比例（%）
2015	1202.20	1747.81	68.78
2016	1363.19	1930.98	70.60
2017	1517.36	2150.86	70.55
2018	1652.59	2370.94	69.70

资料来源：同上表。

二、公立医院改革从点上突破向全面推进转变

鉴于公立医院改革的复杂性、艰巨性和长期性，改革之初，我国政府首先选择了部分地区进行公立医院改革试点，随着试点地区经验的积累，公立医院改革逐渐从城市公立医院向县级公立医院延伸，从点上突破向全面推进转变。

2010年2月，卫生部等五部门联合出台了《关于公立医院改革试点的指导意见》（以下简称《指导意见》），对公立医院改革做出了明确部署，提出了坚持公立医院公益性的改革目标和合理布局公立医院服务体系、创新体制机制、加强内部管理等三个领域的改革任务。17个公立医院综合改革试点城市根据《指导意见》的要求，重点围绕优化公立医院服务体系和布局，取消药品加成，合理调整医疗服务价格，完善基本医疗保障支付方式，落实财政补助政策等方面进行改革，随着改革的不断深入，公立医院改革逐渐涉及医疗服务价格机制改革、医保支付方式改革、人事分配制度改革、法人治理机制改革、鼓励社会力量办医以及现代医院管理制度建设等方面。

2012年，公立医院改革开始由局部试点转向全面推进。国务院出台《“十二五”期间深化医药卫生体制改革规划暨实施方

案》和《关于印发卫生事业发展“十二五”规划的通知》（国发〔2012〕57号），重申了《指导意见》中提出的改革内容，提出以县级公立医院为重点全面推进改革，同时继续城市公立医院改革的试点工作。为此，国务院办公厅出台了《国务院办公厅印发关于县级公立医院综合改革试点意见的通知》，提出了县级公立医院综合改革的要求和内容，并在18个省份选择了311个县（县级市）进行综合改革试点。

2014年3月，国家卫生计生委、财政部等5部门联合印发了《关于推进县级公立医院综合改革的意见》（国卫体改发〔2014〕12号），在继续推动首批311个试点县综合改革的基础上，进一步在全国确定了700个试点县开展综合改革，将全国超过50%的县市纳入试点范围。

2015年，国务院办公厅下发了《关于全面推开县级公立医院综合改革的实施意见》（国办发〔2015〕33号），各地全面推开县级公立医院综合改革，积极落实政府办医职责，推进管理体制改革，建立公立医院运行新机制，创新人事和薪酬制度。2015年，国务院办公厅下发了《关于城市公立医院综合改革试点的指导意见》（国办发〔2015〕38号），明确了公立医院改革的主要目标、关键环节和重点任务，使公立医院改革的路径逐步清晰；强化了对公立医院改革效果监测评价，凝练地方改革经验，加快公立医院改革进程。

2016年12月，国务院印发了《“十三五”深化医药卫生体制改革规划》（国发〔2016〕78号，以下简称《规划》），根据公立医院改革的进程，《规划》明确提出：“建立科学有效的现代医院管理制度。深化县级公立医院综合改革，加快推进城市公立医院综合改革。到2017年，各级各类公立医院全面推开综合改革，初步建立决策、执行、监督相互协调、相互制衡、相互促进的管理体制和治理机制。到2020年，基本建立具有中国特色的权责清晰、管理科学、治理完善、运行高效、监督有力的现代医院管理制度，建立维护公益性、调动积极性、保障可持续的运行新机制和科学合理的补偿机制。”2016年，城市公立医院改革试点进一步扩大至200个城市，覆盖了全国2/3的地级市。城市公立医院改革的逻辑顺序和路径更为清晰，各地通过药品分类采购，实行“两票制”，规范诊疗用药行为等为医疗服务价格调整腾出空间，进一步理顺医疗服务价格，落实政府投入责任，建立新的运行机制。县级公立医院改革从全面推进向示范引领转变。2016年，在第一批综合医改试点省确定了江苏启东、福建尤溪、安徽天长、青海互助4个县（市）开展县级公立医院综合改革示范工作，发挥样板效应，力争形成可复制、可推广的典型经验。经过努力，4个示范县（市）初步形成了各具特点、适合不同经济社会发展水平的特色经验。

2017年4月，国家卫生计生委等部门联合印发《关于全面推开公立医院综合改革工作的通知》（国卫体改发〔2017〕22号），提出全面推开城市公立医院综合改革，拓展深化县级公立医院综合改革。实行了60多年“以药补医”政策彻底退出历史舞台，公立医院综合改革取得里程碑式突破。2017年7月，国家卫生计生委等7部门联合印发《关于做好国家卫生计生委和国家中医药局属管医院参加属地公立医院综合改革有关工作的通知》（国卫体改发〔2017〕38号），要求国家卫生计生委、国家中医药局属管医院全部参加属地公立医院综合改革。2017年7月，国务院办公厅印发了《关于建立现代医院管理制度的指导意见》（国办发〔2017〕67号），全面系统地描绘了现代医院管理制度的基本框架和重点任务，各地围绕关键问题和重点任务，积极探索，有力推动了现代医院管理制度顺利落地实施。

2018年3月，为进一步巩固完善公立医院运行新机制，强化“三医”联动改革，深化重点领域和关键环节改革，进一步调动医务人员积极性，国家卫生健康委（原国家卫生计生委）印发了《关于巩固破除以药补医成果持续深化公立医院综合改革的通知》（国卫体改发〔2018〕4号），要求各地进一步深化公立医院综合改革。各地陆续开展新一轮医疗服务价格调整工作，部分省份探索取消医用耗材加成，启动新增医疗服务项目价格审核制订工作，探索下放公立医院医疗服务价格管理权限、建立动态调整机制，落实政府投入，改革医疗保险支付机制，公立医院新的运行机制逐步建立。

经过10年左右的发展，我国公立医院规模逐渐扩大，服务能力显著增强，公立医院在我国医疗服务体系中的地位愈发重要。2009年以来，我国公立医院数量略有下降，从2009年的14051所下降至2018年的12032所；但公立医院规模持续扩张，卫生技术人员数量持续增加，从2009年的289.1万人上升至2018年的486.8万人；床位数从2009年的279.25万张增加至2018年的480.22万张；病床使用率呈现先上升再下降趋势，从2009年的87.7%上升至2012年的94.2%，随后呈下降趋势，2018年为91.1%，公立医院病床使用率的变化趋势提示我国公立医院床位数可能存在配置过度现象；公立医院服务能力持续增强，诊疗人次逐年上升，从2009年的17.7亿人次上升至2018年的30.5亿人次，占全国总诊疗人次的比例从32.24%上升至36.70%；住院人次从2009年的7810万人次上升至2018年的16351万人次（见表9-3），占全国总住院人次的比例从58.94%上升至64.23%。

表9－3　　2009—2018年我国公立医院发展情况

年份	数量（所）	公立医院卫技人员（万人）	床位数（张）	病床使用率（%）	诊疗人次（亿人次）	住院人次（万人次）
2009	14051	289.1	279.25	87.7	17.7	7810
2010	13850	309.0	301.38	90.0	18.7	8724
2011	13542	328.6	324.39	92.0	20.5	9708
2012	13384	355.5	357.93	94.2	22.9	11331
2013	13396	383.9	386.54	93.5	24.6	12315
2014	13314	408.0	412.57	92.8	26.5	13415
2015	13069	427.7	429.64	90.4	27.1	13721
2016	12708	449.1	445.52	91.0	28.5	14750
2017	12297	468.5	463.11	91.3	29.5	15595
2018	12032	486.8	480.22	91.1	30.5	16351

资料来源：《中国卫生健康统计年鉴2018》和2018年我国卫生健康事业发展统计公报。

三、加快以人为本的整合型医疗服务体系建设

随着人口老龄化和疾病谱的变化，原有的以医疗服务为中心的诊疗服务体系难以满足慢性非传染性疾病患者的需求。为此，我国从家庭医生签约起步，探索整合型医疗服务体系建设，并取得积极进展。

2011年，国务院《关于建立全科医生制度的指导意见》（国发〔2011〕23号）明确提出："建立全科医生制度是促进医疗卫生服务模式转变的重要举措。建立分级诊疗模式，实行全科医生签约服务，将医疗卫生服务责任落实到医生个人，是我国医疗卫生服务的发展方向。推行全科医生与居民建立契约服务关系。"同期，《2011年公立医院改革试点工作安排》（国办发

〔2011〕10号）要求："建立公立医院与基层医疗卫生机构的分工协作机制。在城市公立医院与社区卫生服务机构之间建立长期稳定的分工协作机制。在全国20%的县（市）探索推进县乡纵向技术合作，提高农村医疗卫生服务体系的整体效率。"

2012年，卫生部印发了《关于深化城乡医院对口支援工作，进一步提高县级医院医疗服务能力》（卫医管发〔2012〕60号），提出："通过建立医疗联合体、医院集团、托管等形式，探索建立相对紧密的关系，促进形成纵向联合体和责任共同体。"

2013年4月，国家卫生计生委出台了《关于开展乡村医生签约服务试点的指导意见》（卫办农卫发〔2013〕28号），提出："以县（市、区）为单位，在已开展乡村卫生服务一体化管理、实施基本药物制度的村卫生室先行开展乡村医生签约服务试点工作，在试点成熟的基础上，逐步推开。"国家卫生计生委在全国确定了15个乡村医生签约服务重点联系县，探索如何在农村地区实施乡村医生试点。江苏省大丰市率先在乡村医生签约服务方面取得突破，建立了以个性化服务包、差异化缴费和有偿签约为特点的乡村医生签约服务，并逐步向全省推广，为我国家庭医生签约服务制度建设提供了重要借鉴。浙江省嵊州市在江苏省大丰市的基础上，进一步完善乡村医生签约服务，地方财政主动支持乡村医生签约服务，丰富了我国家庭医生签约服务的模式。

2014年，《国务院办公厅关于印发深化医药卫生体制改革2014年重点工作任务的通知》（国办发〔2014〕24号），提出："通过技术合作、人才流动、管理支持等多种方式推动建立基层医疗卫生机构、县级医院和城市大医院之间分工协作机制"。

2015年，国务院办公厅下发了《关于推进分级诊疗制度建设的指导意见》（国办发〔2015〕70号），要求各地"以提高基层医疗服务能力为重点，以常见病、多发病、慢性病分级诊疗为突破口，完善服务网络、运行机制和激励机制，引导优质医疗资源下沉，形成科学合理就医秩序，逐步建立符合国情的分级诊疗制度，切实促进基本医疗卫生服务的公平可及”。分级诊疗制度由过去几年重点建立和完善医疗保障制度、强化患者费用保障机制，到同步重视精细化管理服务；从强调包括公立医院改革在内的体制改革，到同步重视医疗资源配置和使用①。通过分级诊疗制度建设，将供方和需方更加有机连接，将改革和发展更加统一，将管理和服务结合更加紧密。随后，各地积极推进分级诊疗制度建设，稳步开展医师多点执业与双向转诊制度，促进医疗资源下沉；以常见病、多发病、慢性病为切入点，以点带面推进分级诊疗。2015 年国家卫生计生委、国家中医药局联合印发了《关于做好高血压、糖尿病分级诊疗试点工作的通知》，明确了高血压、糖尿病分级诊疗试点工作具体的操作步骤、流程、各级医疗机构功能任务和医疗卫生服务技术要点，指导各地实践。截至 2015 年底，全国 66.3% 的县市区建立了高血压、糖尿病分级诊疗和结核病综合防治管理服务模式。

2016 年，世界银行、世界卫生组织、财政部、国家卫生和计划生育委员会、人力资源和社会保障部联合发布了《深化中国医药卫生体制改革——建设基于价值的优质服务提供体系》研究报告，报告提出：“中国当前的服务体系以医院为中心、注重服务数量。服务模式注重提供治疗服务，而不是从源头上保障健康；人们倾向于在医院，而不是在基层接受服务。卫生筹资分

① 专家解读：分级诊疗是医疗服务精细化的必由之路［EB/OL］.（2019－06－14）http://www.nhfpc.gov.cn/yzygj/s3594r/201509/4a8c175a3d174b2c956b1163d33b8304.shtml.

散，医疗保险还没有更加主动地购买卫生服务。基层缺乏合格的医务人员，进一步削弱了卫生系统发挥疾病预防、早诊断、早治疗、服务一体化等核心职能的能力。”针对中国医改面临的问题与挑战，建议中国加快推进分级诊疗制度建设，建立以人为本的整合型医疗卫生服务体系（People - Centered Integrated Care，PCIC）。[①] 为了更好地推进分级诊疗制度建设，更快地推动医疗卫生服务体系转型，2016 年，国务院医改办出台了《关于推进家庭医生签约服务的指导意见》（国医改办发〔2016〕1 号），提出了明确的家庭医生签约服务目标，明确了家庭医生签约服务主体，并要求各地优化签约服务内涵，健全签约服务收付费机制，建立签约服务激励机制，加强签约服务绩效考核、强化签约服务技术支撑，确保签约服务顺利实施。随后，各地积极推进分级诊疗制度和家庭医生签约服务，并取得重要进展。部分地区的改革经验得到广泛认可。上海市以家庭医生为抓手，推进分级诊疗制度建设；安徽省推进儿科医联体建设，推动儿科分级诊疗；重庆市强化肿瘤规范化诊疗基地，构建肿瘤专科分级诊疗体系；福建省厦门市以慢性病患者“三师共管”为抓手，浙江省杭州市实施“双下沉、两提升”，江苏省镇江市推进区域健康服务联合体，推动城市地区分级诊疗制度建设；安徽阜南等地在县域内探索协同医疗，推动县域内分级诊疗制度建设；江苏省大丰区开展个性化家庭医生签约服务，推动服务模式转变；福建省长汀县推行“归口管理、三权下放”，激发乡镇卫生院运行活力；这些地区的改革经验为我国推进分级诊疗制度建设注入了新的活力。

① 世界银行，世界卫生组织，财政部，国家卫生和计划生育委员会，人力资源和社会保障部．深化中国医药卫生体制改革—建设基于价值的优质服务提供体系［R］．2016.

2016 年 11 月，中办、国办转发《国务院深化医药卫生体制改革领导小组关于进一步推广深化医药卫生体制改革经验的若干意见》[①]，安徽天长等地的医共体改革经验逐渐向全国推广。截至 2016 年底，分级诊疗制度在北京、上海、天津、重庆和 266 个地级市启动试点，各地探索医联体、医共体等多种分级诊疗模式，推进家庭医生签约服务，家庭医生签约服务覆盖率达 22% 以上，重点人群达 38% 以上。[②]

2017 年，国家卫生计生委下发了《2017 年卫生计生工作要点》（国卫办函〔2017〕11 号），要求各地“进一步扩大分级诊疗试点覆盖面，在 85% 的地市开展分级诊疗试点。”同年 7 月，国家卫计委和国家中医药管理局联合下发《关于加快推进分级诊疗试点工作的通知》（国卫医发〔2017〕41 号），增补 51 个地级市作为第二批分级诊疗试点城市。截至 2017 年底，全国 90% 以上的地市和县（市、区）开展了分级诊疗试点工作。2017 年，国家卫生计生委和国务院医改办联合下发了《关于做实做好 2017 年家庭医生签约服务工作的通知》（国卫基层函〔2017〕164 号），要求：“以省（区、市）为单位要在 85% 以上的地市开展家庭医生签约服务工作，签约服务人群覆盖率达到 30% 以上，老年人、孕产妇、儿童、残疾人以及高血压、糖尿病、结核病等慢性疾病和严重精神障碍患者等重点人群签约服务覆盖率达到 60% 以上。力争实现全部建档立卡的农村贫困人口和计划生育特殊家庭的家庭医生签约服务全覆盖。”家庭医生签

① 中办国办转发《国务院深化医药卫生体制改革领导小组关于进一步推广深化医药卫生体制改革经验的若干意见》[EB/OL].（2019-06-22）http://www.gov.cn/xinwen/2016-11/08/content_5130271.htm.

② 中国医改发展报告编撰委员会．中国医改发展报告（2016）[M]．北京：中国协和医科大学出版社，2017.

约服务和医联体两大抓手稳步推进，截至2017年11月，99.7%的地级市（除海南省三沙市）开展了家庭医生签约服务，一般人群签约率35.5%，重点人群签约率达58.2%。[①]

2018年，为优化医疗资源布局，解决“看病难”问题，让患者就近看好病、少受奔波之苦，国家卫生健康委印发了《国家医学中心和国家区域医疗中心设置实施方案》（国卫办医函〔2019〕45号），明确提出：“以学科建设为抓手，全国规划设置国家医学中心和区域医疗中心，加快提升区域医疗服务保障能力，减少患者跨区域流动。”至此，我国以区域医疗中心建设、医联体建设、县医院能力建设、家庭医生签约服务、基层医疗卫生机构远程医疗等为重点的分级诊疗体系建设路径基本形成。形成了城市医疗集团、县域医共体、跨区域专科联盟、远程医疗协作网4种医联体模式，为我国推动建立合理有序分级诊疗夯实了基础。2018年，国家卫生健康委下发了《关于规范家庭医生签约服务管理的指导意见》（国卫基层发〔2018〕35号），进一步丰富家庭医生签约服务的内容、落实签约服务费、优化签约服务技术支撑和强化签约服务的管理与考核，推动签约服务从注重数量提升向注重质量改善转变。

四、社会办医快速推进，社会办医的定位从补充向重要力量转变

2009年以来，我国中央和地方各级政府及有关部门出台了一系列鼓励和发展社会办医的政策措施和实施方案，社会办医快速推进，社会办医的规模和服务能力均有一定程度地提升，居民多元化的健康需求得到更好的满足。

---

① 中国医改发展报告（2017）[R]. 2018.

2009 年，中共中央、国务院出台了《关于深化医药卫生体制改革的意见》(中发〔2009〕6 号)，鼓励和引导社会资本发展医疗卫生事业，鼓励社会资本依法兴办非营利性医疗机构。

2010 年，国务院办公厅转发了发展改革委卫生部等部门《关于进一步鼓励和引导社会资本举办医疗机构的意见》(国办发〔2010〕58 号)，就放宽社会资本举办医疗机构的准入范围、进一步改善社会资本举办医疗机构的执业环境和促进非公立医疗机构持续健康发展等方面给出了具体意见。文件的出台，推动了社会各界正确认识非公立医疗机构在医疗卫生服务体系中的重要地位和作用，为社会资本举办医疗机构营造了良好氛围。

2012 年，国务院印发了《"十二五"期间深化医药卫生体制改革规划暨实施方案》(国发〔2012〕11 号)，要求各地大力发展非公立医疗机构。放宽社会资本举办医疗机构的准入，积极发展医疗服务业，扩大和丰富全社会医疗资源。并设定了 2015 年的发展目标："非公立医疗机构床位数和服务量达到总量的 20% 左右。"

2013 年 9 月，国务院出台了《关于促进健康服务业发展的若干意见》(国发〔2013〕40 号)，明确提出："加快形成多元办医格局。"同年 11 月，《中央关于全面深化改革若干重大问题的决定》在中国共产党第十八届中央委员会第三次全体会议通过，《决定》提出："鼓励社会办医，优先支持举办非营利性医疗机构。社会资金可直接投向资源稀缺及满足多元需求服务领域，多种形式参与公立医院改制重组。允许医师多点执业，允许民办医疗机构纳入医保定点范围。"同年 12 月，国家卫生计生委出台《关于加快发展社会办医的若干意见》(国卫体改发〔2013〕54 号)，要求持续提高社会办医的管理和质量水平，引导非公立医疗机构向规模化、多层次方向发展，实现公立和非公立医疗机构分工协作、共同发展。

2015 年，国务院办公厅印发了《关于促进社会办医加快发展的若干政策措施》（国办发〔2015〕45 号），要求放宽社会办医准入条件、拓宽融资渠道、促进资源流动和共享、优化税收、医保、监管、收费政策等社会办医的发展环境。

2016 年，国家卫生计生委印发了《医疗机构设置规划指导原则（2016—2010 年）》（国卫医发〔2016〕38 号），要求将社会办医纳入医疗机构设置规划，按照一定比例为社会办医预留床位和大型设备等资源配置空间。在复核规划总量和结构的前提下，取消对社会办医疗机构数量和地点的限制。同年 10 月，《“健康中国 2030”规划纲要》正式发布，要求推进和实现非营利性民营医院与公立医院同等待遇，破除社会力量进入医疗领域的不合理限制和隐性壁垒，逐步扩大外资兴办医疗机构的范围。

2017 年，国务院办公厅出台了《关于支持社会力量提供多层次多样化医疗服务的意见》（国办发〔2017〕44 号），要求加大力度破除社会办医的体制机制障碍，降低准入门槛，简化审批流程、提高审批效率，简化优化审批服务；更好地满足人民群众多样化、差异化、个性化的健康需求。

经过 10 年左右的发展，我国民营医疗机构快速壮大，诊疗服务能力有所提高，在卫生事业发展中的地位和作用逐渐提高，人民群众的多样化、差异化、个性化健康需求得到更好的满足。社会办医疗机构数从 2010 年的 447995 所增加至 2018 年的 459365 所，民营医院数量从 2009 年的 6240 所增加至 2018 年的 20977 所，2015 年起民营医院数量超过公立医院；民营医院的床位数从 2009 年的 32.82 万张增加至 2018 年的 176.5 万张（见表 9 –4）；社会办医疗机构提供的诊疗人次占比从 2009 年的 7.96% 上升至 2018 年的 18.9%，入院人数占比从 2009 年的7.99%上升至2018年的14.68%（见表9-5）。

表9-4　2009—2018年我国社会办医疗机构及床位数变化情况

年份	社会办医疗卫生机构数（所）	数量（所）		床位数（万张）	
		民营医院	公立医院	民营医院	公立医院
2009		6240	14051	32.82	279.25
2010	447995	7068	13850	46.13	301.38
2011		8437	13542	46.15	324.37
2012		9786	13384	58.22	357.93
2013		11313	13396	71.32	386.54
2014		12546	13314	83.54	412.57
2015	439862	14518	13069	107.50	425.60
2016	440887	16432	12708	127.60	441.30
2017	447160	18759	12297	153.50	458.50
2018	459365	20977	12032	176.50	475.50

表9-5　2009—2018年我国社会办医疗机构提高的诊疗服务人次占比变化

年份	诊疗人次占比（%）	入院人数占比（%）
2009	7.96	7.99
2010	8.13	8.39
2011	9.13	9.74
2012	15.7	8.27
2013	16.3	9.23
2014	16.8	9.96
2015	17.2	11.58
2016	17.6	12.55
2017	18.4	13.92
2018	18.9	14.68

第二节　医疗保障制度从保基本向保障适度转变

2009年新一轮医药卫生体制改革启动后，基本医疗保险制度发展逐步进入法制化进程，制度框架从基本医疗保障为主向多层次医疗保障转变，工作的重点从扩面转向内涵建设，筹资机制的重心转向如何优化基金配置，从注重筹资转向筹资与待遇提升并重转变；待遇保障从低水平向保障适度转变；管理体制从多头管理向集中统一管理转变；跨省异地就医即时结报取得重要突破，支付方式改革成为医保制度建设的重点内容；医疗保障制度建设与健康扶贫衔接日益紧密。

一、基本医疗保险基本实现人群的全覆盖

基本医疗保险制度发展逐步进入法制化进程。2010年，《中华人民共和国社会保险法》正式出台，并于2011年7月1日正式生效；这标志着我国基本医疗保险制度进入法制化轨道。

2009年以来，我国基本医疗保险制度不断完善，覆盖面进一步提高。2009年，为彻底解决关闭破产国有企业和困难企业退休人员的医疗保障问题，进一步提升城镇职工基本医疗保险的覆盖面，人力资源和社会保障部印发了《关于妥善解决关闭破产国有企业退休人员等医疗保障有关问题的通知》（人社部发〔2009〕52号），要求各地："采取切实有效措施，于2009年年底前将未参保的关闭破产国有企业退休人员纳入当地城镇职工基本医疗保险。同时，统筹解决包括关闭破产集体企业退休人员和困难企业职工等在内的其他各类城镇人员医疗保障问题，切实保

障他们的基本医疗需求。”随后，新农合和居民医保制度覆盖人口随着我国城镇化进程的加速也经历了此消彼长的过程，总体上看，我国基本医疗保险制度的覆盖率从 2011 年后一直持续稳定在 95% 以上（见表 9-6），为我国实现全民健康覆盖奠定了坚实基础。

表 9-6　2009—2018 年我国基本医疗保险覆盖人数及覆盖率

年份	职工医保（万人）	居民医保（万人）	新农合（万人）	合计（万人）	全国总人口（万人）	基本医保覆盖比例（%）
2009	21937	18210	83309	123456	133474	92.49
2010	23735	19528	83560	126823	134100	94.57
2011	25527	22116	83200	130843	134735	97.11
2012	26486	27156	80500	134142	135404	99.07
2013	27443	29629	80200	137272	136072	100.88*
2014	28296	31451	73600	133347	136782	97.49
2015	28893	37689	67000	133582	137462	97.18
2016	29532	79079	27516	136127	138271	98.45
2017	30323	89065	16313	135700	139008	97.62
2018	31673	89741	13038	134452	139538	96.36

注：2009—2017 年参保人数来自人力资源和社会保障事业发展统计公报，2018 年参保人数来自国家医保局网站；全国人口数来自国家统计局统计公报。* 2013 年由于存在重复参保，导致参保率超过 100%。

二、多层次的医疗保险体系架构基本形成

（一）大病保障和大病保险制度逐步建立

2010 年 6 月，卫生部印发了《关于开展提高农村儿童重大疾病医疗保障水平试点工作的意见》（卫农卫发〔2010〕53

号），率先针对儿童重大疾病出台了相应的保障政策，要求各地：“在保持新型农村合作医疗和医疗救助制度健康发展并使广大农村居民公平享有的基础上，优先选择几种危及儿童生命健康、医疗费用高、经积极治疗预后较好的重大疾病开展试点，通过新农合和医疗救助等各项医疗保障制度的紧密结合，探索有效的补偿和支付办法，提高对重大疾病的医疗保障水平”。各地从解决0~14周岁（含14周岁）儿童所患急性白血病和先天性心脏病两类重大疾病入手，优先选择儿童急性淋巴细胞白血病、儿童急性早幼粒细胞白血病、儿童先天性房间隔缺损、儿童先天性室间隔缺损、儿童先天性动脉导管未闭、儿童先天性肺动脉瓣狭窄等6个病种大病进行试点。2011年保障范围再增加6个，病种共包括8类：儿童白血病、儿童先心病、妇女乳腺癌、宫颈癌、终末期肾病、重型精神病、耐药结核、艾滋病机会性感染。2012年，以上8类病种在全国全面铺开后，卫生部又在1/3的新农合统筹地区试点增加12类大病医保病种。12类病中包括肺癌、食道癌、胃癌、结肠癌、直肠癌、慢性粒细胞白血病、急性心肌梗死、脑梗死、血友病、Ⅰ型糖尿病、唇腭裂、甲亢。共计为20个大病病种。新农合大病保障制度的试点，一定程度上缓解了罹患这些重大疾病患者及其家庭的因病致贫和因病返贫现象。

2012年，随着全民医保体系的初步建立，人民群众看病就医有了基本保障，但由于我国的基本医疗保障制度，特别是城镇居民基本医疗保险（以下简称城镇居民医保）、新型农村合作医疗（以下简称新农合）的保障水平还比较低，人民群众对大病医疗费用负担重反映仍较强烈。为此，国家发展改革委、卫生部、财政部、人力资源社会保障部、民政部和保监会联合出台了《关于开展城乡居民大病保险工作的指导意见》（发改社会

〔2012〕2605 号)，致力于为大病患者发生的高额医疗费用提供进一步保障。2015 年，在前期试点的基础上，国务院办公厅下发了《关于全面实施城乡居民大病保险的意见》(国办发〔2015〕57 号)，着力推动医保、医疗、医药联动改革，促进政府主导与发挥市场机制作用相结合，提高基本医疗保障管理水平和运行效率，进一步缓解因病致贫、因病返贫问题，让更多的人民群众受益。

（二）商业健康保险作用日益显现

2009 年以来，商业健康保险快速发展。鼓励商业健康保险发展的众多政策不断出台，商业健康保险在我国多层次健康保障体系中的作用日益显现。

2009 年，《中共中央国务院关于深化医药卫生体制改革的意见》(中发〔2009〕6 号) 正式出台，文件明确提出："积极发展商业健康保险。鼓励商业保险机构开发适应不同需要的健康保险产品，简化理赔手续，方便群众，满足多样化的健康需求。鼓励企业和个人通过参加商业保险及多种形式的补充保险解决基本医疗保障之外的需求。在确保基金安全和有效监管的前提下，积极提倡以政府购买医疗保障服务的方式，探索委托具有资质的商业保险机构经办各类医疗保障管理服务。"中央文件第一次提出："鼓励商业保险机构经办医疗保障管理服务"，给商业健康保险发展开辟了新的空间。随后国务院和相关部委就如何鼓励和实现商业健康保险高质量发展出台了众多的政策文件。

2011 年，国务院下发了《"十二五"期间深化医药卫生体制改革规划暨实施方案》(国发〔2012〕11 号)，明确提出："完善商业健康保险产业政策，鼓励商业保险机构发展基本医保之外的健康保险产品，积极引导商业保险机构开发长期护理保险、特殊大病保险等险种，满足多样化的健康需求。鼓励企业、个人参加商业健康保险及多种形式的补充保险，落实税收等相关优惠政策。简化理赔手续，方便群众结算。加强商业健康保险监管，促进其规范发展。”

2012 年，发改委等六部委出台《关于开展城乡居民大病保险工作的指导意见》（发改社会〔2012〕2605 号），明确提出：“采取向商业保险机构购买大病保险的方式，通过政府招标选定承办大病保险的商业保险机构，商业保险机构承办大病保险的保费收入，按现行规定免征营业税。”

2013 年开始，中共中央、国务院和相关部门加大对健康保险发展的支持力度，先后下发了《关于促进健康服务业发展的若干意见》（国发〔2013〕40 号）、《关于加快发展现代保险服务业的若干意见》（国发〔2014〕29 号）、《关于加快发展商业健康保险的若干意见》（国办发〔2014〕50 号）、《全国医疗卫生服务体系规划纲要（2015—2020 年）》（国办发〔2015〕14 号）、《关于开展商业健康保险个人所得税政策试点工作的通知》（财税〔2015〕56 号）、《个人税收优惠型健康保险业务管理暂行办法》（保监发〔2015〕82 号）、《关于开展个人税收优惠型健康保险业务有关事项的通知》（保监厅发〔2016〕1 号）、《健康中国 2030 规划纲要》和《“十三五”深化医药卫生体制改革规划》（国发〔2016〕78 号）等文件。

从政策演变历程看，新医改全面启动初期，文件中提及商业健康保险的篇幅较少，仅宏观地提出鼓励商业保险机构发展健康保险产品以及鼓励企业、个人积极参与商业健康保险等内容，并未出台具体的推进措施。到 2013 年 9 月国务院出台《关于促进健康服务业发展的若干意见》，开始将商业健康保险作为一项政策要求单独提出，该文件提出了丰富商业健康保险产品的具体措施，鼓励商业健康保险与基本医疗保险相衔接，利用商保公司承办居民大病保险，关于健康保险服务也提出了可行性的发展建议；2014 年出台的文件是对 2013 年文件的进一步深化，其中鼓励发展医疗疾病保险、失能收入损失保险、商业性长期护理保险等多种针对不同市场需求所设计出的健康保险产品；2016 年政府基于前几次政策文件关于健康服务业的发展意见，正式提出具体的推进措施，如落实税收优惠政策，促进商业保险公司与医疗、体检、护理等机构合作开发健康管理的新型组织形式，初步建立长期护理保险制度等，《"十三五"深化医药卫生体制改革规划》中更是第一次提出"大力发展消费型健康保险"，强化健康保险的保障属性。

从政策走向看，党和国家一系列政策文件的出台，明确了商业健康保险产品和服务创新的方向，并通过税收、用地等政策给予支持，大大激发了商业健康保险的发展潜力。在政策文件的鼓励引导和保险行业的奋发进取下，商业健康保险在健康中国建设中将发挥更大作用。

经过 10 年的快速发展，商业保险公司提供的健康保险产品和服务日益多样化、多层次和规范化。覆盖了疾病保险、医疗保险、收入保障保险和长期护理保险、医疗责任保险、医疗意外保险等。商业健康保险原保费收入增速较快，商业健康保险的原保费收入从 2009 年的 573.90 亿元上升至 2018 年的 5448.13 亿元，占卫生总费用的比例从 2009 年的 3.27% 上升至 2018 年的 9.39%；赔款和给付从 2012 年的 298.18 亿元上升至 2018 年的 1744.34 亿元，占卫生总费用的比例从 2012 年的 1.06% 上升至 2018 年的 3.01%，商业健康保险在健康保障体系中的作用日益显现（见表 9－7）。

表 9－7　2009—2018 年我国商业健康保险原保费收入及其占卫生总费用比例

年份	卫生总费用（亿元）	商业健康保险保费（亿元）		占卫生总费用比例（%）	
		原保费收入	赔款和给付	原保费	赔款和给付
2009	17541.92	573.90		3.27	
2010	19980.39	677.40		3.39	
2011	24345.91	691.70		2.84	
2012	28119.00	862.76	298.18	3.07	1.06
2013	31868.95	1123.50	411.13	3.53	1.29
2014	35312.40	1587.18	571.16	4.49	1.62
2015	40974.64	2410.47	762.97	5.88	1.86
2016	46344.88	4042.50	1000.75	8.72	2.16
2017	52598.28	4389.46	1294.77	8.35	2.46
2018	57998.3	5448.13	1744.34	9.39	3.01

资料来源：卫生总费用数据来自 2001—2018 年《中国统计年鉴》以及 2018 年我国卫生健康事业发展统计公报，商业健康保险保费收入与赔付来自 2000—2018 年保险统计数据报告。

（三）补充保险发展速度逐渐加快

2009 年以来，补充保险发展速度逐渐加快，覆盖人数逐年增加，基金收入、支出和累计结余均逐年增加。2011—2016 年，补充医疗保险覆盖人数从 2011 年的 21820 万人增加至 2016 年的 29022 万人，年均增速为 5.87%；基金收入从 380 亿元增加至 846 亿元，年均增速达 17.36%；基金支出从 286 亿元增加至 639 亿元，年均增速达 17.44%；累计结余从 487 亿元增加至 1340 亿元，年均增速高达 22.44%（见表 9－8）。

2016 年，补充医疗保险覆盖人数中，职工大额医疗费用救助、公务员补助和其他补充医疗保险参保人数分别为 22506 万人、2113 万人和 4403 万人，占职工补充医疗保险参保总人数的

表 9－8　2011—2016 年我国补充医疗保险发展情况

年份	参保人员（万人）	基金收入（亿元）	基金支出（亿元）	累计结余（亿元）
2011	21820	380	286	487
2012	22957	413	298	570
2013	24186	536	398	750
2014	26560	650	477	924
2015	29015	720	557	1090
2016	29022	846	639	1340
年均增速（%）	5.87	17.36	17.44	22.44

资料来源：《中国社会保险发展年度报告 2016》。

比例分别为 77.5%、7.3% 和 15.2%。[①]

（四）医疗救助能力逐步增强

2009 年，民政部、卫生部、财政部、人力资源和社会保障部出台《关于进一步完善城乡医疗救助制度的意见》（民发〔2009〕81 号），将医疗救助纳入医疗保障制度体系。文件明确要求："加强医疗救助和城镇职工基本医疗保险、城镇居民基本医疗保险、新型农村合作医疗在经办管理方面的衔接。""多渠道筹集资金。要强化地方政府责任，地方各级财政特别是省级财政要切实调整财政支出结构，增加投入，进一步扩大医疗救助基金规模。中央财政安排专项资金，对困难地区开展城乡医疗救助给予补助。各地要动员和发动社会力量，通过慈善和社会捐助等，多渠道筹集资金"。

2015 年，国务院办公厅印发了《关于进一步完善医疗救助

① 人力资源和社会保障部社会保险事业管理中心. 中国社会保险发展年度报告 2016［M］. 北京：中国劳动社会保障出版社，2017.

制度全面开展重特大疾病医疗救助工作的意见》（国办发〔2015〕30号），统筹城乡发展，整合城乡居民医疗救助制度，全面开展重特大疾病医疗救助，将救助对象从低保对象、特困供养人员拓展至低收入救助对象和因病致贫家庭重病患者；医疗救助水平进一步提高，重点救助对象政策范围内自负费用救助比例普遍达到70%。[①]

2017年，民政部出台《关于进一步加强医疗救助与城乡居民大病保险有效衔接的通知》（民发〔2017〕12号），要求加强医疗救助保障对象和基本医疗保险保障对象的衔接，加强支付政策的衔接、加强经办服务衔接和监督管理的衔接。

经过15年左右的发展，我国的医疗救助经历了从小变大、从弱变强、从点到面的发展过程，医疗救助体系框架基本成型，救助力度逐渐加大。资助参加基本医疗保险人数，从2009年的5155万人增加至2017年的5621万人；资助参加基本医疗保险的支出，从15.8亿元增加至74.0亿元，人均补助水平从30.6元上升至131.6元。实施门诊和住院救助的人次，从2009年的1140.4万人次增加至2017年的3517.1万人次；用于门诊和住院救助的支出，从80.8亿元增加至266.1亿元；2014—2017年，救助对象住院次均补助水平分别为1628.0元、1522.4元、1709.1元和1498.4元，门诊次均补助水平分别为186.0元、177.1元、190.0元和153.2元（见表9-9）。

（五）慈善与社会救助对医疗卫生领域的关注度有所提高

2009年以来，我国各类慈善组织数量快速增长，越来越多的慈善组织开始参与医疗救助活动。截至2019年4月，在我国

① 中国医学科学院中国医改发展报告编写委员会．中国医改发展报告（2015）［M］．北京：中国协和医科大学出版社，2016.

表 9-9　　2009—2017 年我国医疗救助情况

年份	资助参加基本医疗保险			门诊与住院救助				
	资助人数（万人）	支出（亿元）	人均补助水平（元）	住院救助人次（万人次）	门诊救助人次（万人次）	支出（亿元）	住院次均补助水平（元）	门诊次均补助水平（元）
2009	5155.0	15.8	30.6	1140.4		80.8	—	—
2010	6076.6	21.6	35.5	1479.3		104.2	—	—
2011	6375.1	32.5	51.0	2144.0		146.9	—	—
2012	5877.5	37.5	63.8	2173.7		166.3	—	—
2013	6358.8	44.4	69.8	2126.4		180.5	—	—
2014	6723.7	48.4	72.0	1106.6	1288.7	252.6	1628.0	186.0
2015	6634.7	61.7	93.0	1307.9	1581.2	236.8	1522.4	177.1
2016	5560.4	63.4	113.9	2696.1		232.7	1709.1	190.0
2017	5621.0	74.0	131.6	3517.1		266.1	1498.4	153.2

资料来源：2009—2017 年民政事业发展统计公报和社会服务发展统计公报。

慈善信息平台登记的慈善组织中，医疗服务领域占 7.35%，仅次于人类服务、教育服务和扶贫发展领域，排名第 4。在开展的所有慈善救助项目中，医疗类项目有 537 个，占 7.35%①。社会捐赠总额中流向医疗领域的比例增速较快，从 2010 年的 6.86% 上升至 2013 年的顶峰（40%），随后略有下降，2016 年为 26.05%（见表 9-10）。

表 9-10　　2010—2017 年我国社会组织和慈善事业发展情况

年份	社会团体（万个）	基金会（个）	民办非企业单位（万个）	社会捐赠总额（亿元）	流向医疗领域比例（%）
2010	24.5	2200	19.8	1032	6.86
2011	25.5	2614	20.4	845	8.9

① http://ca.charity.gov.cn/govwww/orgList/0001.html.

续表

年份	社会团体（万个）	基金会（个）	民办非企业单位（万个）	社会捐赠总额（亿元）	流向医疗领域比例（%）
2012	27.1	3029	22.5	817.33	—
2013	28.9	3549	25.5	989.42	40.0
2014	31.0	4117	29.2	1042.26	37.1
2015	32.9	4784	32.9	1108.57	—
2016	33.6	5559	36.1	1392.94	26.05
2017	35.5	6307	40.0	1499.86	—

资料来源：2017年《社会服务发展统计公报》和2010—2017年《中国慈善捐赠报告》。

经过近10年的加速发展，涵盖基本医疗保险、大病医疗保险、补充医疗保险、商业健康保险、医疗救助、慈善和社会救助等的我国多层次医疗保障体系基本形成。

三、医保管理体制从多头管理向集中统一转变

新医改初期，城镇职工基本医疗保险主要由人力资源和社会保障部门管理，新农合主要由卫生行政部门管理，居民医保部分由人力资源和社会保障部门管理，部分由卫生行政部门管理。三种制度的筹资水平、保障范围和定点机构各不相同，不同保障制度覆盖的居民基本医保待遇存在一定差别。为此，部分地区于2010年起从整合城镇居民基本医疗保险和新型农村合作医疗制度开始，逐步统一管理体制。

2010年，天津市在全国率先整合城镇居民基本医疗保险和新农合制度，随后青海、重庆、宁夏、浙江和广东等地也逐渐开

始整合，为城乡居民基本医疗保险制度整合奠定了基础。[①] 国务院于2015年成立整合城乡居民基本医疗保险工作组。2016年初，国务院出台《国务院关于整合城乡居民基本医疗保险制度的意见》（国发〔2016〕3号），在全国范围内推进城乡居民基本医疗保险制度整合。

2018年3月，根据第十三届全国人民代表大会第一次会议批准的国务院机构改革方案，组建中华人民共和国国家医疗保障局，作为国务院直属机构。国家医疗保障局的成立，使多年来分散在不同部门的医疗保险管理职能和医疗救助职能整合到一个部门，结束了有关城乡居民医保整合管理权归属的部门之争。

四、跨省异地就医即时结报取得突破性进展

2015年国家卫生计生委全面推进新农合信息化建设，巩固完善省内异地就医即时结报，扩大跨省异地结算试点；新农合跨省就医即时结报取得积极进展。国家卫生计生委推动了国家新农合信息平台与省级平台建设和联通，促进参合农民跨省就医即时结报、维护基金安全、提高了对新农合业务的科学管理，部分地区参保人员就医结报更加便利。

人力资源社会保障部门建立完善省级异地就医结算平台，开展省内异地就医直接结算工作。开展跨省异地安置退休人员的住院费用即时结报，跨省异地安置退休人员发生的应由统筹基金支付的住院医疗费用，通过各省级异地就医结算平台实行跨省直接结算。

2016—2018年，李克强总理连续三年在《政府工作报告》中对基本医保跨省就医直接结算问题提出要求。

---

① 金维刚．城乡居民医保整合并归口人社部门统一管理已形成主流趋势［J］．中国医疗保险，2016（9）：25－26．

2016年，卫生计生部门与人力资源和社会保障部门积极推进新农合、居民医保和职工医保全国联网结算和异地就医即时结报工作。卫生计生部门主要从建立政策框架、规范异地就医联网结报业务运行流程和建立结报数据交换通道三个方面积极推动参合农民跨省异地就医即时结报工作。

2017年，国家卫生计生部门和国家人力资源和社会保障部加速推进异地就医直接结算工作。

2017年5月，国家卫生计生委出台了《关于加快推进城乡居民基本医疗保险（新型农村合作医疗）跨省就医联网结报工作的通知》（国卫基层发〔2017〕355号），2017年12月，人力资源社会保障部颁发了《关于做好基本医疗保险跨省异地就医住院医疗费用直接结算工作的通知》（人社厅发〔2017〕162号），两部门在就医经办、报销政策等方面进行了详尽规定，卫生计生部门要求各省建立省级异地就医结算管理中心，人力资源社会保障部门从经办和综合协调等方面进行了规定。

卫生计生部门积极引入商业保险机构等第三方机构参与新农合跨省就医即时结算工作，创新性破解异地就医结算中存在的瓶颈问题。引入中国人寿保险股份有限公司建立国家新农合跨省就医结算周转金，先行支付医疗机构垫付的新农合补偿基金，大大缩短资金回款周期，有效缓解医疗机构资金压力，提高医疗机构提供结算服务的积极性；与深圳市腾讯计算机系统有限公司签订合作框架协议，通过微信支付平台实现患者住院账单实时查看，出院结算一键支付功能，拓宽参合患者支付渠道，进一步提高跨省就医即时结算的便捷性。

人力资源和社会保障部门2017年实现所有省份和统筹地区全部接入异地就医结算系统并联网运行，覆盖全部参加基本医保和新农合的人员，截至12月31日，跨省定点医疗机构已有

8499 家，90% 以上的三级定点医疗机构已联网，超过 80% 的区、县至少有一家定点医疗机构可以提供跨省异地就医住院医疗费用直接结算服务①。

经过 4 年左右的努力，国家卫生计生委和国家人力资源和社会保障部在国家层面完成了跨省异地就医结算的顶层设计，建立了跨省异地就医政策框架，经卫生部门、人力资源和社会保障部部门以及各级政府的努力，已经初步建立起了规范的转诊就医秩序、流畅的信息交换网络通道和安全的基金跨省周转流程，在全国范围内实现了基本医保跨省就医住院费用直接结算服务。参保人员在跨省就医定点医疗机构出院结算窗口仅需支付个人自付费用即可出院，医保基金报销部分由定点医疗机构垫付结算。

五、支付方式改革覆盖面持续扩大

2009 年以来，中共中央、国务院和相关部门先后出台了众多的医保支付方式改革相关政策，推动支付方式改革不断深入。

2009 年，中共中央国务院印发了《关于深化医药卫生体制改革的意见》（中发〔2009〕6 号），明确提出："通过实行药品购销差别加价、设立药事服务费等多种方式逐步改革或取消药品加成政策，同时采取适当调整医疗服务价格、增加政府投入、改革支付方式等措施完善公立医院补偿机制"。2009 年，国务院发布的《医药卫生体制改革近期重点实施方案（2009—2011 年）》（国发〔2009〕12 号），明确提出："鼓励地方积极探索建立医保经办机构与医药服务提供方的谈判机制和付费方式改革，合理

① 人社部．基本医疗保险跨省异地就医住院医疗费用直接结算公共服务信息发布（第八期）［EB/OL］．http：//www.mohrss.gov.cn/SYrlzyhshbzb/dongtaixinwen/buneiyaowen/201801/t20180105_286095.html.

确定药品、医疗服务和医用材料支付标准，控制成本费用”。

随后，中共中央、国务院在先后出台的《“十二五”期间深化医药卫生体制改革规划暨实施方案》（国发〔2012〕11号）、《“十三五”深化医药卫生体制改革规划》（国发〔2016〕78号）和《“健康中国2030”规划纲要》中要求各地开展医保支付方式改革，扩大医保支付方式改革的覆盖面，控制医保基金和医疗费用的合理增长。

国务院办公厅在《深化医药卫生体制改革2013年主要工作安排》（国办发〔2013〕80号）、《深化医药卫生体制改革2014年重点工作任务》（国办发〔2014〕24号）、《深化医药卫生体制改革2014年工作总结和2015年重点工作任务》（国办发〔2015〕34号）、《深化医药卫生体制改革2016年重点工作任务》（国办发〔2016〕26号）、《深化医药卫生体制改革2017年重点工作任务》（国办发〔2017〕37号）和《关于进一步深化基本医疗保险支付方式改革的指导意见》（国办发〔2017〕55号）中也对医保支付方式改革提出明确要求。

相关部门也出台了众多与医保支付方式改革相关的政策，推动医保支付方式改革顺利实施。2009年人力资源和社会保障部、财政部联合印发了《关于进一步加强基本医疗保险基金管理的指导意见》（人社部发〔2009〕67号），提出：“鼓励探索实行按病种付费、总额预付、按人头付费等结算方式，充分调动医疗机构和医生控制医疗服务成本的主动性和积极性”。2011年，国家发展改革委、卫生部印发了《关于开展按病种收费方式改革试点有关问题的通知》（发改价格〔2011〕674号），提出：“规范有序推进按病种收费改革工作；合理制定病种收费标准；建立和完善参合人员按病种报销支付制度；建立病种收费评价体系和监督机制”。2011年，人力资源和社会保障部印发了《关于进一步推进医疗保险付费方式改革的意见》（人社部发〔2011〕63号），提出："当前推进付费方式改革的任务目标是：结合基金收支预算管理加强总额控制，探索总额预付。在此基础上，结合门诊统筹的开展探索按人头付费，结合住院门诊大病的保障探索按病种付费"。2012年卫生部印发了《关于推进新型农村合作医疗支付方式改革工作的指导意见》（卫农卫发〔2012〕28号），提出："通过推行按病种付费、按床日付费、按人头付费、总额预付等支付方式，将新农合的支付方式由单纯的按项目付费向混合支付方式转变"。2012年，人力资源和社会保障部印发了《关于开展基本医疗保险付费总额控制的意见》（人社部发〔2012〕70号），提出："应进一步深化医疗保险付费方式改革，结合基本医疗保险基金预算管理的全面施行，开展基本医疗保险付费总额控制"。2015年，国家卫生计生委、国家发展改革委、财政部、人力资源社会保障部和国家中医药管理局联合印发了《控制公立医院医疗费用不合理增长的若干意见》（国卫体改发〔2015〕89号），提出："推进医保支付方式改革。逐步对统筹区域内所有定点医疗机构及其所有病种全面实行支付方式改革。强化医保基金收支预算，建立以按病种付费为主，按人头、按服务单元等复合型付费方式，逐步减少按项目付费。鼓励推行按疾病诊断相关组（DRGs）付费方式"。2018年，国家医保局联合财政部、人力资源社会保障部和国家卫生健康委印发了《关于做好2018年城乡居民基本医疗保险工作的通知》（医保发〔2018〕2号），明确提出："深化支付方式改革，统筹基本医保和大病保险，逐步扩大按病种付费的病种数量，全面推行以按病种付费为主的多元复合式医保支付方式"。

从医保支付方式改革历程看，我国医保支付方式改革正在从后付制向预付制转变，从单一支付方式改革向复合支付方式改革转变，支付方式改革从覆盖部分机构、部分人群向全覆盖转变，从住院优先向门诊住院并重转变，从注重费用控制向费用控制与质量提升并重转变，从注重基金风险控制向兼顾供方、需方和医保基金三方转变，从注重医保基金平衡、医保制度的可持续发展向医保制度和医疗服务体系协同可持续发展转变。截至2018年底，我国医保基金预算管理进一步加强，大部分统筹地区开展了按病种、按人头、按服务单元等支付方式改革，多元复合的医保支付方式逐步建立。

经过10年的努力，我国基本医疗保险的覆盖面进一步扩大，多层次的医疗保障制度框架逐步完善，医保管理体制首次实现统一，基本医保的保障范围逐步一致，保障内容从住院为主向门诊住院兼顾转变。保障水平逐步提高，城镇职工基本医疗保险覆盖对象的住院医疗费用统筹基金支出比例持续保持在70%左右，城镇居民基本医疗保险覆盖对象的住院医疗费用统筹基金支出比例持续保持在50%以上；2018年职工医保覆盖对象实际住院费用支付比例为71.8%，居民医保覆盖对象实际住院费用支付比例为56.1%[①]；我国基本医疗保险的目标正在从“全覆盖、保基本、多层次、可持续”向“覆盖全民、城乡统筹、权责清晰、保障适度、可持续”转变。

第三节　基本公共卫生服务从注重数量全覆盖向注重质量全覆盖转变

一、项目背景与实施进展

（一）项目设立背景

进入新世纪，我国人口老龄化程度日益加深。我国从1999

① 2018年全国基本医疗保障事业发展统计公报［EB/OL］.（2019－07－18）http：//www.nhsa.gov.cn/art/2019/6/30/art_7_1477.html.

年进入老龄化社会，随后老龄化进程逐渐加速，65岁以上居民人数从2001年的9062万人增加至2018年的16658万人，65岁及以上老年人口比重从2001年的7.1%增加至2018年的11.9%（见表9－11）。

表9－11　2001—2018年我国老年人口数及其占总人口比重变化

年份	65周岁及以上老年人数（万人）	65岁及以上老年人口比重（%）
2001	9062	7.1
2002	9377	7.3
2003	9692	7.5
2004	9857	7.6
2005	10055	7.7
2006	10419	7.9
2007	10636	8.1
2008	10956	8.3
2009	11309	8.5
2010	11883	8.87
2011	12288	9.1
2012	12714	9.4
2013	13161	9.7
2014	13755	10.1
2015	14386	10.5
2016	15003	10.8
2017	15831	11.4
2018	16658	11.9

资料来源：2002—2019年《中国统计年鉴》。

随着经济社会发展和人口老龄化程度日益加深，慢性非传染性疾病日益成为影响我国城乡居民最主要的健康问题[①]，过去20年内，中国疾病谱发生了快速转变。儿童早死率下降80%，传染性疾病、妊娠期疾病、新生儿疾病和营养相关疾病在各年龄段均明显减少。目前的疾病负担，主要是心血管疾病、肺癌和COPD、交通意外损伤及精神障碍和骨骼肌肉疾病等导致慢性残疾的主要疾病。我国非传染性疾病和慢性伤残的原因由儿童传染性疾病转变为成年人非传染性疾病。据统计，我国慢性病患病率从1993年的132.1‰上升到2013年的245.2‰（见表9－12）[②]。

表9－12　1993—2013年我国慢性病患病率变化情况

年份	慢性病患病率（‰）	城市地区（‰）	农村地区（‰）
1993	132.1	192.7	105.9
1998	128.2	200.9	103.6
2003	123.3	177.3	104.7
2008	157.0	205.0	140.0
2013	245.2	263.2	227.2

注：本表的患病率采取的是按人数算的口径，资料来源于第一、二、三、四、五次国家卫生服务调查。

为了应对人口老龄化和疾病谱变化，提升居民健康素养，扩大基本公共卫生服务覆盖面，落实预防为主的卫生工作方针，实现卫生工作的重心下沉、关口前移；党中央和国务院主动作为、积极应对，2009年正式启动国家基本公共卫生服务项目，并将促进基本公共卫生服务均等化作为新一轮医药卫生体制改革的五

① Yang G H, Wang Y, Zeng Y X, et al. Rapid health transition in China, 1990—2010: findings fromthe Global Burden of Disease Study 2010 [J]. Lancet, 2013, 381 (9882): 1987－2015.

② 国家卫生计生委统计信息中心．第五次国家卫生服务调查分析报告［M］．北京：中国协和医科大学出版社，2014.

项重点工作之一[①]。国家基本公共卫生服务项目，是我国政府针对当时城乡居民存在的主要健康问题，以儿童、孕产妇、老年人、慢性疾病患者为重点人群，面向全体居民免费提供的最基本的公共卫生服务。实施国家基本公共卫生服务项目是基层医疗卫生机构的重要职责。2009 年下发的《中共中央国务院关于深化医药卫生体制改革的意见》（中发〔2009〕6 号）中，正式提出了促进基本公共卫生服务均等化的要求，制定和实施国家基本公共卫生服务项目，规定人均基本公共卫生服务经费补助标准 2009 年为 15 元。同年，卫生部、财政部、国家人口计生委联合印发《关于促进基本公共卫生服务逐步均等化的意见》（卫妇社发〔2009〕70 号），进一步明确了 9 类基本公共卫生服务项目的具体内容。2009 年底，项目在全国各地基层医疗卫生机构开始全面实施。

（二）项目发展过程与政策演变

基本公共卫生服务项目设计的目的主要有三个：一是解决我国面临的主要公共卫生问题，提高居民健康水平。服务项目针对重点疾病、重点人群和健康危险因素。二是提高居民获得基本公共卫生服务的公平性和可及性。服务项目由数量众多的城乡基层医疗卫生机构提供，能够在全国范围开展。三是推动完善基层医疗卫生机构运行新机制，强化基层医疗卫生机构公共卫生职能，体现公益性。[②]

项目设计思路和特点：一是坚持预防为主，体现“保基本”。首次确定了基本的“服务包”，内容明确、干预有效、居

---

① 医药卫生体制改革近期重点实施方案（2009—2011 年）[EB/OL]. http://www.moh.gov.cn/zwgkzt/pzcqgh/201204/7d5a2d6f9f2548a4a43652a2e63a7e1e.shtml.

② 胡同宇. 国家基本公共卫生服务项目回顾及对“十三五”期间改策完善的思考 [J]. 中国卫生政策研究，2015，8（7）：43-48.

民有需求、成本效益高，各地普遍能提供，财政能够负担，免费向居民提供。二是由基层医疗卫生机构开展，体现“强基层”。各项服务主要由社区卫生服务中心、服务站和乡镇卫生院、村卫生室等“网底”机构提供。三是坚持健康管理，突出“建机制”。将以往由不同专业公共卫生机构按条线分散管理的疾病管理模式，转变为以人为中心的健康管理模式。①

项目服务内容逐步扩大。随着经济社会发展，我国政府根据居民公共卫生服务需要和财政承受能力的变化，逐步扩大了国家基本公共卫生服务项目内容，从 2009 年的 9 大类服务扩展至 2017 年的 14 大类服务（见表 9－13）。②③④⑤

表 9－13　2009—2017 年国家基本公共卫生服务项目内容变化情况

年度	项目类别	项目内容	项目变化
2009	9	健康档案，健康教育，预防接种，0～6 岁儿童、孕产妇、65 岁及以上老年人健康管理，高血压、糖尿病等慢性病和重性精神疾病患者管理，传染病和突发公共卫生事件报告和处理	

① 胡同宇．国家基本公共卫生服务项目回顾及对“十三五”期间改策完善的思考［J］．中国卫生政策研究，2015，8（7）：43－48．

② 卫生部关于印发《国家基本公共卫生服务规范（2009 年版）》的通知［EB/OL］．http：//www. moh. gov. cn/jws/s3581r/200910/fe1cdd87dcfa4622abca696c712d77e8. shtml。

③ 卫生部关于印发《国家基本公共卫生服务规范（2011 年版）》的通知［EB/OL］．http：//www. gov. cn/zwgk/2011－05/24/content_1870181. htm。

④ 国家卫生计生委关于印发《国家基本公共卫生服务规范（第三版）》的通知［EB/OL］．http：//www. nhfpc. gov. cn/jws/s3578/201703/d20c37e23e1f4c7db7b8e25f3443e1b. shtml。

⑤ 关于做好 2017 年国家基本公共卫生服务项目工作的通知［EB/OL］．http：//www. nhfpc. gov. cn/jws/s3577/201709/fb16b2e306bd469ab84e0c42173bc52d. shtml。

续表

年度	项目类别	项目内容	项目变化
2011	10	健康档案，健康教育，预防接种，0～6岁儿童、孕产妇、65岁及以上老年人健康管理，高血压、糖尿病等慢性病和重性精神疾病患者管理传染病和突发公共卫生事件报告和处理以及卫生监督协管	增加卫生监督协管
2013	11	健康档案，健康教育，预防接种，0～6岁儿童、孕产妇、65岁及以上老年人健康管理，高血压、糖尿病等慢性病和重性精神疾病患者管理，中医药健康管理，传染病和突发公共卫生事件报告和处理以及卫生监督协管	增加中医药健康管理
2015	12	健康档案，健康教育，预防接种，0～6岁儿童、孕产妇、65岁及以上老年人健康管理，高血压、糖尿病等慢性病和重性精神疾病患者管理，结核病患者健康管理，中医药健康管理，传染病和突发公共卫生事件报告和处理以及卫生监督协管	增加结核病患者健康管理
2017	14	健康档案，健康教育，预防接种，0～6岁儿童、孕产妇、65岁及以上老年人健康管理，高血压、糖尿病等慢性病和重性精神疾病患者管理，结核病患者健康管理，中医药健康管理，传染病和突发公共卫生事件报告和处理以及卫生监督协管，免费提供避孕药具和健康素养促进	增加免费提供避孕药具和健康素养促进

经费保障机制逐步健全。国家基本公共卫生服务项目经费由中央和地方各级财政共同承担，居民个人不需要付费。2009年起，我国逐步建立了预算管理、分级承担的项目经费筹集机制。2017年以前，根据各地财力的不同，中央财政对西部和中部的基本公共卫生服务经费补助比例分别为80%和60%，对东部地区，补助比例从10%到50%不等。2018年，国务院办公厅印发

了《基本公共服务领域中央与地方共同财政事权和支出责任划分改革方案》（国办发〔2018〕6号），对基本公共卫生服务项目经费，实行中央分档分担办法：第一档包括内蒙古、广西、重庆、四川、贵州、云南、西藏、陕西、甘肃、青海、宁夏、新疆12个省（区、市），中央分担80%；第二档包括河北、山西、吉林、黑龙江、安徽、江西、河南、湖北、湖南、海南10个省，中央分担60%；第三档包括辽宁、福建、山东3个省，中央分担50%；第四档包括天津、江苏、浙江、广东4个省（市）和大连、宁波、厦门、青岛、深圳5个计划单列市，中央分担30%；第五档包括北京、上海2个直辖市，中央分担10%。①

为了更好地推动国家基本公共卫生服务项目落地生根，在党中央和国务院的领导下，卫生部和国家卫生和计划生育委员会联合相关部门共同出台有关基本公共卫生服务的相关文件，指导地方做好基本公共卫生服务项目，使项目更好地惠及城乡居民。2009年，卫生部、财政部、国家人口计生委出台了《关于促进基本公共卫生服务逐步均等化的意见》（卫妇社发〔2009〕70号）；2014年，为了督促各地加强为流动人口提供基本公共卫生服务工作，国家卫生计生委、中央综治办、国务院农民工办、民政部和财政部出台了《关于做好流动人口基本公共卫生计生服务的指导意见》（国卫流管发〔2014〕82号）。

卫生部出台了一系列绩效考核政策，加强对国家基本公共卫生服务项目的绩效考核。卫生部、财政部与2010年下发了《关于加强基本公共卫生服务项目绩效考核的指导意见》（卫妇社发

① 国务院办公厅印发《基本公共服务领域中央与地方共同财政事权和支出责任划分改革方案》[EB/OL]. http://www.gov.cn/xinwen/2018-02/08/content_5265033.htm.

〔2010〕112号)、2013年国家卫生计生委下发了《国家基本公共卫生服务项目绩效考核指导方案》(国卫办基层发〔2015〕35号)、2014年国家卫生计生委下发了《关于开展2013年度国家基本公共卫生服务项目考核的通知》(国卫办基层函〔2014〕586号)、2018年国家卫生健康委下发了《关于开展2017年度国家基本公共卫生服务项目绩效评价(考核)的通知》(国卫基层函〔2018〕16号),指导各地开展基本公共卫生服务项目绩效考核。

针对国家基本公共卫生服务项目资金的管理,财政部联合相关部门先后发布了《关于印发〈基本公共卫生服务项目补助资金管理办法〉的通知》(财社〔2010〕311号)、《关于印发〈基层医疗卫生机构财务制度〉的通知》(财社〔2010〕307号)、《财政部关于印发〈基层医疗卫生机构会计制度〉的通知》(财会〔2010〕26号)和《公共卫生服务补助资金管理暂行办法》(财社〔2015〕255号)等文件,规范地方合理支出项目资金。

为了规范基本公共卫生服务项目提供,卫生部和国家卫生和计划生育委员会先后于2009年、2011年和2017年出台和修订了《国家基本公共卫生服务规范(2009年版)》《国家基本公共卫生服务规范(2011年版)》和《国家基本公共卫生服务规范(第三版)》,2009年的规范包括了城乡居民健康档案管理服务规范、健康教育服务规范、预防接种服务规范、0～36个月儿童健康管理服务规范、孕产妇健康管理服务规范、老年人健康管理服务规范、高血压患者健康管理服务规范、2型糖尿病患者健康管理服务规范、重性精神疾病患者管理服务规范、传染病报告和处理服务规范等内容;2011年的规范增加了卫生监督协管服务规范的内容,并将儿童健康管理的时间段从0～3岁延长至0～6岁;2013年国家卫生计生委联合国家中医药管理局出台了《中医药健康管理服务规范》，2015 年国家卫生计生委出台了《肺结核患者健康管理服务规范》，对中医药健康管理服务和肺结核患者健康管理服务进行了规范。2017 年出台的《国家基本公共卫生服务规范（第三版）》，在前两版的基础上，结合项目实施的现状，对部分项目的要求进行了调整。

修订后的规范，更加强调医防结合，将考核指标改为工作指标，合理删减指标，强调服务质量而非数量，将管理率和规范管理率两个指标进行合并。在健康方案方面，为了实现电子健康档案身份识别，加入居民健康卡相关内容，删除医疗保健卡内容，为了促进健康档案电子化，增加纸质档案和电子健康档案的终止和保存说明，删除健康体检表中中医体质辨识相关内容，完善填表说明健康档案合格率改为使用率。在老年人健康管理，增加了腹部 B 超（肝胆胰脾）检查，删除健康体检表完整率指标，修改老年人健康管理率指标。在慢性病患者健康管理方面，按照新的指南对不同人群血压和血糖控制达标的标准进行了细化和界定，删除患者健康管理率指标，修改患者规范管理定义。在0～6 岁儿童健康管理方面，增加生长发育监测图，方便基层医疗卫生机构对儿童运动发育进行判断，删除儿童系统管理率指标。在孕产妇健康管理方面，孕早期由原来的 12 周前定义为孕 13 周前，降低孕中期和孕晚期健康管理要求，删除孕妇健康管理率指标，修改早孕建册率和产后访视率指标定义。在严重精神障碍患者管理方面，按照新的法律修改了名称，重性精神疾病患者修改为严重精神障碍患者，增加了病情基本稳定患者的随访频次，删除重性精神疾病患者管理率和患者稳定率指标，修改患者规范管理率定义。在预防接种方面，按照新《条例》的要求增加了接种时“三查七对”的内容，采纳 2016 年疫苗免疫程序，删除预防接种卡。在卫生计生监督协管服务规范方面，将卫生监督协管改为卫生计生监督协管，根据机构职能删除食品卫生和职业病危害相关内容。在传染病及突发公共卫生事件报告和处理方面，按照新的传染病条例对甲类传染病和乙类传染病的划分进行修改。在中医药健康管理服务规范，增加填表说明，对体质判定标准表的不同结果进行解释和指导。

为了更好地督促地方实施国家基本公共卫生服务项目，国家卫生健康委（原为卫生部和国家卫生与计划生育委员会）每年均下发通知，要求各地按照规范开展好基本公共卫生服务项目，并出台相应的年度目标。为了督促地方实现年度目标，国家卫生健康委（原卫生部和国家卫生与计划生育委员会）和财政部于2010年起对各地实施的基本公共卫生服务项目进行考核，并将项目考核结果与下年度中央财政对地方基本公共卫生服务项目补助资金安排挂钩。

（三）基本公共卫生项目供给体系建设

基层医疗卫生机构是基本公共卫生服务项目的主要提供者。在我国，基层医疗卫生机构主要包括城市的社区卫生服务中心和社区卫生服务站、农村的乡镇卫生院和村卫生室。同时专业公共卫生服务机构承担着项目的指导、培训和考核责任。

2009年以来，我国基层医疗卫生机构数量逐年增加，基层卫生人员和卫生技术人员数量逐年增加，为实现基本公共卫生服务均等化目标奠定了良好基础。

基层医疗卫生机构数量稳步增加。我国基层医疗卫生机构数从2009年的882153个增加至2018年的943639个，年均增速0.75%；其中社区卫生服务中心（站）增长较快，年均增长2.79%；乡镇卫生院数量略有下降，年均下降0.60%；村卫生室略有波动，诊所（医务室）增长较快，年均增长为2.76%（见表9－14）

表 9－14　　2009—2018 年我国基层医疗卫生机构数量变化情况

单位：家

年份	基层医疗卫生机构	社区卫生服务中心（站）	乡镇卫生院	村卫生室	诊所（医务室）
2009	882153	27308	38475	632770	178409
2010	901709	32739	37836	648424	173490
2011	918003	32860	37295	662894	175069
2012	912620	33562	37097	653419	177798
2013	915368	33965	37015	648619	184050
2014	917335	34238	36902	645470	188100
2015	920770	34321	36817	640536	195290
2016	926518	34327	36795	638763	201408
2017	933024	34652	36551	632057	211572
2018	943639	34997	36461	622001	228019
年均增速（%）	0.75	2.79	－0.60	－0.19	2.76

资料来源：根据 2010—2012 年《中国卫生统计年鉴》、2013—2017 年《中国卫生和计划生育统计年鉴》、2018 年《中国卫生健康统计年鉴》以及 2018 年我国卫生健康事业发展统计公报数据整理而成。

基层卫生人员数逐年增加。我国基层卫生人员数从 2009 年的 312.50 万人增加至 2017 年的 382.6 万人，年均增长 2.45%；同期基层卫生技术人员数从 183.34 万人增加至 250.50 万人，年均增长 3.98%；每千人口基层卫生人员数从 2.36 人增加至 2.75 人，年均增加 1.93%，每千人口基层卫生技术人员数从 1.37 人增加至 1.80 人，年均增加 3.45%（见表 9－15）。

表 9－15　2009—2017 年我国基层医疗卫生机构人员数变化情况

年份	基层卫生人员数（万人）	基层卫生技术人员数（万人）	千人口基层卫生人员数（人）	千人口基层卫生技术人员数（人）
2009	315.20	183.34	2.36	1.37
2010	328.21	191.39	2.45	1.43
2011	337.50	196.25	2.50	1.46
2012	343.72	205.18	2.54	1.52
2013	351.42	213.76	2.58	1.57
2014	353.68	217.68	2.60	1.60
2015	360.32	225.77	2.62	1.64
2016	368.26	235.44	2.66	1.70
2017	382.60	250.50	2.75	1.80
年均增长率（%）	2.45	3.98	1.93	3.45

资料来源：根据 2010—2012 年《中国卫生统计年鉴》和 2013—2017 年《中国卫生和计划生育统计年鉴》以及 2017 年我国卫生健康事业发展统计公报数据整理而成。

为了更好地推动基本公共卫生服务项目，各地积极探索建立有效的国家基本公共卫生服务项目工作机制。一是探索专业公共卫生机构如何参与国家基本公共卫生服务项目的工作机制。二是探索基层医疗卫生机构内部如何促进防治结合。

专业公共卫生机构参与国家基本公共卫生服务项目的工作机制建设方面，一是通过行政手段，督促县级的专业公共卫生机构（如疾控中心、妇幼保健机构等）参与提供基本公共卫生服务；二是要求县级专业公共卫生机构的卫生技术人员为基层医疗卫生机构提供培训和技术指导；三是作为项目实施的管理机构，组织基层医疗卫生机构实施基本公共卫生服务项目；四是参与基本公共卫生服务项目的督导和考核工作。卫生行政部门主要通过行政命令、经济激励和共同考核等方式促进专业公共卫生机构参与。通过行政手段，这种手段见效快，操作简单，对资金基本没有要求，但与行政部门的领导力和号召力有关，且这种手段的持续性较差。通过经济手段，通过建立激励机制促使专业公共卫生机构参与，有助于专业公共卫生机构与基层医疗卫生机构建立良好的合作伙伴关系，参与的持续性较好；但这种手段需要有一定的激励资金作为基础，且对于组织管理方的能力（能否建立合理的激励机制）也有一定要求。建立连带责任机制，将基本公共卫生服务考核与专业机构考核相结合，采用这种手段，将专业公共卫生机构由考核主体转成被考核对象，有助于强化专业公共卫生机构在基本公共卫生服务均等化工作的责任，鼓励专业公共卫生机构主动参与，同时也有助于专业公共卫生机构与基层卫生机构建立良好的合作关系；但目前由于实施基本公共卫生服务均等化的管理体制没有理顺，尤其是专业公共卫生服务机构的主管部门与基层医疗机构的主管部门之间意见不一致，这样的工作机制仍有待进一步完善。

基层医疗卫生机构内部促进防治结合方面，主要通过两种途径实现。一是基层医疗卫生机构内部加强绩效考核，要求临床医生参与基本公共卫生服务项目提供，并在绩效考核方面对临床医生提出了完成基本公共卫生服务项目的最低工作量；二是积极推进家庭医生签约服务，将基本公共卫生服务项目作为签约服务包中的基础内容，通过家庭医生签约服务，实现防治结合。如以福建厦门为代表的慢性病“三师共管”和江苏大丰的个性化有偿签约服务模式，均较好地促进了防治结合。

二、项目实施策略与措施

为了规范国家基本公共卫生服务项目的实施，国家卫生健康委（原为卫生部和国家卫生和计划生育委员会）根据项目实施的进程，分别于2009年、2011年和2017年出台和修订三版国家基本公共卫生服务项目规范，《规范》出台后，国家层面加大了对《规范》的宣传和培训力度，使基层医疗卫生机构快速了解和掌握最新的规范和要求，更好地为城乡居民提供基本公共卫生服务项目。

专业公共卫生机构也加强对基层医疗卫生机构的专业指导，2012年卫生部下发了《关于疾病预防控制机构指导基层开展基本公共卫生服务的意见》(卫疾控发〔2012〕42号)，要求各级疾病预防控制机构及相关专业防治机构，特别是县级疾病预防控制机构及相关专业防治机构要按照“保基本、强基层、建机制”的基本原则，以服务基层为宗旨，坚持预防为主、防治结合，切实履行职责，保障基层医疗卫生机构落实基本公共卫生服务的质量和效果，加强对基层的针对性指导，指导基层医疗卫生机构切实发挥基本医疗和公共卫生服务的双重网底作用。

为进一步加强国家基本公共卫生服务项目管理，提高实施基本公共卫生服务项目的科学性和有效性，国家卫生计生委于2016年成立了基本公共卫生服务项目协调工作组和专家组，加强对基本公共卫生服务项目的协调与指导，同时着手建立国家基本公共卫生服务项目遴选和调整机制。

各地也积极筹建地方层面的基本公共卫生服务项目指导中心和专家指导组；部分地区在卫生行政部门下面单设项目指导中心，部分地区将指导中心挂靠在疾控中心下面。

国家基本公共卫生服务项目，涉及面广，覆盖人群多。为了更好地规范项目提供，国家卫生健康委（原为卫生部和国家卫生和计划生育委员会）根据项目特点，采取了不同的实施策略和技术支撑措施。

针对健康教育和宣传，国家卫生健康委（原为卫生部和国家卫生和计划生育委员会）先后组织编写了面向群众的《国家基本公共卫生服务项目100问》，邀请著名演员林永健制作了国家基本公共卫生服务项目公益广告，在央视多个频道播放，并免费提供给各地使用，取得了良好效果。2017年7月份，国家卫生计生委在全国范围组织开展主题为“你健康、我服务”的基本公共卫生服务项目宣传月活动，进一步向广大居民宣传国家基本公共卫生服务项目，使城乡居民了解项目、支持项目、利用项目。同时项目充分发挥不同层级的健康教育部门的专业优势，精心组织形式多样、群众喜闻乐见的健康教育和宣传活动，扩大了项目的影响力和知晓率。

针对健康档案，卫生部于2009年发布了《卫生部关于规范城乡居民健康档案管理的指导意见》（卫妇社发〔2009〕113号），用于指导各地规范建设居民健康档案。随着电子健康方案的普及，为了实现电子健康档案身份识别，加入居民健康卡相关内容；为了促进健康档案电子化，增加纸质档案和电子健康档案的终止和保存说明，为了鼓励居民和基层医疗卫生机构使用健康档案，在规范中将健康档案合格率改为健康档案使用率。为增强居民的获得感，江苏省张家港市在全国率先实现电子健康档案向居民个人开放。为了进一步调动地方开展居民健康档案向居民个人开放的积极性，国家卫生计生委基层卫生司积极协调相关部门，建立激励机制，推动电子健康档案向居民开放，并将居民健康档案向居民个人开放的进程纳入2017年度的基本公共卫生服务项目考核内容中，列为加分项。

针对预防接种服务，国家卫生计生委及时制定和修订国家基本公共卫生服务项目中的预防接种规范；充分发挥疾控中心的专业优势，加强对基层医疗卫生机构的指导；同时加强对流动儿童的免疫接种工作，扩大儿童计划免疫接种的覆盖面，确保儿童计划免疫接种工作的顺利实施。

针对0~6岁儿童健康管理，充分发挥了妇幼保健机构和综合性医院的儿童保健的专业优势，同时与教育部门及其下辖的幼儿园、托儿所紧密合作，确保学龄前儿童及时获得规范的儿童保健服务。加强对流动儿童的管理，确保流动儿童能够及时获得基本健康管理服务。部分地区针对基层服务能力不足的现状，积极探索卡券等形式，采取政府购买服务的方式，满足儿童的健康管理需求。

针对孕产妇健康管理，受限于基层医疗卫生服务机构的产科服务能力，大多数基层医疗卫生机构仅仅承担孕早期和孕中期的健康检查，为了保障孕产妇能够接受连续性的健康管理服务，基层医疗卫生机构加强与具有分娩资质的妇幼保健机构和综合性医院协作，共同做好孕产期健康保健工作。妇幼保健机构和综合性医院的妇产科，加强对基层医疗卫生机构的技术指导，提升基层医疗卫生机构孕期筛查和服务能力。部分地区针对基层服务能力不足的现状，积极探索卡券等形式，采取政府购买服务的方式，满足孕产妇的健康管理需求。

针对高血压患者健康管理，2017 年国家卫生计生委委托国家心血管中心成立国家基本公共卫生服务项目基层高血压管理办公室，拟定开展基层高血压管理的工作计划和技术文件，拟定基层高血压质控指标、标准和质量管理要求；组织制订基层高血压管理指南，协助培训宣传基层高血压管理指南，并对宣传和培训内容的科学性负责，建立培训人员考核体系。部分地区利用创建慢病示范区的契机，将基本公共卫生服务项目与示范区创建有机结合，积极筛查和识别高血压高危人群，初步实现关口前移、重心下沉，体现了预防为主的工作方针，赢得了社会对基本公共卫生服务项目的广泛赞誉。

针对Ⅱ型糖尿病患者健康管理，国家卫生计生委于 2017 年委托上海市第六人民医院成立国家基本公共卫生服务项目基层糖尿病管理办公室，负责基层糖尿病管理相关工作计划的拟定、指南研制、质控管理和人员培训等工作。部分地区利用创建慢病示范区的契机，将基本公共卫生服务项目与示范区创建有机结合，积极筛查和识别糖尿病高危人群，坚持预防为主、防治结合，赢得了社会对基本公共卫生服务项目的认可。

针对老年人健康管理，国家卫生计生委及时制定和修改了老年人健康管理规范，在规范中增加了增加了腹部B超（肝胆胰脾）检查，更好地满足老年人的基本健康需求；修改老年人健康管理率指标，推动基层医疗卫生机构更好地为老年人提高规范的健康管理服务。

针对严重精神障碍患者管理，国家卫生计生委及时制定和修改严重精神障碍患者管理服务规范，加大对基层医疗卫生技术人员的培训力度，提升基层识别和管理严重精神障碍患者能力；同时加大与公安、民政、残联、财政、教育等部门的沟通协调，加强对严重精神障碍患者的协同管理和规范管理。

针对肺结核患者健康管理，国家卫生计生委及时制定和修改肺结核患者管理服务规范，充分利用疾控中心和结核病专业防治机构的技术优势，加强对基层医疗卫生技术人员的培训和指导，提升其规范管理肺结核患者的能力。

针对中医药健康管理，国家中医药管理局及时制定和修改中医药健康管理服务规范，加强对基层卫生技术人员的培训和指导，普及中医药健康管理知识，提升基层医务人员对儿童和老年人提供中医药健康管理服务的能力，扩大中医药的覆盖面，提升中医药的影响力。

2017年，国家卫生计生委基层卫生司为了解国家基本公共卫生服务项目建设的进展状况，汇集国家基本公共卫生服务项目数据，为相关政策制定提供数据支撑，特建设国家基本公共卫生服务项目管理信息系统。国家基本公共卫生服务项目管理信息系统先期通过报表管理信息系统跟踪健康档案管理、健康教育、预防接种、0～6 岁儿童健康管理、孕产妇健康管理、老年人健康管理、慢性病患者健康管理（高血压、糖尿病）、重性精神疾病患者管理、结核病患者健康管理、中医药健康管理、传染病及突发公共卫生事件报告和处理服务、卫生监督协管服务等 12 类基本公共卫生服务项目业务实施情况，并及时掌握各地基本公共卫生服务经费的到位与支出情况。报表系统由国家卫生计生委基层司对各类型报表进行定制、下发，实现统计分析等各种应用。各省统一管理所辖县市用户权限，审核各县市上报的数据，并上报本省数据；县市级用户上报数据，国家基本公共卫生服务项目管理信息系统未来将依托全民健康保障信息化工作采集的个案数据等，综合管理基本公共卫生服务项目。

三、项目实践与成效

经过近 10 年的实践，国家基本公共卫生服务项目取得明显成效。设立国家基本公共卫生服务项目是重大的制度创新，该项目是目前世界上覆盖人口最多的公共卫生干预项目，该项目的实施是我国的基本公共卫生服务项目逐步实现覆盖全人群和全生命周期，体现了全民健康覆盖的理念，切合联合国制定的 2030 年可持续发展目标。该项目的实施，体现了全民参与、均等享有的特点；该项目的实施，鼓励全社会共同参与，体现了将健康融入所有政策的新时期卫生与健康工作方针倡导的理念，丰富了国家卫生治理的内涵，推动了健康中国建设的进程。

（一）加大项目资金投入力度，规范资金使用范围

基本公共卫生服务项目经费，从 2009 年的人均不低于 15 元上升到 2018 年的人均不低于 55 元。中央和地方各级财政逐步建立了合理的财政分担机制。财政部门根据中央和地方承担的事权和支出责任，明确了中央和地方财政在国家基本公共卫生服务项

目投入中的财政支出责任，根据各地经济发展和财力状况的差异，中央财政分别承担80%、60%、50%、30%和10%的支出责任，其余部分由地方各级财政共同承担。

为了保障基层医疗卫生机构合理使用基本公共卫生服务项目经费，及时出台相关政策文件，指导地方规范使用和管理项目资金；有限的项目资金逐步实现效用最大化。为了督促地方加快实施国家基本公共卫生服务项目，2010年起，卫生部、国家卫生计生委联合财政部共同对地方基本公共卫生服务项目实施情况开展绩效考核，并将绩效考核结果与中央对地方的基本公共卫生服务经费补助挂钩；建立健全基本公共卫生服务项目的激励机制，有力地促进了项目实施进程。

（二）与时俱进，项目覆盖内容逐步扩大

卫生部、国家卫生计生委根据我国城乡居民疾病谱变化情况以及基本公共卫生服务的需要，及时调整项目内容，基本公共卫生服务项目以及从2009年9类扩大至2018年的14类，重点人群基本实现全覆盖。

为了保证项目调整的科学性，原卫生部、国家卫生计生委按照循证决策的理念，加强对国家基本公共卫生服务项目的评估，项目的遴选与调整机制正逐步建立。

（三）因地制宜，地方探索精彩纷呈

各地在推进国家基本公共卫生服务项目过程中，因地制宜，积极探索，各具特色，涌现出众多成功经验，部分经验已经得到国家认可并进行推广。①

北京市为了更好地开展基本公共卫生服务项目，在全国率先

① 国家卫生计生委基层卫生司．国家基本公共卫生服务项目自评报告汇编［R］．2017.

启动慢性病防治“家庭保健员培养计划”（简称“家保员”），推动“健康家庭”建设。由社区卫生服务机构负责慢性病管理的医务人员，对社区内患慢性病的居民进行患者慢性病教育，使其掌握较多慢性病防治知识和技能，在提升自我慢性病管理的同时，通过家保员的利用，使其能够承担起家庭健康教育、健康生活指导以及医患联络与互动作用的目标。北京市还扩大了流感疫苗免费接种范围，为60岁以上老年人和中小学生重点人群提供流感疫苗免费接种，筑牢免疫屏障。在开展严重精神障碍患者健康管理过程中，联合相关部门，为患者提供免费的基本治疗性药物，增强了严重精神障碍患者家庭的依从性，减轻了患者及其家庭的经济负担。

天津市结合当地居民疾病谱的变化，增加了基本公共卫生服务的项目内容，将大肠癌筛查纳入当地的基本公共卫生服务项目中，为全市40~74岁居民免费开展大肠癌筛查工作。

内蒙古、新疆和四川等地，基于部分牧区地广人稀，缺医少药，基本公共卫生服务难以全面覆盖的现状，以“小药箱”入牧户工程为载体，在牧区积极宣传国家基本公共卫生服务项目，提升牧民们对健康知识的了解和接受程度，推动项目在边境和牧区的实施，取得积极成效，受到牧民们的广泛好评。

上海市为更好地推进慢性病社区健康管理，按照国家基本公共卫生服务要求，结合本市慢性病防控需要和居民慢性病防治服务需求，制定实施了《上海市社区健康管理工作规范－慢性病综合防治（2017版）》，着力优化慢性病防治服务与管理的规范、标准和流程，推进慢性病社区服务模式转化为全程服务与管理，提升管理与服务的针对性和有效性。《规范》中健康管理服务主要依托上海健康云平台，由社区提供面向居民的一系列健康管理服务，服务内容包括对全人群的健康教育和健康风险评估、对高危人群的疾病筛查和对高血压、糖尿病、肿瘤患者的疾病管理；主要工作流程包括宣传与健康教育、居民告知书的发放、信息登记与管理、健康风险评估和人群分类健康管理。针对基层妇幼保健服务能力相对较弱的现状，上海市持续加强基层妇幼保健能力建设，2010 年起，创新推出孕产妇妊娠风险预警评估管理模式，根据病情严重程度用不同颜色（红、橙、紫、黄）对孕产妇所患疾病进行分类标识，针对不同分类制定相应孕产期保健管理策略，做到关口前移，早保健、早筛查、早发现、早诊断和早干预。全面实施《上海市儿童健康服务能力建设专项规划(2016—2020 年)》，努力提升儿童健康服务能力和群众获得感。2016 年，上海市以第九届全球健康促进大会为契机，推动健康城市建设，积极落实《上海市建设健康城市 2015—2017 年行动计划》和《2016 年上海市健康教育工作要点》，夯实基础，开拓创新，组织开展了形式多样的健康教育和健康促进工作。

江苏省加强基本公共卫生组织体系建设，组建省级公共卫生服务项目指导中心，挂靠省疾控中心。江苏省在推进个性化有偿签约的家庭医生签约服务过程中，将基本公共卫生服务项目与个性化健康管理项目有机结合，推动了医防结合，做实基本公共卫生服务项目。江苏省张家港市在全国率先将居民电子健康档案向居民个人开放，增强了群众的获得感，在全社会引起较大反响。电子健康档案向居民本人开放，获得国家卫生健康委的认可，并将其作为加分项列入各地 2017 年度的绩效考核工作中。目前，国家卫生健康委正在积极推广该做法。江苏南京、无锡、苏州和昆山等地在实施基本公共卫生服务项目过程中，较早地将流动人口纳入项目覆盖范围，使流动人口在流入地能够均等地享受到基本公共卫生服务项目。

浙江省把落实基本公共卫生服务项目作为深化医改的重点工

作任务，将基本公共卫生服务项目相关内容纳入卫生强市和卫生强县评审、乡镇卫生院等级和省级示范社区卫生服务中心等评审标准。2016 年又将相关要求列入《健康浙江 2030 行动纲要》和《健康浙江考核办法（试行）》。浙江省通过加强组织管理、资金管理、绩效考核、项目宣传、项目执行、问题整改、信息化建设、责任（家庭）医生签约服务、补偿机制改革、创新案例培育等十项重点工作为抓手，全力推进基本公共卫生服务项目扩面、提质、增效。浙江省探索基本公共卫生服务项目购买机制，将基本公共卫生服务项目经费分配与绩效考核挂钩，将基本公共卫生服务项目执行与基层卫生综合改革紧密结合。

福建厦门持续加强高血压和糖尿病的规范管理，在患者管理过程中，引入了健康管理师，与全科医生和专科医生共同组成团队对慢性病患者进行管理，形成了厦门的“三师共管”模式，取得了积极成效，受到患者的认可。该模式对于我国创新慢性病管理具有重要的借鉴意义。福建厦门、泉州等地将基本公共卫生服务项目覆盖流动人口，使流动人口与户籍人口同样享受基本公共卫生服务项目。

江西省加强疾控机构与基层卫生机构的联动，促进基本公共卫生服务均等化目标实现。部分地区成立慢性病自我管理小组，推动慢性病患者自我管理，开展社会动员，提升高血压与糖尿病患者的规范管理。部分地区开展“进机关、进企业、进学校、进社区、进乡村”活动，全面提升基本公共卫生服务覆盖面，提升基本公共卫生服务知晓率。

山东省将基本公卫项目服务内容作为科学发展综合考核的重要抓手。2014 年以来，省委省政府连续 4 年将基本公共卫生服务项目中的“老年人健康管理”纳入了组织部门对下级政府科学发展综合考核内容，旨在体现居民全生命周期中老年阶段的健康管理和服务是否完成年度目标并逐步改善，以促进全省人口均衡发展与健康素质提高。山东省组织开展第三方考核，增强了绩效考核的独立性、权威性和可信性。省级考核连续3年采取政府购买服务的方式，招标或者委托第三方机构对全省基本公共卫生服务项目的实施效果开展随机电话调查，从普通居民、建档人群和重点人群三个层次，调查掌握居民知晓率和满意度，全面掌握全省基本公共卫生服务项目的总体状况和实施效果，进行经济效益、社会效益以及可持续影响的综合评价。山东省坚持服务提供与宣传发动并行。自2014年开始，部署实施基本公共卫生项目立体式宣传策略，持续广泛开展“十个一”项目宣传活动（制作一张地图、发放一本手册、贴发一张联系卡、张贴一个温馨提示卡、举办一次签约仪式、更换一期宣传板、悬挂一幅宣传标语、举办一场项目大讲堂、举办一次宣传板集中展示评选活动、建立一个沟通平台）。推动项目进社区、进农村、进学校、进机关、进企业、进商业区，做到家喻户晓，人人皆知，基本实现目标人群和宣传渠道全覆盖。提高了城乡居民项目知晓率、参与度和受益面，为项目实施营造了良好的社会氛围。

湖北省武汉市在实施基本公共卫生服务项目过程中，围绕老年人健康管理，加快推进医养融合和家庭医生签约服务工作，保障了老年人的健康权益。

湖南省强化项目组织保障，成立了湖南省公共卫生服务项目领导小组，领导小组下设办公室，具体负责全省基本公共卫生服务日常管理工作。14个市州、122个县市区也均成立了项目领导小组和项目技术指导小组，并进一步明确了政府和相关行政主管部门、基层医疗卫生机构以及专业公共卫生机构的责任分工，强化了项目实施的组织管理。湖南省建立项目推进机制。建立了目标责任机制，明确了项目相关部门的主体责任。完善了绩效考核机制。继续将基本公共卫生服务补助资金纳入全省人口和计划生育工作财政投入到位情况综合考核。强化考核结果运用，严格实行绩效考核结果与资金拨付挂钩。

广西完善组织架构，构建“行政部门领导、专业机构指导、基层机构执行”的工作模式。广西创新宣传模式，提升项目知晓率。传统与新兴媒体并行，政策与业务知识并重，项目宣传不断深入。报刊、网络、电视、现场等多种宣传模式齐头并进，“以老带新”项目宣传创新意。广西积极转变服务模式，提升服务成效。以计生服务工作在抓手，推动项目覆盖至流动人口。以家庭医生签约服务为契机推动基本公共卫生服务工作落实。试行政府购买服务模式，提升服务效率和效果。

重庆市以完善管理机制、强化服务模式、筑牢支撑体系为重点，着力推进基本公共卫生服务均等化，在基本公共卫生服务体系建设、能力建设以及卫生关键指标等方面取得积极成效。“你健康 我服务”被国家表彰为健康素养促进优秀案例，在第九届全球健康促进大会上展示并印发交流，宣传品牌已被国家采纳，作为全国项目宣传主题。重庆市改革项目服务模式，改革服务主体准入，扩大基本公共卫生服务供给。2014 年，重庆市印发《关于建立政府购买基本公共卫生服务机制的指导意见》，明确政府购买服务对象、内容、方式及管理等内容，在全国率先建立政府购买基本公共卫生服务机制。放宽市场准入，基本公共卫生服务主体从乡镇卫生院和社区卫生服务中心、村卫生室和社区卫生服务站扩展为各级各类具有基本公共卫生服务职能和公共卫生服务能力的医疗卫生机构（含专业公共卫生机构和非公立医疗机构），鼓励更多有条件的其他医疗服务机构参与。改革资金支付方式，放大基本公共卫生服务效应。在建立购买服务机制基础上，建立基本公共卫生服务“全流程管理，全绩效考核，全量化分配”机制，将补助资金按人头支付改为按项目支付，暨按服务提供机构的服务内容和标准支付资金，打破“大锅饭”，让跨省流入重庆市的235万流动人口均等享有基本公共卫生服务。改革传统服务模式，壮大基本公共卫生服务力量。整合基层医疗卫生服务资源，成立家庭医生工作室，以家庭医生签约服务为抓好，做实基本医疗和基本公共卫生服务，促进基层医疗卫生机构医防融合。打破传统宣传模式。发挥社会组织作用，借助市文明办、重庆绿叶义工志愿者协会在社区宣传动员方面的优势，开发多个寓教于乐的基本公共卫生知识宣传工具，将宣传触角延伸到组社；发挥健康教育机构专业优势，整合健康教育、健康素养促进和相关主题日等内容，统一制作宣传资料标识，将项目内容和健康大讲堂深入到党政机关、企事业单位；发挥健康档案的“吸睛”作用，开展“寻找我的健康档案”活动，将基本公共卫生服务工作与宣传有机结合，既当工作队又当宣传队。

四川省部分地区积极探索建设具有中国特色农村贫困地区预防保健体系，形成了全民预防保健“泸州模式、叙永经验”，在全国产生一定影响。四川省积极推进贫困人口免费健康体检，将实施基本公共卫生服务项目与健康扶贫有机衔接。

云南省在实施基本公共卫生服务项目过程后，能够坚持“突出中医药特色，以县乡村一体化管理工作为切入点，以基本公共卫生服务为支撑，以农村医疗卫生服务体系建设为保障”的工作思路，加强建设农村贫困地区预防保健服务体系，推动基本公共卫生服务项目在贫困地区落地生根，使项目平等惠及贫困人口。

陕西省部分地区在基本公共卫生服务项目中增加了新项目和新内容，如西安市为老年人免费体检新增项目，对全市65岁以上老年人提供免费体检项目新增胸部正位X线片、B超检查增加双肾、膀胱、子宫附件（女）、前列腺（男）检查。延安市将免费健康体检的对象从老年人延伸至45~64岁的劳动力人口。

甘肃省把国家基本公共卫生服务项目与在卫生精准扶贫结合起来抓，把健康素养提升与国家基本公共卫生服务开展结合起来抓，把国家基本公共卫生服务宣传与家庭医生签约服务结合起来抓，把组织团式服务与不断提高基层医疗机构服务能力结合起来抓。

青海省率先探索政府购买基本公共卫生服务的工作机制。青海省因地制宜，将高原的地方病也纳入基本公共卫生服务项目中，增加地方病防控、新生儿疾病筛查、儿童先心病筛查及管理3项内容，并在慢性病患者管理中增加慢性呼吸系统疾病患者管理、风湿及类风湿患者管理内容，服务内涵在西部地区处于领先位置。同时青海充分发挥藏药的独特优势，率先将中藏医药治未病工作纳入省级基本公共卫生服务项目。

宁夏出台地方性法规，为项目提供法律依据。2016年，自治区人大常委会颁布了《宁夏公共卫生服务促进条例》，这是全国首部地方公共卫生领域法规。宁夏紧紧围绕国家项目技术规范要求，紧密结合全区基层卫生工作实际，创新管理运行机制，充分发挥专业机构职能作用，不断强化项目绩效考核，形成了具有宁夏特色的基本公共卫生服务项目管理运行模式。

新疆将基本公共卫生服务项目与“健康新疆”建设紧密结合，在实施基本公共卫生服务项目过程中，因地制宜，扩大项目的覆盖面，在全疆全面实施全民健康体检工程。新疆加大家庭医生签约服务力度，拓展基本公共卫生服务的内容。新疆坚持健康惠民，充分发挥“小药箱”的健康载体作用，推动基本公共卫生服务在牧区和偏远山区落地生根。

（四）项目效果初步显现，项目取得阶段性成效

经过10年的努力，国家基本公共卫生服务项目效果初步显现，项目取得阶段性成效。根据国家基本公共卫生服务项目管理平台统计，截至2017年底，国家基本公共卫生服务项目已经覆盖13.63亿人口。健康档案建档率达89.24%，电子健康档案建档率达87%，健康档案使用率达53.74%。预防接种建证率达99.57%，乙肝疫苗接种率、卡介苗疫苗接种率、百白破疫苗接种率、含麻疹成分疫苗接种率、流脑疫苗接种率、乙脑疫苗接种率和甲肝疫苗接种率分别为98.34%、99.32%、98.22%、98.08%、98.20%、97.08%、97.61%和97.67%，主要疫苗的接种率均已超过95%，圆满完成了“适龄儿童国家免疫规划疫苗接种率保持在90%以上”的项目目标。新生儿访视率达91.69%、儿童健康管理率达90.61%；早孕建册率和产后访视率分别为85.70%和90.66%。老年人健康管理率达70.50%。管理的高血压患者已经超过1亿人，高血压患者规范管理率和管理人群血压控制率分别达75.09%和62.66%；管理的Ⅱ型糖尿病患者人数超过3000万人，Ⅱ型糖尿病规范管理率和管理人群血糖控制率分别为73.99%和59.56%；严重精神障碍患者规范管理率达85.15%；肺结核患者管理率和患者规则服药率分别为98.09%和96.71%；老年人中医药健康管理率和0～36月儿童中医药健康管理服务率分别为58%和65.09%（见表9-16）。

表9-16　2017年国家基本公共卫生服务项目主要指标进展情况

项　目	2017年底实际值	目标值
辖区内常住居民数（亿人）	13.63	—
健康档案建档率（%）	89.24	≥75
电子健康档案建档率（%）	87.00	≥75

续表

项　　目	2017 年底实际值	目标值
健康档案使用率（%）	53.74	—
发放健康教育印刷资料种类（种）	1007975	—
辖区内应建立预防接种证人数（万人）	8302.39	—
建证率（%）	99.57	≥90
乙肝疫苗接种率（%）	98.34	≥90
卡介苗接种率（%）	99.32	≥90
脊灰疫苗接种率（%）	98.22	≥90
百白破疫苗接种率（%）	98.08	≥90
含麻疹成分疫苗接种率（%）	98.20	≥90
流脑疫苗接种率（%）	97.08	≥90
乙脑疫苗接种率（%）	97.61	≥90
甲肝疫苗接种率（%）	97.67	≥90
新生儿访视率（%）	91.69	≥85
儿童健康管理率（%）	90.61	≥85
早孕建册率（%）	85.70	≥85
产后访视率（%）	90.66	≥85
老年人健康管理率（%）	70.50	≥67
年内辖区内已管理的高血压患者人数（万人）	10103.81	9000
高血压患者规范管理率（%）	75.09	≥60
管理人群血压控制率（%）	62.66	—
年内辖区内已管理的Ⅱ型糖尿病患者人数（万人）	3128.51	3000
Ⅱ型糖尿病患者规范管理率（%）	73.99	≥60
管理人群血糖控制率（%）	59.56	—
严重精神障碍患者规范管理率（%）	85.15	≥75
肺结核患者管理率（%）	98.09	≥90

续表

项　　目	2017 年底实际值	目标值
肺结核患者规则服药率（%）	96.71	≥90
老年人中医药健康管理率（%）	58.00	≥45
0～36 个月儿童中医药健康管理服务率（%）	65.09	≥45

资料来源：国家基本公共卫生服务项目管理平台。

2010—2017 年的对国家基本公共卫生服务的部分项目考核结果也表明，项目实施进程逐年加快，项目效果逐年提升。如健康档案规范管理率逐年提升，2014 年达到 87.50%，电子健康档案建档率达 80.07%；健康档案的使用率于 2013 年达到 54.72%。2015 年预防接种建证率达 100%，乙肝疫苗接种率达 98.82%；脊灰疫苗接种率、百白破疫苗接种率、含麻疹成分疫苗接种率、流脑疫苗接种率和乙脑疫苗接种率于 2017 年分别达 98.05%、95.55%、99.06%、92.19% 和 98.52%。老年人健康管理率持续在 60% 左右波动，2016 年为 56.96%。高血压患者的规范管理率波动较大，2017 年现场复核的结果为 65.21%。2017 年免费避孕药具发放的覆盖率为 52.22%（见表 9－17）。

表 9－17　2010—2017 年国家基本公共卫生考核复核地区抽查结果变化情况

项目	2010 年	2011 年	2012 年	2013 年	2014 年	2015 年	2016 年	2017 年
健康档案规范管理率（%）	77.13	84.59	80.68	84.17	87.50			
电子健康档案建档率（%）					80.07			
健康档案使用率（%）				54.72				
建证率（%）						100		
乙肝疫苗接种率（%）						98.82		
脊灰疫苗接种率（%）						93.82		98.05

续表

项目	2010年	2011年	2012年	2013年	2014年	2015年	2016年	2017年
百白破疫苗接种率（%）						93.68		95.55
含麻疹成分疫苗接种率（%）						98.82		99.06
流脑疫苗接种率（%）						85.66		92.19
乙脑疫苗接种率（%）								98.52
老年人健康管理率（%）	68.18	59.38	64.09	58.06	63.67	64.41	56.96	
高血压患者规范管理率（%）	65.46	60.48	61.82	45.73	43.64	64.56	—	65.21

注：表中数据为历年现场考核的结果汇总，因为每年抽样的地区较少，可能存在抽样误差，导致结果可能有偏倚，因此结果也存在较大差异。

基本公共卫生服务项目的实施，缩小了城乡居民的健康差距，推动了基本公共卫生服务均等化的进程。妇幼卫生监测数据显示：自实施国家基本公共卫生服务项目以来，我国城乡之间的新生儿死亡率、婴儿死亡率、5岁以下儿童死亡率和孕产妇死亡率无论是绝对差距还是相对差距，均有明显下降，城乡之间在妇幼保健方面的差距急剧缩小（见表9－18）。

表9－18　2009—2018年我国儿童死亡率和孕产妇死亡率变化情况

年份	新生儿死亡率（‰）			婴儿死亡率（‰）			5岁以下儿童死亡率（‰）			孕产妇死亡率（1/10万）		
	合计	城市	农村	合计	城市	农村	合计	城市	农村	合计	城市	农村
2009	9.0	4.5	10.8	13.8	6.2	17.0	17.2	7.6	21.1	31.9	26.6	34.0
2010	8.3	4.1	10.0	13.1	5.8	16.1	16.4	7.3	20.1	30.0	29.7	30.1
2011	7.8	4.0	9.4	12.1	5.8	14.7	15.6	7.1	19.1	26.1	25.2	26.5
2012	6.9	3.9	8.1	10.3	5.2	12.4	13.2	5.9	16.2	24.5	22.2	25.6
2013	6.3	3.7	7.3	9.5	5.2	11.3	12.0	6.0	14.5	23.2	22.4	23.6

续表

年份	新生儿死亡率（‰）			婴儿死亡率（‰）			5岁以下儿童死亡率（‰）			孕产妇死亡率（1/10万）		
	合计	城市	农村	合计	城市	农村	合计	城市	农村	合计	城市	农村
2014	5.9	3.5	6.9	8.9	4.8	10.7	11.7	5.9	14.2	21.7	20.5	22.2
2015	5.4	3.3	6.4	8.1	4.7	9.6	10.7	5.8	12.9	20.1	19.8	20.2
2016	4.9	2.9	5.7	7.5	4.2	9.0	10.2	5.2	12.4	19.9	19.5	20.0
2017	4.5	2.6	5.3	6.8	4.1	7.9	9.1	4.8	10.9	19.6	16.6	21.1
2018	3.9	2.2	4.7	6.1	3.6	7.3	8.4	4.4	10.2	18.3	15.5	19.9

资料来源：《2018年中国卫生和计划生育统计提要》。

第四节　药品保障从优先保障基本药物可及向强化综合供应保障体系转变

我国自1979年引入基本药物概念，2000—2004年分别出台了三版《国家基本药物目录》，但在2009年新医改启动前始终停留在“有目录，无制度”的阶段，基本药物的使用没有得到有效监管。为了进一步提高药品的可获得性、保证药品的可支付性，同时促进药品的合理使用；我国于2009年起正式启动基本药物制度建设，并在实践中不断加以完善。

2009年发布的《中共中央国务院关于深化医药卫生体制改革的意见》（中发〔2009〕6号）明确提出：“要加快建立以国家基本药物制度为基础的药品供应保障体系，保障人民群众安全用药。”随后发布的《医药卫生体制改革近期重点实施方案（2009—2011年）》（国发〔2009〕12号）将初步建立国家基本药物制度作为医改近期五项重点任务之一，提出国家基本药物制度实施的阶段性目标。2009 年 8 月，卫生部联合相关部门发布了《关于建立国家基本药物制度的实施意见》（卫药政发〔2009〕78 号），明确规定："基层医疗卫生机构基本药物实行零差率销售。"这份文件，标志着我国建立国家基本药物制度工作正式实施。随后，卫生部联合相关部门出台了《国家基本药物目录管理办法（暂行）》（卫药政发〔2009〕79 号），建立国家基本药物目录遴选调整管理机制。2009 年 8 月，卫生部发布了《国家基本药物目录（基层医疗卫生机构配备使用部分）》（卫生部令 第 69 号），目录药品分为化学药品和生物制品、中成药、中药饮片 3 部分，共包括 307 个通用名药品。

此后，相关部门先后出台了《关于做好基本药物生产供应工作的通知》（工信部消费 472 号）、《关于公布国家基本药物零售指导价格的通知》（发改价格〔2009〕2489 号）、《关于加强基本药物质量监督管理的规定》（国食药监法〔2009〕632 号）、《关于加强基本药物生产及质量监管工作的意见》（国食药监安〔2009〕771 号）等一系列政策文件，从生产供应、采购配送、配备使用、价格管理和质量监管方面对如何执行基本药物制度进行了规范。

2010 年，国务院办公厅印发了《建立和规范政府办基层医疗卫生机构基本药物采购机制指导意见》（国办发〔2010〕56 号），推动基层更好地执行基本药物制度。国家食品药品监督管理局印发了《关于基本药物进行全品种电子监管工作的通知》（国食药监办〔2010〕194 号），加强对基本药物全流程的监管。

2011 年，卫生部联合工业和信息化部印发了《关于做好传染病治疗药品和急救药品类基本药物供应保障工作的意见》（卫办药政发〔2011〕139 号），指导各地加快建立以国家基本药物制度为基础的药品供应保障体系，及时、有效做好短缺传染病治疗药品和急救药品类基本药物的供应保障工作。

2012年，工业和信息化部印发了《关于开展用量小、临床必需的基本药物品种定点生产试点的通知》（工信部联消费〔2012〕512号），确保用量小、临床必需的基本药物的供应。

2013年，卫生部调整了基本药物目录，发布了《国家基本药物目录》（2012年版）（卫生部令第93号），调整后的《目录》包括化学药品和生物制品317种、中成药203种，共计520种，比2009版目录的307种通用名药品多出213种[①]。

2014年，针对部分常用低价药品出现供应不足甚至断供的情况，国家卫生计生委等八部委印发了《关于做好常用低价药品供应保障工作的意见》（国卫药政发〔2014〕14号），从部门协作、价格管理、药品采购、短缺药品储备、政策支持、动态监测等角度提出加强常用低价药品供应保障工作，以更好地满足患者用药需求。针对我国儿童用药适宜品种少、适宜剂型和规格缺乏、药物临床试验基础薄弱、不规范处方行为和不合理用药等问题，国家卫生计生委印发了《关于保障儿童用药的若干意见》（国卫药政发〔2014〕29号），提出进一步保障儿童用药的举措。随后，国家卫生计生委印发了《关于做好常用低价药品采购管理工作的通知》（国卫办药政发〔2014〕36号），就如何实施低价药品的采购工作进行规范。同期，工业和信息化部印发了《关于对用量小临床必需的基本药物品种实行定点生产试点的实施方案》，保障用量小临床必需的基本药物的供给。

2015年，国务院办公厅《关于完善公立医院药品集中采购工作的指导意见》（国办发〔2015〕7号），将基本药物制度的经验向公立医院延伸。文件要求各地在公立医院改革过程中，充

① 医改进展专题评估研究报告汇编［R］. 卫生部统计信息中心，2012.

分吸收基本药物采购经验，完善公立医院药品集中采购工作，规范药品流通秩序，建立健全以基本药物制度为基础的药品供应保障体系。

2018 年，国家卫生健康委联合相关部门对《国家基本药物目录（2012 年版）》进行了调整完善，印发了《国家基本药物目录（2018 年版）》（国卫药政发〔2018〕31 号），调整后的 2018 年版国家基本药物目录共调入药品 187 种，调出 22 种，目录总品种数量由原来的 520 种增加到 685 种，其中西药 417 种、中成药 268 种。2019 年 2 月，将临床急需的 12 种抗肿瘤新药纳入 2018 年版国家基本药物目录，使抗肿瘤药物的种类达到 38 种。

在基本药物制度逐步完善的同时，《国家基本医疗保险、工伤保险和生育保险药品目录》也在同步调整完善。

2009 年，人力资源和社会保障部印发了《国家基本医疗保险、工伤保险和生育保险药品目录》（人社部发〔2009〕159 号），将《国家基本药物目录》内的治疗性药品已全部列入《药品目录》甲类药品；药品目录共包括 2151 种药品，其中西药 1164 种，中成药 987 种。

2017 年 2 月，为贯彻全国卫生与健康大会精神，建立更加公平可持续的社会保障制度，稳步提高基本医疗保障水平，促进医疗服务和药品生产技术进步和创新，逐步建立完善基本医疗保险用药范围动态调整机制，人力资源和社会保障部组织专家进行药品评审，制定了《国家基本医疗保险、工伤保险和生育保险药品目录（2017 年版）》（人社部发〔2017〕15 号），药品目录包括西药 1297 个，中成药 1238 个（含民族药 88 个），共 2535 个。其中仅限工伤保险基金准予支付费用的品种 5 个；仅限生育保险基金准予支付费用的品种 4 个。药品目录收载的西药甲类药品 402 个，中成药甲类药品 192 个，其余为乙类药品。基本医疗保险基金支付药品费用时区分甲、乙类，工伤保险和生育保险支付药品费用时不分甲、乙类。

2017 年，人力资源社会保障部针对部分临床必需、价格比较昂贵的药品，采取国家谈判的方式将其纳入国家基本医疗保险、工伤保险和生育保险药品目录乙类范围，以更好地满足参保人员的用药需求。人力资源和社会保障部与相关企业进行谈判，最终 44 种谈判的药品，有 36 种通过谈判纳入医保目录范围内。2017 年 7 月，人力资源和社会保障部印发了《关于将 36 种药品纳入国家基本医疗保险、工伤保险和生育保险药品目录乙类范围的通知》（人社部发〔2017〕54 号），将 36 种谈判药品纳入了《国家基本医疗保险、工伤保险和生育保险药品目录（2017 年版）》乙类范围，并同步确定了医保支付标准。为了更好地督促地方执行该政策，人社部社保中心和医疗保险司联合下发了《关于加强 36 种国家医保谈判药品落实工作的函》（人社险中心函〔2017〕177 号），对地方的落实工作提出了“七明确”的要求：一是明确谈判药品纳入国家药品目录乙类，各省不得调出。二是明确谈判药品的执行时间，和国家的医保药品目录同步执行。三是明确是谈判药品执行各级医保部门的责任。省级要对地市的执行提出具体要求，加强指导和调度；统筹地区要围绕 36 种谈判药品制订相应的管理规定和结算办法。四是明确谈判药品要纳入协议管理，加强对定点医疗机构的考核、评估。五是明确加强谈判药品费用监测，在保证药品可及性的同时，也关注基金的支撑风险。六是明确定点药店为谈判药品提供保障的途径，尽可能保证药品的可获得性。七是明确谈判药品超支费用合理补偿。

2019 年，为进一步提高参保人员用药保障水平，规范医疗保险、工伤保险和生育保险用药管理，国家医疗保障局联合人力资源和社会保障部对国家基本医疗保险、工伤保险和生育保险药品目录进行了进一步调整完善，印发了《国家基本医疗保险、工伤保险和生育保险药品目录》（医保发〔2019〕46号），新的《药品目录》包括西药部分1279个，中成药1316个（含民族药93个），协议期内谈判药品部分48个（含西药43个、中成药5个），共计2643个。西药、中成药和协议期内谈判药品分甲乙类管理，西药甲类药品398个，中成药甲类药品242个，其余为乙类药品。协议期内谈判药品按照乙类支付。中药饮片部分除列出基本医疗保险、工伤保险和生育保险基金准予支付的品种892个外，同时列出了不得纳入基金支付的饮片范围。新的《药品目录》包括限工伤保险基金准予支付费用的品种6个；限生育保险基金准予支付费用的品种4个。工伤保险和生育保险支付药品费用时不区分甲、乙类。

通过建立国家基本药物制度，调整和完善《国家基本医疗保险、工伤保险和生育保险药品目录》，同时加强药物遴选、生产、流通、使用、定价、补偿和质量监管等环节，使我国的药品供应保障能力进一步加强，人民群众的用药需求得到进一步满足。

第五节　财政支持全民健康覆盖取得积极进展和显著成效

财政是国家治理的基础和重要支柱。适度的财力支持对于加快实现全民健康覆盖至关重要。

自2009年以来，财政部门着力推动健康与经济社会协同发展，在促进医疗卫生事业发展、建立健全基本医疗保障制度、满足人民群众日益增长的医药卫生需求、不断提高人民群众健康素质等方面发挥着愈发重要的保障作用。财政部门坚持补供需方与补需方并重，持续加强公共产品供给，积极化解公共风险，着力破解看病难和看病贵，逐步实现深化医改、促进发展和化解风险的统一。

2009 年以来，我国政府卫生支出持续快速增长，从 2009 年的 4816.26 亿元增长至 2018 年的 16390.66 亿元，年均增速达 14.58%；政府卫生支出占财政支出的比例持续上升，从 2009 年的 6.31% 上升至 2018 年的 7.56%。特别是最近 3 年，在经济发展有高速向高质量转变、财政收入增速明显放缓的背景下，财政部门始终坚持民生优先的投入理念，保证政府卫生支出较快的增速，政府卫生支出占财政支出的比例持续上升，充分体现了我国政府在深化医改、推进健康中国建设的决心。纵观过去的 10 年，我国政府卫生投入从补供方为主向供需兼顾转变，从公平优先向公平效率兼顾转变，从央地责任弹性划分向责任合理划分转变，从保障公共产品供给向推动基本公共卫生服务均等化与化解公共风险兼顾转变。政府卫生支出给力，为化解健康领域的公共风险、加快健康中国建设进程，全面建成小康社会、迈向全民健康覆盖奠定了坚实基础。

一、补需方，健全多层次医疗保障制度，化解看病贵的公共风险

2009 年以来，中央和地方各级财政重点加强了“补需方”的投入，支持建立城乡居民基本医疗保险制度（包括原城镇居民基本医疗保险和新农合）、疾病应急救助制度、大病保障制度和完善城镇职工基本医疗保险制度、城乡医疗救助制度，建成了

全球规模最大的基本医疗保障网，基本实现了城乡居民基本医疗保险制度的全覆盖；建立健全多层次医疗保障机制，有力地化解了城乡居民看病贵的公共风险。

2009 年至今，城乡居民医保覆盖人数从 10.15 亿人增加至 10.53 亿人，财政补助资金从 744.81 亿元增加至 4918.68 亿元（见图 9－1），年均增速高达 23.34%；财政补助资金占城乡居民筹资总额的比例持续保持在 70% 以上，为城乡居民病有所医提供了有力保障。

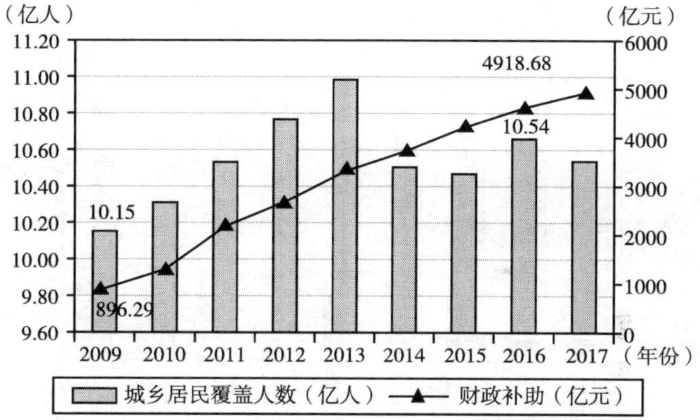

图 9－1　2009—2017 年我国城乡居民基本医保覆盖人数及财政补助情况

2009 年以来，中央和地方各级财政持续对关闭破产国有企业退休人员、城乡低收入群体提供财政补助，确保其能够被基本医疗保险制度覆盖。在公共财政的大力支持下，我国基本医疗保险制度的人群覆盖率持续稳定在 95% 以上，2018 年达 96.35%。财政持续加大对贫困人口的支持力度，一方面利用财政资金资助其参加基本医疗保险，另一方面通过医疗救助为其发生的医疗费用进行补助。2009 年以来，财政资金支持城乡居民参加基本医疗保险人数持续保持在 5000 万人以上，2017 年为 5621 万人，财政支出从 15.8 亿元增加至 74.0 亿元，人均资助金额从 2009 年的 30.6 元增加至 2017 年的 131.6 元；实施门诊和住院医疗救助人次从 2009 年的 1140.4 万人次上升至 2017 年的 3517.1 万人次，救助支出资金从 2009 年的 80.8 亿元上升至 2017 年的 266.1 亿元（见图 9 -2），年均增速达 16.07%。通过财政支持，基本医疗保障的底线进一步稳固，托底功能进一步强化，因病致贫因病返贫现象有所缓解，为我国迈向全民健康覆盖奠定了坚实基础。

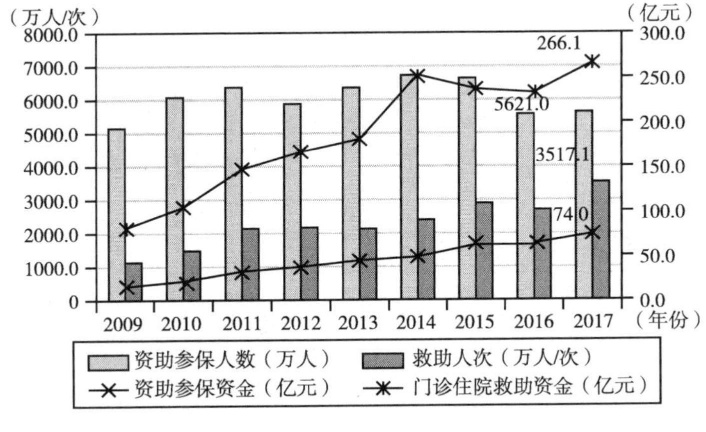

图 9 -2　2009—2017 年我国医疗救助实施情况

二、补供方，强化服务供给能力，积极破解看病难

2009 年以来，中央和地方各级财政始终重视对供方的投入，医疗服务体系进一步完善，医疗卫生机构基础设施和设备配置明显改善，基层医疗卫生机构标准化建设持续加强，医疗服务供给能力持续增强，人民群众基本医疗卫生服务的可及性进一步

改善。

千人口执业（助理）医师由2009年的1.75人增加至2018年的2.59人，与OECD国家的差距明显缩小；万人口全科医生数由2012年的0.8人增加至2018年的2.22人；与OECD国家的差距有所缩小；千人口医疗卫生机构床位数由2009年3.31张增加到2018年6.03张，提前实现了全国医疗卫生服务体系规划的目标，病床配置标准已经超过了OECD国家的平均水平。

2009年以来，政府对医疗机构的补助持续增加，实现了财政补助收入和补助收入占医疗机构总收入的比例双上升。公立医院的财政补助持续增加，财政对公立医院的补助收入从2009年的703.27亿元上升至2017年的2377.67亿元，年均增速高达16.45%，财政补助收入占医院收入的比例从2009年的9.35%上升至2017年的9.57%，在公立医院收入快速增加的背景下，财政补助的收入占比能继续上升，充分体现了财政对公立医院改革的支持力度。政府对基层医疗卫生机构的财政补助快速增加，突出体现“强基层”的发展目标，基层医疗卫生机构的公益性得到进一步保障。基层医疗卫生机构的财政补助收入从2009年的291.67亿元增加至2017年的2807.71亿元，年均增速高达25.61%；财政补助收入占基层医疗卫生机构收入的比例从2009年的19.74%上升至2017年的44.17%。医疗机构的诊疗服务能力持续增强，提供的诊疗人次从2009年的54.9亿人次上升至2018年的83.1亿人次；提供的住院人次从2009年的13256万人次提高至2018年的25453万人次；基层医疗卫生机构的配置趋于优化，城乡居民基本医疗卫生服务的可及性和公平性明显改善，为实现关口前移、重心下沉，推进分级诊疗制度奠定重要基础。15分钟医疗服务圈基本形成，看病难问题得到进一步缓解。最新的国家卫生服务调查结果显示：90%左右的家庭在15

分钟以内能够到达最近的医疗机构，较 5 年前上升了 6 个百分点。[①]

财政对卫生机构的投入持续增加，持续推进健康中国建设进程。财政补助收入占疾病控制机构收入的比例从 2009 年的 57.18% 上升至 2017 年的 72.85%；财政补助收入占卫生监督机构收入的比例从 81.14% 上升至 95.88%，财政补助收入占妇幼保健机构收入的比例从 30.35% 上升至 39.36%。[②] 专业公共卫生服务体系更加健全，防病能力有所加强，居民健康素养进一步提升。

三、突出重点，强化经费保障，统筹推进医改工作持续深入

除了补供方和补需方外，财政还积极支持医改重点工作实施，强化经费保障，统筹推进医改工作持续深入。

2009 年首次设立基本公共卫生服务经费，支持开展全球覆盖人数最多、覆盖范围最广的公共卫生干预项目，财政安排的人均经费标准从 15 元提升至 2018 年的 55 元，有力地推动了我国卫生领域基本公共服务均等化进程。

2009 年首次设立基本药物制度专项补助，中央财政每年安排 90 亿元左右的补助基金，用于支持地方实施基本药物制度；在中央和地方各级财政的支持下，药品供应保障体系日益健全，城乡居民的药物可及性有所改善。

人力资源特别是基层卫生人力资源不足是我国卫生事业发展的重要短板。自新医改启动以来，财政部门支持卫生健康部门和

① 国家卫生健康委统计信息中心．2018 中国第六次卫生服务调查分析报告［R］．2019.

② 国家卫生计生委卫生发展研究中心．2018 中国卫生总费用摘要［R］．2018.

教育部门先后开展农村卫生人员培训、乡镇卫生院招聘执业医师试点、订单定向医学生免费培养、全科医生转岗培训、县级骨干医师培训、城市社区卫生人员培训、儿科医师培训、住院医生规范化培训、助理全科医师培训和卫生管理人员培训等人才培养和培训项目，卫生人力资源供给得到持续保障，服务能力得到持续提升，医疗服务质量和可及性得到明显改善，从全球的110位上升至60位。①

2009年以来，财政部门积极支持卫生信息化建设，为实施重大公共卫生服务项目提高资金保障，支持农村卫生、社区卫生和妇幼卫生体系建设，支持区域医疗中心和国家临床重点专科建设，支持社会办医，支持县级医院建设和公立医院改革等医改重点工作并将医改重点工作所需资金纳入预算安排，保障了医改重点工作的顺利推进，为统筹推进医改工作持续深入创造良好条件。

四、合理划分中央和地方的财政支出责任，保障的可持续性不断增强

合理划分中央与地方财政事权和支出责任，是政府有效提供基本公共服务的前提和保障，是建立现代财政制度的重要内容，是推进国家治理体系和治理能力现代化的客观需要。2016年国务院出台了《关于推进中央与地方财政事权和支出责任划分改革的指导意见》（国发〔2016〕49号），2018年，国务院办公厅印发了《医疗卫生领域中央与地方财政事权和支出责任划分改

---

① GBD 2015 Healthcare Access and Quality Collaborators. Healthcare Access and Quality Index based on mortality from causes amenable to personal health care in 195 countries and territories, 1990—2015: a novel analysis from the Global Burden of Disease Study 2015 [J]. The Lancet, 2017 (390), 1009: 231 - 266.

革方案》（国办发〔2018〕67号），对公共卫生、医疗保障和能力建设等方面的事权和支出责任进行了明确，将基本公共卫生服务、城乡居民基本医疗保险补助和医疗救助，明确为中央与地方共同财政事权，由中央财政和地方财政共同承担支出责任。将重大公共卫生服务上划为中央财政事权，由中央财政承担支出责任。事权和支出责任的合理划分，有利于大力支持实施健康中国战略、深化医药卫生体制改革，增强了财政保障的可持续性。

五、财政投入成效显著，看病难看病贵问题得到有效缓解

政府卫生投入不断加大，基本医疗卫生服务可及性不断增强。最新的国家卫生服务调查结果显示：居民两周患病未就诊比例仅为2%，基本实现病有所医，看病难问题得到有效缓解。[①]

政府卫生支出持续增加，个人现金卫生支出占卫生总费用比例持续下降，看病贵问题得到进一步缓解，公共风险得到进一步化解。个人现金卫生支出占卫生总费用的比例从2009年的37.46%下降至2018年的28.73%，平均每年下降1个百分点左右。农村贫困人口医疗费用自付比例下降至2017年的11.9%[②]，减轻贫困人口的就医负担成效显著，因病致贫、因病返贫现象得到有效缓解。

总体来看，医改10年，是财政与健康协同程度日益加深的10年，是财政参与健康治理力度不断增强的10年，是财政探索在健康治理中如何发挥基础性和支柱性作用的10年，是公共财政不断惠及民生的10年，是财政支持全民健康覆盖不断加速的10年。

---

① 国家卫生健康委统计信息中心．2018中国第六次卫生服务调查分析报告［R］．2019．

② 扶贫丨农村贫困人口医疗费用个人自付比例下降至11.9%［EB/OL］．（2018-05-22）https：//www.sohu.com/a/270053489_452205．

第六节　卫生事业在经济社会发展中的地位日益突出

医改的10年，是全民健康覆盖进程日益加快的10年，也是卫生事业在经济社会发展中地位日益突显的10年，是卫生与经济社会发展更加协同的10年，卫生总费用占GDP的比例逐年上升，从2009年的5.03%上升至2018年的6.39%①。

2016年，习近平总书记在全国卫生与健康大会上强调："没有全民健康，就没有全面小康。要把人民健康放在优先发展的战略地位，以普及健康生活、优化健康服务、完善健康保障、建设健康环境、发展健康产业为重点，加快推进健康中国建设，努力全方位、全周期保障人民健康，为实现'两个一百年'奋斗目标、实现中华民族伟大复兴的中国梦打下坚实健康基础。"并提出新时期的卫生与健康工作方针：以基层为重点，以改革创新为动力，预防为主，中西医并重，将健康融入所有政策，人民共建共享。②

2016年，中国中央国务院发布《"健康中国2030"规划纲要》，针对我国工业化、城镇化、人口老龄化以及疾病谱、生态环境、生活方式不断变化等带来的新挑战，从总体战略、普及健康生活、优化健康服务、完善健康保障、建设健康环境、发展健

① 2018年我国卫生健康事业发展统计公报［EB/OL］.（2019－06－20）http：//www.nhc.gov.cn/guihuaxxs/s10748/201905/9b8d52727cf346049de8acce25ffcbd0.shtml.

② 习近平：把人民健康放在优先发展战略地位［EB/OL］.（2019－06－20）http：//www.xinhuanet.com//politics/2016－08/20/c_1119425802.htm

康产业、健全支撑与保障和强化组织实施等八个方面对如何建设健康中国提出具体要求和措施。健康中国2030年规划纲要的发布，有力地推动了全民健康覆盖的进程。一是通过加强制度设计，推动卫生服务体系转型，建立整合型医疗服务体系，保障全民健康覆盖。二是巩固健康保障制度，强化多层次医疗保障制度建设，提高保障范围和保障水平，实施健康扶贫，完善全民健康覆盖。三是倡导全民参与，促进全民健康覆盖。实现全民健康覆盖，既要靠医疗卫生服务的"小处方"，更要靠社会整体联动的"大处方"，针对全人群、围绕全生命周期，将健康融入所有政策，融入百姓生活。四是推动全方位、全生命周期保障人民健康。重视少年儿童健康，保障青少年健康成长。重视重点人群健康，保障妇幼健康，为老年人提供连续的健康管理服务和医疗服务，努力实现残疾人"人人享有康复服务"的目标，关注流动人口健康问题，树立大卫生、大健康的观念，把以治病为中心转变为以人民健康为中心，建立健全健康教育体系，提升全民健康素养，推动全民健身和全民健康深度融合。要加大心理健康问题基础性研究，做好心理健康知识和心理疾病科普工作，规范发展心理治疗、心理咨询等心理健康服务。

医改进程的加快，健康中国建设战略的实施，使我国居民基本医疗卫生服务的可及性明显改善。两周就诊率从2008年的14.5%上升至2018年的23.8%。群众就医负担有所减轻。2012—2018年，医保基金支出占医疗机构（包括政府举办的医院和社区卫生服务中心及乡镇卫生院）医疗收入的比例从2012年的41.23%上升至2018年的53.17%；职工医保统筹基金支出占参保人员住院费用的比例一直保持在70%左右，居民医保统筹基金支出占参保人员住院费用的比例在2018年达到55.3%（见表9－19）。

表 9 - 19　2012—2018 年群众就医负担主要指标变化情况

年份	医保基金占医疗收入比例（%）*	职工医保统筹基金支出占住院费用比例（%）	居民医保统筹基金支出占住院费用比例（%）
2012	41.23	70.0	
2013	44.46	70.5	
2014	47.76	70.6	
2015	48.22	70.5	
2016	49.20	70.1	
2017	49.80	69.9	
2018	53.17	70.1	55.3

* 根据 2012—2018 年卫生健康（计生）财务年报资料整理而得。

我国居民健康状况持续改善，人均预期寿命从 2010 年的 74.8 岁上升至 2018 年的 77.0 岁；婴儿死亡率从 2009 年的 13.8‰下降至 6.1‰；孕产妇死亡率从 2009 年的 31.9/10 万下降至 18.3/10 万（见表 9 - 20）；居民健康状况的主要指标处于中等发达国家的前列，为我国加快实现全民健康覆盖奠定了重要基础。居民健康状况的持续改善，也延长了我国的人口红利期，为我国经济社会的可持续发展提供了重要保障。

表 9 - 20　2009—2018 年我国居民主要健康指标变化情况

年份	人均预期寿命（岁）			婴儿死亡率（‰）			孕产妇死亡率（1/10 万）		
	合计	男	女	合计	城市	农村	合计	城市	农村
2009	—	—	—	13.8	6.2	17.0	31.9	26.6	34.0
2010	74.8	72.4	77.4	13.1	5.8	16.1	30.0	29.7	30.1
2011	—	—	—	12.1	5.8	14.7	26.1	25.2	26.5
2012	—	—	—	10.3	5.2	12.4	24.5	22.2	25.6
2013	—	—	—	9.5	5.2	11.3	23.2	22.4	23.6

续表

年份	人均预期寿命（岁）			婴儿死亡率（‰）			孕产妇死亡率（1/10 万）		
	合计	男	女	合计	城市	农村	合计	城市	农村
2014	—	—	—	8.9	4.8	10.7	21.7	20.5	22.2
2015	76.3	73.6	79.4	8.1	4.7	9.6	20.1	19.8	20.2
2016	76.5	—	—	7.5	4.2	9.0	19.9	19.5	20.0
2017	76.7	—	—	6.8	4.1	7.9	19.6	16.6	21.1
2018	77.0	—	—	6.1	3.6	7.3	18.3	15.5	19.9

资料来源：《2018 年中国卫生和计划生育统计提要》。

第十章

我国全民健康覆盖实施进程中的经验、问题与建议

回顾我国70年的卫生事业发展历程，我国既有改革开放前在初级卫生保健方面取得的成功经验，也有2008年后的在全民健康覆盖建设中取得的令人瞩目的成绩，当然也有在经济社会转型期经历的波折与教训。从初级卫生保健到全民健康覆盖，我国也不是一帆风顺的，成功经验值得总结，教训也值得汲取。

第一节　我国全民健康覆盖过程中取得的经验

一、全民健康覆盖在不断调整中逐步实现与经济社会发展的协同

全民健康覆盖有其自身的发展规律与特点，全民健康覆盖发展进程与经济社会发展的

协同程度越高，则发展的持续性越好。新中国成立70年来，先后经历了计划经济、计划经济向市场经济转型以及加快完善中国特色社会主义市场经济三个时期，在不同的经济社会发展阶段，全民健康覆盖的发展重点不同，取得的成效也各不相同；总体来看，我国的全民健康覆盖与经济社会发展在不断调整中逐步实现协同。

计划经济时期，我国基于当时的经济社会发展状况，以农村卫生为重点，优先发展初级卫生保健，加强农村三级保健网建设，建立劳保医疗、公费医疗和合作医疗制度，以较低的成本实现了初级卫生保健的公平可及，取得了举世瞩目的成就，居民健康水平快速提升，初级卫生保健制度的建立，为我国经济社会的可持续发展奠定了坚实基础。这段时期，我国的卫生制度与经济、政治制度是融为一体的，政策的设计充分利用了中国的制度优势，采取符合国情和发展水平的技术路线和管理手段；医疗服务体系和公共卫生服务体系逐步建立，居民的基本医疗卫生服务可及性明显改善；初级卫生保健制度建设取得突出成就，卫生事业同步甚至优先于经济发展。[①]

计划经济向市场经济转型初期，由于时代背景和思想认识的偏差，卫生领域的许多改革曾出现直接套用经济体制改革的思路和做法，在取得一些进展的同时也带来了严重的经济社会发展不平衡等问题。卫生事业的发展也曾经历波折，卫生事业与经济社会发展协同性不足，卫生事业发展相对滞后于经济社会发展，群众的就医需求未能得到满足，医疗卫生服务的公平性、可及性受到严重影响，医疗保障制度不健全，“看病难、看病贵”成为公

① 江宇．论中华人民共和国前30年的社会保障［J］．社会保障评论，2018，2（4）：125－134．

众面临的重要民生问题，引起政府和社会高度关注。

计划经济向市场经济转型后期，随着经济社会的快速发展，我国卫生事业发展的重心逐步从初级卫生保健向全民健康覆盖转变。我国医疗保障制度得到快速发展，基本医疗保障框架基本形成，医疗保险制度覆盖人群已经达到90%左右，为我国迈向全民健康覆盖奠定了坚实基础。卫生服务体系日益健全，医疗服务供给能力快速提升，基层卫生服务体系有所加强，特别是城市社区卫生服务体系的发展，为我国快速城镇化提供了支撑，保障了城市居民基本医疗卫生服务的可及性。城市基本公共卫生服务项目的实施，为我国基本公共卫生服务项目的全民覆盖提供了宝贵经验。

加快完善中国特色社会主义市场经济时期，全民健康覆盖成为我国卫生事业发展的重点，卫生事业发展与我国经济社会发展更加协同。基本医疗保险制度基本实现人群的全覆盖，基本医保筹资水平逐年提高，保障范围不断扩大，保障水平有所提升，居民就医负担有所下降；卫生服务体系进一步加强，服务能力进一步提高，卫生人力资源逐步优化，医疗机构床位数逐年增加，城乡居民基本医疗卫生服务可及性明显改善。基本公共卫生服务项目的实施，弥补了我国全民健康覆盖的短板，居民健康素养和健康水平稳步提高。日益加快的全民健康覆盖进程，为我国促进经济社会可持续发展、全面建成小康社会、实现中华民族的伟大复兴提供了重要保障。

二、理顺政府、市场和社会的关系有助于顺利推进全民健康覆盖进程

理顺政府、市场和社会三者关系是我国卫生事业发展顺利发展的重要保证。我国全民健康覆盖推进的过程，也是我国政府、

市场和社会三者关系不断重构的过程。我国在发展初级卫生保健、推动全民健康覆盖过程中一直致力于理顺政府、市场和社会三者的关系，厘清政府、市场和社会的权责边界。致力于实现基本医疗卫生服务领域政府有所为，非基本医疗卫生服务领域市场有活力，多元化服务社会力量补空白。

全民健康覆盖推进过程中，我国政府的作用主要表现为：强化政府对卫生事业发展的主导作用，加大卫生投入，突出政府责任，保障基本医疗卫生服务的公平可及。同时引入市场机制，致力于消除政府在医疗卫生领域的低效率。市场机制的作用就是要保证非基本医疗卫生服务领域市场有活力，保证各种要素由市场自由组合，提高资源配置与服务的效率。但医疗卫生事业的特殊性决定了市场机制作用的有限性，市场化也带来了诸多消极作用，在提升效率的同时影响了卫生筹资的公平性和服务利用的一致性。社会在我国全民健康覆盖进程中的主要体现为：满足多元化差异化的医疗服务需求，弥补政府和市场筹资的不足。实现全民健康覆盖，政府只是其中的主体之一，政府要制定相关规则，明确哪些组织、团体和个人可以推动全民健康覆盖进程，相关的要素如何进入卫生领域。对于政府和市场难以发挥作用的地方，应鼓励社会力量参与，以弥补政府和市场失灵。

三、坚持初级卫生保健发展理念有助于加快实现全民健康覆盖进程

我国的全民健康覆盖起源于初级卫生保健，并且在发展过程中延续了初级卫生保健发展的理念，坚持初级卫生保健发展的四个基本原则：卫生保健普遍可及、基于社会公正的健康公平、社区参与卫生规划和实施以及跨部门协调手段。在迈向全民健康覆盖过程中，卫生服务体系发展的重心从以农村为重点

转向以基层为重点，优先发展基层医疗卫生服务体系，优先使用适宜技术，坚持预防为主的发展理念，动员社区参与和社会参与，提升基本医疗卫生服务的公平性和可及性。随着经济社会的快速发展，保障力度从低水平向适宜水平保障，保障人群从部分覆盖向全覆盖转变，保障范围向全方位、全生命周期转变。初级卫生保健的成功经验，以及发展理念的坚持，使我国以相对较低的成本实现了居民健康水平的稳步提升，覆盖人群、服务项目和费用分担均有明显改进，使我国全民健康覆盖的建设进程明显加快。

四、卫生筹资与卫生服务供给体系协同发展是中国全民健康覆盖进程较快的重要原因

卫生筹资与卫生服务供给体系协同发展，是我国全民健康覆盖进展较快的重要原因。改革开放前，在农村，乡村医生、农村卫生服务三级网和合作医疗制度协同发展，被称为我国卫生事业发展的三大法宝；在城市，公费医疗和劳保医疗制度，也出现了守门人制度的雏形。中国这个时期取得的经验，得到国际社会的广泛关注和高度认可。改革开放后，我国在卫生改革过程中一直坚持医保、医疗和医药的联动发展，提出“三医联动”的改革理念。2009 年启动的新一轮医药卫生体制改革，提出的“加快推进基本医疗保障制度建设、建立国家基本药物制度、健全基层医疗卫生服务体系、促进基本公共卫生服务逐步均等化和推进公立医院改革试点”五项重点工作，也是推动卫生筹资与卫生服务供给体系协同发展的细化方案。正是由于卫生筹资和卫生服务供给体系的协同发展，我国才能以相对较低的成本（卫生总费用占 GDP 的比例为 6.39%）取得了相对较好的产出（居民主要健康指标位居中等收入国家前列）。

五、政治承诺与实施路径并重是我国迈向全民健康覆盖的重要经验

迈向全民健康覆盖，既需要政治承诺也需要适宜的实施路径，两者缺一不可。我国在发展初级卫生保健和迈向全民健康覆盖过程中，坚持政治承诺与实施路径并重，加快了我国迈向全民健康覆盖的进程。改革开放前和改革开放以来，我国初级卫生保健和全民健康覆盖的发展，均坚持了顶层设计与实施路径并重的发展理念。改革开放前的赤脚医生队伍建设、三级卫生保健网和合作医疗制度建设，均坚持地方试点探索、中央评估、总结提炼并分步加以推广的模式；改革开放后，城镇职工基本医疗保险、三医联动、新农合制度和城镇居民基本医疗保险制度发展，也均坚持了先试点再总结然后推广的政策发展模式，这样的发展模式，最大限度地减少了政策制定的偏差，有力地保障了政策的稳步推进和有效执行。新医改以来，2009 年，中共中央国务院发布了《关于深化医药卫生体制改革的意见》（中发〔2009〕6 号），随后国务院就印发了《关于印发医药卫生体制改革近期重点实施方案（2009—2011 年）》（国发〔2009〕12 号），推动医改政策的落实。2012 年以来，国务院办公厅每年均印发当年的深化医药卫生体制改革重点工作任务，推动医改政策落实。2016 年中共中央出台了《健康中国 2030 规划纲要》，2019 年，《健康中国行动（2019—2030 年）》正式发布，推动健康中国规划的有效实施。顶层设计与政策执行并重，加快了我国迈向全民健康覆盖的步伐。

六、循序渐进，全民健康覆盖从高速向高质量发展转变

迈向全民健康覆盖是一个长期的过程，不可能一蹴而就。我国在迈向全民健康覆盖过程中，始终坚持循序渐进、因地制宜的

发展方式，推动我国的全民健康覆盖从高速向高质量发展转变，从扩大覆盖面向提高保障水平转变；向从注重效率向注重公平转变；从分散割裂型卫生服务体系向整合型服务体系转变。从保基本医疗卫生服务需求向保障多元化医疗卫生服务需求转变。在迈向全民健康覆盖过程中，我国逐步从扩大覆盖面向提高保障水平转变，优先考虑制度覆盖尽可能多的人口，再逐步提高保障水平和保障质量。如新型农村合作医疗制度和城镇居民基本医疗保险制度建设，均从低水平、广覆盖起步，逐步将城乡居民纳入基本医疗保障制度覆盖范围，再逐步提高筹资水平，扩大项目保障范围，提高待遇保障水平。基本公共卫生服务项目，也是从城市社区卫生服务发展中起步，首先覆盖了城镇居民，再逐步覆盖全体居民。从注重效率向注重公平转变。改革开放初期，我国卫生服务供给不足，因此优先考虑增加服务供给，注重建立供方激励机制，鼓励医疗机构提升效率，增加供给，但卫生筹资和服务的公平性受到较大影响；随着供给能力的提升，我国更加注重优化卫生资源配置，改善居民基本医疗卫生服务可及性的公平。医疗卫生服务需求从保基本向保障多元化转变。随着经济社会的发展和我国主要矛盾的变化，我国在全民健康覆盖过程中，保障范围逐步从保基本医疗卫生服务需求向保障多元化医疗卫生服务需求转变；不仅注重基本医疗保险制度建设和基本医疗卫生服务体系建设，同时发展商业健康保险，鼓励社会办医，逐步满足群众的多元化健康保障和医疗服务需求。卫生服务体系从分散割裂向整合型服务体系转变。农村三级卫生服务网、乡村一体化是我国整合型服务体系的雏形，随着我国人口老龄化和疾病谱的变化，以及居民健康需求的转变，卫生服务体系逐步从以看病为中心转向以人为中心，农村地区的县域医共体建设和城市地区的医联体建设等新的整合型服务模式逐渐成为我国卫生服务体系的新形态。

第二节　我国迈向全民健康覆盖面临的主要问题

一、我国全民健康覆盖的不平衡、不充分问题仍然比较突出

我国全民健康覆盖的不平衡、不充分问题仍然比较突出，主要表现为：基层医疗机构与医院发展不平衡，基层医疗机构发展不充分；医疗服务体系与公卫服务体系发展不平衡，公卫体系发展不充分；职工医保与居民医保发展不平衡，居民医保发展不充分；门诊与住院保障不平衡，门诊保障不充分；激励机制不平衡，医院卫生技术人员激励比较充分、基层和公卫机构卫生技术人员激励不充分；支付方式改革进展不平衡，门诊支付方式改革和基层医疗卫生机构支付方式改革进展缓慢。

二、医疗保障筹资机制尚不健全，筹资增长机制仍存在不确定性

医疗保险的筹资责任划分仍有待完善。城镇职工基本医疗保险的个人与雇主筹资责任划分不合理，个人的筹资责任偏低，仅为工资的2%，而雇主的筹资责任普遍超过6%，最高的达9%；典型的社会医疗保险国家如德国、日本等个人与雇主的筹资责任基本为1∶1；与这些国家相比，我国城镇职工基本医疗保险覆盖对象个人筹资比例偏低，大多低于25%，部分地区甚至不到20%；雇主的筹资责任过高，不利于职工基本医疗保险的进一步扩面。城乡居民基本医疗保险的个人与政府筹资责任划分不合理，个人筹资责任偏低，仅为筹资总额的25%左右，中央和地方财政承担了居民医保的主要筹资责任，部分地区个人筹资责任

甚至不足20%。

筹资增长机制不健全。职工医保缴费基数执行有偏差，部分地区以基本工资而不是收入为缴费基数，导致职工医保名义费率较高；部分地区对部分小微企业甚至采取打包确定职工医保缴费总额，淡化了缴费基数。城乡居民基本医疗保险的筹资增长机制尚未建成，筹资水平的提高幅度仍然有较大的不确定性。城乡居民医保筹资标准偏低，人均筹资水平占当年全国居民人均可支配收入的比例不足2.5%，个人缴费占当年全国居民人均可支配收入的比例不足1%，与城镇职工基本医疗保险筹资水平的相对差距和绝对差距均较大。

三、服务体系转型和整合路径与人口老龄化和疾病谱变化不相适应

随着人口老龄化和疾病谱的变化，慢性非传染性疾病已经成为我国居民的主要健康问题。疾病谱的变化要求我国的卫生服务体系逐渐从以疾病为中心以医院为重点的服务体系转向以健康为中心以基层为重点的整合型服务体系。但我国卫生服务体系仍然以医院为重点，卫生人力资源和医疗卫生机构床位配置仍然以医院为主，基层医疗卫生机构的卫生人力资源和床位数占比仍在持续下降，基层医疗卫生服务机构提供的诊疗服务量占比也在持续下降，卫生服务体系转型滞后，与我国人口老龄化和疾病谱变化不相适应。

卫生服务体系整合路径不利于以适宜成本实现全民健康覆盖。疾病谱变化要求卫生服务体系以基层为重点进行整合，但我国医疗服务体系的整合采取的是自上而下的整合路径，由县级医院牵头实施医疗服务体系整合，在整合过程中，基层医疗卫生机构的作用未得到充分发挥，部分地区基层医疗卫生机构的服务能

力还出现弱化现象。这样的整合路径，导致分级诊疗制度建设头重脚轻，与现代化的健康服务体系背道而驰。不利于基层守门人制度建设，不利于控制医药费用的快速增长，不利于我国以适宜的成本实现全民健康覆盖。以医院牵头实施医疗服务体系整合，进一步加剧了医疗机构和预防保健机构的割裂，也不利于推动医防结合和医防融合。

四、医保与医疗服务体系的分离影响我国全民健康覆盖的进程

卫生筹资与卫生服务供给体系协同发展是中国加速迈向全民健康覆盖的重要原因之一。目前我国医疗保险制度和医疗服务体系的管理部门分设，不利于进一步增进卫生筹资和卫生服务供给体系的协同发展，突出表现在守门人制度建设的滞后。家庭医生签约服务进展相对缓慢，谁来推动家庭医生签约服务和守门人制度建设缺乏共识，守门人制度建设滞后，基层医疗卫生机构功能弱化，影响了我国全民健康覆盖的实施进程。

五、筹资公平性和待遇一致性仍有较大的改进空间

筹资公平性仍有待改进，城乡居民基本医疗保险覆盖对象既有农村居民，也有城镇非正式就业居民，其家庭的经济状况差异较大，但在缴费方面，采取的是等额筹资的方法，这样的筹资方式，不利于缩小不同收入家庭的差距，反而扩大了较低收入与较高收入家庭之间的相对差距，社会医疗保险筹资的再分配功能未得到充分发挥。基本公共卫生服务的等额筹资，与居民的健康需求不匹配，不同地区的人力成本和服务成本差异较大，但基本公共卫生服务项目的预算经费基本一致，难以满足不同地区开展基本公共卫生服务项目的需要。

老年人在基本医疗保险缴费责任存在差别，不利于改善基本医疗保险的筹资公平性。职工医保覆盖的退休人员个人不缴纳保费，单位缴费还划入个人账户，而居民医保覆盖的老年人需要个人缴纳保费，这样的制度设计，不仅与人口老龄化加剧的趋势不相适应，而且进一步拉大了职工医保和居民医保覆盖的老年人之间的福利差距，不利于改善老年人的医保筹资公平性。

待遇一致性问题尚未引起足够重视。不同基本医疗保障制度覆盖的人群，在基本医疗保险待遇方面仍存在较大差距，居民医保与职工医保覆盖对象在住院保障和门诊保障方面的待遇差距仍比较明显，居民医保覆盖对象在门诊保障和住院保障方面的差距依然较大，这与全民健康覆盖的理念不相适应。

六、保障待遇仍有待进一步提升，多层次的筹资机制仍有待加强

我国的全民健康覆盖在保障人群覆盖和保障范围覆盖方面取得明显成效，但费用分担方面仍有待进一步提升。城镇居民基本医疗保险覆盖对象的住院费用补偿比例刚刚超过50%，在解决因病致贫和因病返贫方面的作用仍有待进一步发挥。门诊保障待遇仍有待提高，部分职工基本医疗保险覆盖对象没有门诊保障，城乡居民基本医疗保险覆盖对象的门诊保障待遇偏低。

全民健康覆盖的多层次筹资机制仍有待加强。基本医疗保险、大病保险、补充医疗保险、商业健康保险、医疗救助和社会慈善等多层次的筹资框架已经初步建立，但不同保险制度的衔接不足，慈善捐赠等社会力量在多层次筹资机制中的作用仍有待进一步发挥。基本医疗保险基金与基本公共卫生服务项目经费缺乏衔接机制，影响了医防结合和医防融合的进程。

第三节　加速我国全民健康覆盖的建议

一、逐步解决我国全民健康覆盖的不平衡和不充分问题

建议加强医疗服务体系和公共卫生服务体系发展的协同性，强化公共卫生服务体系和供给能力，推动卫生服务体系从以医疗为中心向以健康为中心转变；强化基层卫生服务机构和医院发展的协同性，更好地保障我国城乡居民基本医疗卫生服务的公平可及。统筹职工医保和居民医保制度发展，逐步建立统一的覆盖全民的基本医疗保险制度；提高门诊保障水平，平衡门诊与住院保障待遇；健全激励机制，提升基层和公共卫生机构卫生技术人员的待遇，缩小基层、公卫机构卫生技术人员与医院卫生技术人员的待遇差距；加快推进支付方式改革，建立健全激励约束机制，以适宜的成本推动我国全民健康覆盖进程。

二、建立健全基本医疗保险制度的筹资机制，保障医保制度的可持续发展

合理划分筹资责任。逐步提高职工医保的个人筹资责任，建议将个人与雇主的缴费责任从目前的2∶7左右逐渐调整至2∶3；同时将居民医保的个人与财政的筹资责任从目前的3∶7左右调整至2∶3；为未来建立覆盖全民的统一的基本医疗保险制度奠定基础。建立筹资增长机制，做实职工基本医疗保险的缴费基数，适度提升城乡居民基本医疗保险筹资标准，提升个人缴费占人均可支配收入的比例，缩小居民医保与职工医保筹资的相对差距。

三、优化医疗卫生服务体系转型与整合路径，加快全民健康覆盖建设进程

适应人口老龄化和疾病谱变化的需求，加快我国医疗卫生服务体系转型，强化基层医疗卫生服务体系建设，推动我国卫生服务体系逐渐从以疾病为中心以医院为重点转向以健康为中心以基层为重点。优化卫生服务体系整合路径，加强医防融合，建立基层首诊和守门人制度，探索以基层为重点的自下而上的整合路径，以适宜的成本加快我国全民健康覆盖建设进程。

四、建立健全医保制度建设与医疗服务体系发展的联动机制，进一步加快我国全民健康覆盖建设进程

加快推进家庭医生签约服务，改革医保支付方式，推进按人头付费改革，通过强化守门人制度推动我国医保制度建设和医疗服务体系发展的联动机制，进一步加强我国全民健康覆盖的建设进程。

五、逐步提升卫生筹资公平性、实现保障待遇一致性

优化筹资机制，提升筹资公平性，探索建立与收入相挂钩的个人缴费机制，进一步体现基本医疗保险的再分配功能。探索退休老年人的医保缴费机制，改善退休人员与居民医保覆盖的老年人在基本医保筹资方面的公平性。

在优化筹资机制的同时，逐步缩小不同基本医疗保险覆盖人群的保障待遇差距，提升居民医保对象的门诊和住院保障待遇，逐步实现职工医保和居民医保对象保障待遇的一致性，为建立覆盖全民的统一的基本医疗保险制度奠定基础。

六、强化多层次保障机制建设，减少因病致贫和因病返贫

加强推进大病保险、补充医疗保险和商业健康保险发展，更好地发挥其在缓解居民就医负担中的作用；加强基本医疗保险与大病保险、补充医疗保险、商业健康保险、医疗救助和社会慈善力量的衔接，进一步提升我国城乡居民保障水平，降低其个人负担，减少因病致贫和因病返贫现象。建立基本医疗保险基金与基本公共卫生服务项目经费的衔接机制，推动医防结合和医防融合，提升我国卫生投入的使用效率和效益。

参考文献 References

[1] Aterido R, Hallward - Driemeier M, Pagés C. Does Expanding Health Insurance BeyondFormal - Sector Workers Encourage Informality? Measuring the Impact of Mexico's Seguro Popular [R]. Washington, DC: World Bank, 2011.

[2] Background document: Towards Universal Health Coverage: concepts, lessons and public policy challenges, WHO/World Bank Ministerial - level Meeting on Universal Health Coverage, 18 - 19 February 2013.

[3] Barak D. Richman, Kevin A. Schulman. A Cautious Path Forward on Accountable Care Organizations [J]. JAMA. 2011, 305 (6): 602 - 603.

[4] Berenson R A, Ginsburg P B, Kemper N. Unchecked provider clout in California foreshadows challenges to health reform [J]. Health Affair. 2010, 29 (4): 699 - 705.

[5] C. Frederick Geilfuss, Renate M. Gray. Accountable Care Organizations: Promise of Better Outcomes at Restrained Costs; Can They Meet Their Challenges? [J]. BNA's Health Law Reporter, 2010, 19 (956).

[6] Cabinet Office (2005) Report on the Evaluation of Structural Reforms Health Care Reform. Tokyo, Japan: Cabinet Office.

[7] Campbell J C, Ikegami N. The art of balance in health policy: maintaining Japan's low - cost, egalitarian system. Cambridge: Cambridge University Press, 1998.

[8] Carrin G, Ron A, Hui Y, Hong W, Tuohong Z, Licheng Z, et al. The reform of the rural cooperative medical system in the People's Republic of China: interim experience in 14 pilot counties. Social Science and Medicine 1999 (48): 961 -72.

[9] Centers for Medicare and Medicaid Services. Medicare "Accountable Care Organizations" [EB/OL]. (2019 - 06 - 13). https://www.cms.gov/OfficeofLegislation/Downloads/AccountableCareOrganization.pdf.

[10] Comisión Nacional de Protección Social en Salud. Informe de resultados 2011 [R]. Mexico: CNPSS, Secretaría de Salud, 2012.

[11] Cora Drew. Accountable Care Organizations Series: Where Are ACOs? Health capital. 2011, 4 (8).

[12] Cora Drew. Accountable Care Organizations Series: Why Are ACOs? Health capital. 2011, 4 (5).

[13] Daniel Cotlear, et al. GOING UNIVERSAL How 24 Developing Countries Are Implementing Universal Health Coverage Reforms from the Bottom Up [R]. the World Bank, 2015.

[14] Department of Health and Social Security. Inequalities in

health. London: DHSS, 1980. Report of a research working group (D Black, chairman; J N Morris; P Townsend; C S Smith).

[15] Douglas A. Hastings. Constructing Accountable Care Organizations: Some Practical Observations at the Nexus of Policy, Business, and Law [J]. Health Law Reporter. 2010, 19 (25).

[16] Editorial. Health inequality: the UK's biggest issue. Lancet 1997, (349): 1185.

[17] Elhauge E, ed. The Fragmentation of US Health Care [M]. New York, NY: Oxford University Press; 2010.

[18] Ellen Josephine Angelo. Accountable care organizations are they the right answer? [J]. Nursing Management. 2011 (2): 21 -24.

[19] Enthoven A C, Tollen L A. Competition in health care: it takes systems to pursue quality and efficiency [J]. Health Affair. 2005: W5 -420 - W5 -433.

[20] Feng X, Tang S, Bloom G, Segall M, Gu X. Cooperative medical schemes in contemporary rural China. Social Science and Medicine 1995 (41): 1111 -8.

[21] Francis J. Crosson. Accountable Care Organizations: Whatever Its Growing Pains, The Concept is Too Vitally Important to Fail [J]. Health Affairs. 2011, 30 (7): 1252.

[22] Frenk J, Gómez - Dantés O, Knaul F M. The democratization of health in Mexico: financial innovations for universal coverage [J]. Bull World Health Organ, 2009, 87 (7): 542 -548.

[23] Frenk J, González - Pier E, Gómez - Dantés O, et al. Comprehensive reform to improve health system performance in Mexico [J]. Lancet, 2006, 368 (9546): 1525 -1534.

[24] Frenk J, Knaul F, Gómez – Dantés O, et al. Fair financing and universal protection: the structural reform of the Mexican health system [R]. Mexico: Ministry of Health, 2004.

[25] Frenk J, Lozano R, González – Block M A, et al. Economía y salud. Propuestas para el avance del sistema de salud en México. Mexico: Fundación Mexicana para la Salud, 1994.

[26] Frenk J, Sepúlveda J, Gomez – Dantes O, et al. Evidence – based health policy: three generations of reform in Mexico [J]. Lancet, 2003, 362 (9396): 1667 – 1671.

[27] Frenk J. Bridging the divide: global lessons from evidence – based health policy in Mexico [J]. Lancet, 2006, 368 (9546): 954 – 961.

[28] Fuse S. History of doctors—Japanese characteristics. Tokyo: Chuou Kouronsha, 1979.

[29] Gakidou E, Lozano R, González – Pier E, et al. Assessing the effect of the 2001—2006 Mexican health reform: an interim report card [J]. Lancet, 2006, 368 (9550): 1920 – 1935.

[30] GBD 2015 Healthcare Access and Quality Collaborators. Healthcare Access and Quality Index based on mortality from causes amenable to personal health care in 195 countries and territories, 1990—2015: a novel analysis from the Global Burden of Disease Study 2015 [J]. The Lancet, 2017, 390 (1009): 231 – 266.

[31] Gina Lagomarsino, et al. Moving towards universal health coverage: health insurance reforms in nine developing countries in Africa and Asia [J]. Lancet 2012 (380): 933 – 943.

[32] González – Pier E, Gutiérrez – Delgado C, Stevens G, et al. Priority setting for health interventions in Mexico's System of Social

Protection in Health [J]. Lancet, 2006, 368 (9547): 1608 - 1618.

[33] Gottlieb S. Accountable care organizations: the end of innovation in medicine? [R] American Enterprise Institute, 2011.

[34] Greaney T L. Accountable care organizations—the fork in the road [J]. N Engl J Med. 2011, 364 (1): e1.

[35] Greaney T L. Competition policy and organizational fragmentation in health care [J]. U Pitt Law Rev. 2009 (71): 217 - 239.

[36] Harold S. Luft. Becoming Accountable — Opportunities and Obstacles for ACOs [J]. The New England Journal of Medicine. 2010, 363 (15): 1389 - 1391.

[37] Harris Meyer. Accountable Care Organization Prototypes: Winners And Losers? [J] Health Affairs. 2011, 30 (7): 1227 - 1231.

[38] Hashimoto H, Ikegami N, Shibuya K, et al. Japan: Universal Health Care at 50 Years 3: Cost containment and quality of care in Japan: is there a trade - off? [J] Lancet. 2011, 378 (9797): 1174 - 1182.

[39] HISRO. Thailand's Universal Coverage Scheme: Achievements and Challenges. An Independent Assessment of the First 10 years (2001—2010). [R]. 2012.

[40] http: //ca. charity. gov. cn/govwww/orgList/0001. html.

[41] http: //history. people. com. cn/n1/2018/0123/c372327 - 29781514. html.

[42] https: //www. uhc2030. org/.

[43] Hughes, D. , S. Leethongdee. Universal Coverage in the Land of Smiles: Lessons from Thailand's 30 Baht Health Reforms [J]. Health Affairs, 2007, 26 (4): 999 - 1008.

[44] Ibid, Ministry of Health. Comisión Nacional de Protección

Social en Salud [R].

[45] Ikegami N (2006) Should providers be allowed to extra bill for uncovered services? Debate, resolution and sequel in Japan. Journal of Health Politics Policy and Law, 31 (6): 1129 - 1149.

[46] Ikegami N and Campbell JC (1995) Medical care in Japan. New England Journal of Medicine 333: 1295 - 1299.

[47] Ikegami N. Japanese health care in Japan [J]. Science 1992, (258): 614 - 618.

[48] Ikegami N. Japanese health care: low cost through regulated fees [J]. Health Affairs 1991, 10 (3): 87 - 109.

[49] Instituto Nacional de Estadística y Geografía (INEGI). Censo de población y vivienda 2010. Panorama sociodemográfi co de México [R]. Mexico: INEGI, 2011.

[50] Jackson S, Sleigh A C, Li P, Liu X. Health finance in rural Henan: low premium insurance compared to the out - of - pocket system. The China Quarterly 2005 (181): 137 - 157.

[51] Japan [EB/OL]. (2019 - 06 - 20) https: //data. worldbank. org/country/japan? view = chart.

[52] Jason M, Lakin. The End of Insurance? Mexico's Seguro Popular, 2001—2007 [J]. Journal of Health Politics, Policy and Law, 2010, 35 (3): 314 - 352.

[53] John Creighton Campbell, Naoki Ikegami, Mary Jo Gibson. Lessons From Public Long - Term Care Insurance In Germany And Japan. HEALTH AFFAIRS. 2010, 29 (1): 87 - 95.

[54] Jongudomsuk, P. , S. Limwattananon, P. Prakongsai, et al. 2012. " Evidence - Based Health Financing Reform in Thailand [M]. In The Economics of Public Health Care Reform in Advanced

and Emerging Economies. Washington, DC: International Monetary Fund, pp. 307 - 326.

[55] Joseph Kutzin. Health financing for universal coverage and health system performance: concepts and implications for policy [J]. Bull World Health Organ 2013 (91): 602 - 611.

[56] Knaul F M, Arreola - Ornelas H, Mendez O, et al. Preventing impoverishment, promoting equity and protecting households from financial crisis: universal health insurance through institutional reform in Mexico [R]. 2006.

[57] Knaul F M, Frenk J. Health insurance in Mexico: achieving universal coverage through structural reform [J]. Health Affairs, 2005, 24 (6): 1467 - 1476.

[58] Knaul F M, González - Pier E, Gómez - Dantés O, et al. The quest for universal health coverage: achieving social protection for all in Mexico [J]. Lancet, 2012, 380 (9489): 1259 - 1279.

[59] Knaul F, Arreola H, Méndez O. Protección financiera en salud, México 1992 a 2004 [J]. Salud Publica Mex 2005, 47 (6): 430 - 439.

[60] Knaul F, Arreola - Ornelas H, Méndez O, et al. Evidence is good for your health system: policy reform to remedy catastrophic and impoverishing health spending in Mexico [J]. Lancet, 2006, 368 (9549): 1828 - 1841.

[61] Krieger L M. Obama Care is already damaging health care [J]. Wall Street Journal. 2011 Feb 23; Sect. A: 15.

[62] Kurowski C, Villar - Uribe M. Mexico's Social Protection in Health and the Transformation of State Health Systems [R]. Washington, DC: World Bank, 2012.

[63] Lilin Liang and John C. Langenbrunner. The Long March to Universal Coverage: Lessons from China [R]. The World Bank, Washington DC, January 2013.

[64] Limwattananon, S., V. Tangcharoensathien, and P. Prakongsai. "Catastrophic and Poverty Impacts of Health Payments: Results from National Household Surveys in Thailand [R]. Bulletin of the World Health Organization, 2007, 85 (8): 600 – 606.

[65] Linda E. Fishman, Senior Vice President of Public Policy Analysis and Development, AHA. Letter from AHA to CMS Regarding Advanced Payment Initiative. June 17, 2011.

[66] Liu Y, Hsiao W, Li Q, Liu X, and Ren M. Transformation of China's health care financing. Social Science and Medicine1995 (41): 1085 – 1093.

[67] Londoño J L, Frenk J. Structured pluralism: Towards an innovative model for health system reform in Latin America [J]. Health Policy, 1997, 41 (1): 1 – 36.

[68] Maeda A, et al. Universal health coverage for inclusive and sustainable development: a synthesis of 11 country case studies [M]. Washington, D. C: The World Bank, 2014.

[69] Mark Merlis. Health Policy Brief: Accountable Care Organizations, Health Affairs, 2010 (7): 27.

[70] McClellan M, McKethan AN, Lewis JL, et al. A national strategy to put accountable care into practice [J]. Health Affair. 2010, 29 (5): 982 – 990.

[71] Mexico [EB/OL]. (2019 – 06 – 22) https://data.worldbank.org/country/mexico? view = chart.

[72] Minott J, Helms D, Luft H, et al. The group employed

model as a foundation for health care delivery reform [R]. The Commonwealth Fund, 2010.

[73] Naoki Ikegami, Byung - Kwang Yoo, Hideki Hashimoto, et. al. Japanese universal health coverage: evolution, achievements, and challenges. The Lancet, 378 (9796): 1106 - 1115.

[74] National Committee for Quality Assurance. Supporting small practices: lessons for health reform [EB/OL]. (2012 - 06 - 15) http: //www. ncqa. org/Portals/0/HEDISQM/CLAS/Briefing/Small_Practices_Report. pdf.

[75] Nu'ria Homedes, Antonio Ugalde. Twenty - Five Years of Convoluted Health Reforms in Mexico [J]. PLoSMed. 2009, 6 (8): e1000124.

[76] OECD Health Statistics 2019 [EB/OL]. (2019 - 06 - 21) http: //www. oecd. org/els/health - systems/health - data. htm.

[77] OECD Review of Health Systems: Mexico [R]. Paris: OECD, 2005.

[78] OECD. OECD health data 2011. Paris, France, 2011.

[79] Ooms G, et al. Is universal health coverage the practical expression of the right to health care? [J]. BMC International Health and Human Rights, 2014, 14 (1): 3.

[80] Organization of Economic Cooperation Development. OECD Health Data 2015.

[81] Oxfam. Universal health coverage: why health insurance schemes are leaving the poor behind [R]. Oxford: Oxfam International, 2013.

[82] Pannarunothai, S., and A. Mills. The Poor Pay More: Health - related Inequality in Thailand [J]. Social Science & Medi-

cine, 1997, 44 (12): 1781 -1790.

[83] Patient Protection and Affordable Care Act §3022 and §10307, Pub L No. 111148, 124 Stat 119.

[84] Piya Hanvoravongchai. Health Financing Reform in Thailand: Toward Universal Coverage under Fiscal Constr aints [R]. 2013.

[85] Rittenhouse DR, Grumbach K, O'Neil, et, al. Physician organization and care management in California: from cottage to Kaiser [J]. Health Affair, 2004, 23 (6): 51 -62.

[86] Robert Kocher, Nikhil R. Sahni. Physicians versus Hospitals as Leaders of Accountable Care Organizations [J]. The New England Journal of Medicine. 2010, 363 (27): 2579 -2582.

[87] Rodrigo Moreno - Serra, Peter C Smith. Does progress towards universal health coverage improve population health? [J]. Lancet 2012 (380): 917 -923.

[88] Savedoff, et al. Political and economic aspects of the transition to universal health coverage [J]. Lancet, 2012, 380 (9845): 924 -932.

[89] Savedoff, etc. Transitions in Health Financing and Policies for Universal Health Coverage: Final Report of the Transitions in Health Financing Project [R]. Results for Development Institute, 2012.

[90] Secretaría de Salud. Decreto por el que se reforma y adiciona la Ley General de Salud. [R] Mexico: Diario Ofi cial de la Federación, 2003.

[91] Secretaría de Salud. Información para la rendición de cuentas [R]. Mexico: Secretaría de Salud, 2002.

[92] Secretaría de Salud. Programa Nacional de Salud 2001—2006. La democratización de la salud en México. Hacia un sistema u-

niversal de salud [R]. Mexico: Secretaría de Salud, 2001.

[93] Secretaría de Salud. Sistema de Protección Social en Salud. Elementos conceptuales, financieros y operatives [R]. Mexico: Secretaría de Salud, 2005.

[94] Shimazaki K. Health care in Japan—institutions and policies. Tokyo: Tokyo University Press, 2011.

[95] SUSTAINABLE DEVELOPMENT GOAL 3 Ensure healthy lives and promote well - being for all at all ages. https://sustainabledevelopment. un. org/sdg3, 2017.

[96] Tang S. The changing role of the township health centers in the context of economic reform in China. IDS Bulletin 1997 (28): 39 - 47.

[97] Tatara K, Okamoto E. Japan: Health system review. Health Systems in Transition [R], 2009, 11 (5): 1 - 164.

[98] Tena C, Sotelo J. Malpractice in Mexico: arbitration not litigation [J]. BMJ. 2005, 331 (7514): 448 - 451.

[99] Tetsuo Fukawa. Public Health Insurance in Japan. World Bank Institute. 2002.

[100] Thailand [EB/OL]. (2019 - 06 - 18) https://data. worldbank. org/country/thailand? view = chart.

[101] The Thematic Group on Health for All. Financing Universal Health Coverage in the Post - 2015 Agenda [R]. Sustainable Development Solution Network, 2015.

[102] The World Bank Group. World Development Report 1993: Investing in Health [R]. Washington: The World Bank Group, 1993.

[103] Trevor J B, Dummer Ian G C. Exploring China's rural

health crisis: Processes and policy implications [J]. Health Policy, 2007, 83 (1): 1-16.

[104] United Nations. The millennium development goals report 2015 [R]. New York: United Nations, 2015.

[105] United Nations. Transforming Our World: The 2030 Agenda for Sustainable Development [R]. New York: United Nations, 2015.

[106] United Nations. UN adopts new Global Goals, charting sustainable development for people and planet by 2030 [EB/OL]. (2019-05-25) http://www.un.org/apps/news/story.asp? NewsID=51968#.Vgsma3novcs. United States [EB/OL]. 2019-05-28.

[107] https://data.worldbank.org/country/united-states?view=chart. WHA58.33 Sustainable health financing, universal coverage and social health insurance.

[108] http://apps.who.int/medicinedocs/documents/s21475en/s21475en.pdf, 25 May 2005.

[109] Whitehead M. The health divide. In: Whitehead M, ed. Inequalities in health. Harmondsworth, UK: Penguin, 1980.

[110] WHO. Social Health Insurance: Selected Case Studies from Asia and the Pacific. 2005.

[111] WHO. The world health report 2000 - Health systems: improving performance. Geneva, 2000.

[112] WHO. Universal health coverage Report by the Secretariat. 18 January 2013.

[113] WHO. WORLD HEALTH STATISTICS 2015 [R]. 2016.

[114] WHO. WORLD HEALTH STATISTICS 2016 [R]. 2017.

[115] William D Savedoff, et al. Political and economic aspects

of the transition to universal health coverage [J]. Lancet 2012 (380): 924 -932.

[116] Williams CH, Vogt WB, Town R. How has hospital consolidation affected the price and quality of hospital care? [R]. Robert Wood Johnson Foundation, 2006.

[117] World Bank Group, World Health Organization, Ministry of Finance, National Health and Family Planning Commission, Ministry of Human Resources and Social Security, The People's Republic of China. DEEPENING HEALTH REFORM IN CHINA BUILDING HIGH - VALUE - BASED SERVICE DELIVERY [R]. 2016.

[118] World Bank. Trends in Government and Health Financing in Mexico [R]. Washington, DC: World Bank, 2010.

[119] World Health Organization. Arguing for universal health coverage [R]. Geneva: WHO, 2013.

[120] World Health Organization. Campaign essentials for World Health Day 2018. https: //www. who. int/campaigns/world - health - day/2018/campaign - essentials/en/ (2018 -04 -07).

[121] World Health Organization. Declaration of Alma - Ata [R]. Alma - Ata, 1978.

[122] World Health Organization. Health in 2015: From MDGs, Millennium Development Goals, to SDGs, Sustainable Development Goals [R]. Geneva: WHO, 2015.

[123] World Health Organization. Macroeconomics and Health: Investing in Health for Economic Development [R]. Geneva: WHO, 2001.

[124] World Health Organization. The world health report 2013: research for universal coverage [R]. Geneva: WHO, 2013.

[125] World Health Organization. Tracking universal health coverage: 2017 global monitoring report [R]. Geneva: WHO, 2017.

[126] World Health Organization. Tracking universal health coverage: first global monitoring report [R]. Geneva: WHO, 2015.

[127] World Health Organization. Universal health coverage Report by the Secretariat [R]. Geneva: WHO, 2013.

[128] World Health Organization. Universal health coverage. http://www.worldbank.org/en/topic/universalhealthcoverage, April 12th, 2018.

[129] World Health Organization. World health report 2010: Health systems financing – the path to universal coverage [R]. Geneva: WHO, 2010.

[130] World Health Organization. World Health Statistics 2017 [R]. 2018.

[131] World Health Organization. Health Systems Governance for Universal Health Coverage [R]. 2014.

[132] World Health Organization. The World Health Report 2008 – primary Health Care (Now More Than Ever) [R]. Geneva: WHO, 2008.

[133] Yang G H, Wang Y, Zeng Y X, et al. Rapid health transition in China, 1990 – 2010: findings fromthe Global Burden of Disease Study 2010 [J]. Lancet, 2013, 381 (9882): 1987 – 2015.

[134] Yu, Hao. Universal health insurance coverage for 1.3 billion people: What accounts for China's success? [J]. Health policy, 2015, 119 (9): 1145 – 1152.

[135] Yumiko Arai, Naoki Ikegami. Health care systems in transition Ⅱ. Japan, Part I. An overview of the Japanese health care

systems. Journal of Public Health Medicine. 1998, 20 (1): 29 - 33.

[136] 阿斯坦纳宣言 [EB/OL]. (2018 - 10 - 26) https://www.who.int/docs/default - source/primary - health/declaration/gcphc - declaration - ch. pdf.

[137] 中国医改发展报告编撰委员会. 中国医改发展报告(2016) [M]. 北京: 中国协和医科大学出版社, 2017.

[138] 17 个可持续发展目标 [EB/OL]. (2019 - 06 - 26) https://www.un.org/sustainabledevelopment/zh/sustainable - development - goals/.

[139] 1988 年国务院政府工作报告 http://www.gov.cn/test/2006 - 02/16/content_200865. htm.

[140] 1999 年全国卫生事业发展情况统计公报 [EB/OL]. (2019 - 05 - 21) http://www.caoss.org.cn/sbnr.asp? id = 108.

[141] 2008 年度人力资源和社会保障事业发展统计公报 [EB/OL]. [2017 - 10 - 31] (2019 - 05 - 21) http://www.mohrss.gov.cn/SYrlzyhshbzb/zwgk/szrs/tjgb/201710/t20171031_280388. html.

[142] 2008 年我国卫生事业发展统计公报 [EB/OL]. (2019 - 05 - 21) http://www.caoss.org.cn/sbnr.asp? id = 877.

[143] 2018 年全国基本医疗保障事业发展统计公报 [EB/OL]. (2019 - 07 - 18) http://www.nhsa.gov.cn/art/2019/6/30/art_7_1477. html.

[144] 2018 年我国卫生健康事业发展统计公报 [EB/OL]. (2019 - 06 - 20) http://www.nhc.gov.cn/guihuaxxs/s10748/201905/9b8d52727cf346049de8acce25ffcbd0. shtml.

[145] 曹普. 人民公社时期的农村合作医疗制度 [J]. 中共中央党校学报, 2009, 13 (6): 78 - 83.

[146] 陈竺部长、陈啸宏副部长在中国农村初级卫生保健

发展国际研讨会上的讲话．卫生政务通报，2007（35）．

［147］代涛，韦潇，王芳，等．医药卫生体制改革评价研究［R］．2012．

［148］扶贫｜农村贫困人口医疗费用个人自付比例下降至11.9%［EB/OL］．（2018－05－22）https：//www.sohu.com/a/270053489_452205．

［149］葛延风．反思中国医疗卫生体制改革［J］．新华文摘，2005（16）：21－23．

［150］国家卫生计生委基层卫生司．国家基本公共卫生服务项目自评报告汇编［R］．2017．

［151］国家卫生计生委统计信息中心．第五次国家卫生服务调查分析报告［M］．北京：中国协和医科大学出版社，2014．

［152］国家卫生计生委卫生发展研究中心．2018 中国卫生总费用摘要［R］．2018．

［153］国家卫生健康委统计信息中心．2018 中国第六次卫生服务调查分析报告［R］．2019．

［154］国务院批转卫生部关于合理解决赤脚医生补助问题的报告的通知［EB/OL］．［1981－02－27］（2019－05－21）http：//www.chinalawedu.com/falvfagui/fg22598/904.shtml? from = groupmessage．

［155］国务院批转卫生部关于解决医院赔本问题的报告［EB/OL］．［2017－09－13］（2019－05－21）http：//www.gov.cn/zhengce/content/2017－09/13/content_5224694.htm．

［156］江宇．论中华人民共和国前 30 年的社会保障［J］．社会保障评论，2018，2（4）：125－134．

［157］劳动和社会保障部，中共中央文献研究室．新时期劳动和社会保障重要文献选编［M］．北京：中国劳动社会保障

出版社，2002.

［158］李德成. 合作医疗与赤脚医生研究［D］. 浙江大学，2007.

［159］李卫平，石光，赵琨. 我国农村卫生保健的历史、现状与问题［J］. 管理世界，2003（4）：33－43.

［160］李玉荣. 改革开放前新中国公共卫生事业的发展及其基本经验［J］. 理论学刊，2011（3）：51－55.

［161］李长明，汪早立，王敬媛. 建国60年我国农村卫生的回顾与展望［J］. 中国卫生政策研究，2009，2(10)：1－5.

［162］刘玉娟. 泰国“30铢计划”对我国医疗保险的启示［J］. 卫生经济研究，2011（4）：45－47.

［163］人社部. 基本医疗保险跨省异地就医住院医疗费用直接结算公共服务信息发布（第八期）［EB/OL］. http：//www.mohrss.gov.cn/SYrlzyhshbzb/dongtaixinwen/buneiyaowen/201801/t20180105_286095.html.

［164］十一届三中全会公报（19781218－19781222）［EB/OL］.（2018－12－18）http：//www.sohu.com/a/282818995_100003691.

［165］世界卫生组织. 阿拉木图宣言［EB/OL］.［1978－09－12］（2019－06－05）. http：//www.who.int/topics/primary_health_care/alma_ata_declaration/zh/.

［166］世界银行、世界卫生组织、财政部、国家卫生和计划生育委员会、人力资源和社会保障部. 深化中国医药卫生体制改革—建设基于价值的优质服务提供体系［R］. 2016.

［167］宋士云. 1955—2000年中国农村合作医疗保障制度的历史考察［J］. 青岛科技大学学报（社会科学版），2007，23（3）：60－66，75.

［168］宋晓梧. 建国60年我国医疗保障体系的回顾与展望

[J]. 中国卫生政策研究，2009，2（10）：6-14.

[169] 汤胜蓝．初级卫生保健发展与保障机制的国际经验[R]. 卫生部人才交流中心，2007.

[170] 卫生部农村卫生管理司．中国农村基本医疗卫生规划与评估资料汇编（2001—2010年）[R]. 2011.

[171] 卫生部农卫司，卫生部新型农村合作医疗研究中心．2003—2007年全国新型农村合作医疗（试点）工作会议资料汇编.

[172] 卫生部统计信息中心．2008中国卫生服务调查研究[R]. 2009.

[173] 卫生部政策法规司 中国医学科学院卫生政策与管理研究中心．卫生改革发展重要文件选编（1978—2008）（内部资料）.

[174] 魏来．连续—碎片—整合——我国农村三级医疗卫生网络服务提供模式的历史演变及启示[J]. 中国卫生政策研究，2014，7（12）：24-30.

[175] 翁玉虎．泰国医疗保险制度对我国的启示[J]. 中南财经政法大学研究生学报，2012（3）：120-124.

[176] 习近平. 把人民健康放在优先发展战略地位[EB/OL].（2019-06-20）http：//www.xinhuanet.com//politics/2016-08/20/c_1119425802.htm.

[177] 夏杏珍．农村合作医疗制度的历史考察[J]. 当代中国史研究，2003（5）：110-118.

[178] 叶雯．泰国“30铢计划”对我国医保改革的启示[J]. 商，2016（35）：83-90.

[179] 医改进展专题评估研究报告汇编[R]. 卫生部统计信息中心，2012.

[180] 医药卫生体制改革近期重点实施方案（2009—2011

年）[EB/OL]. http://www.moh.gov.cn/zwgkzt/pzcqgh/201204/7d5a2d6f9f2548a4a43652a2e63a7e1e.shtml.

[181] 张德元. 中国农村医疗卫生事业发展历程回顾与分析 [J]. 湖南科技学院学报，2005，26（9）：90－95.

[182] 张西凡，曲江斌，唐颖. 我国农村卫生服务体系的发展历程、现实问题及对策思考 [J]. 卫生软科学，2005，19（3）：147－149.

[183] 郑志君. 医疗收费制度变迁的回顾与展望 [J]. 中国卫生经济，1987（2）：32.

[184] 中办国办转发《国务院深化医药卫生体制改革领导小组关于进一步推广深化医药卫生体制改革经验的若干意见》[EB/OL].（2019－06－22）http://www.gov.cn/xinwen/2016-11/08/content_5130271.htm.

[185] 中国医改发展报告（2017）[R]. 2018.

[186] 中国医学科学院《中国医改发展报告》编写委员会. 中国医改发展报告（2015）[M]. 北京：中国协和医科大学出版社，2016.

[187] 中华人民共和国卫生部. 2003 中国卫生统计年鉴 [M]. 北京：中国协和医科大学出版社，2003.

[188] 中华人民共和国卫生部. 2009 中国卫生统计年鉴 [M]. 北京：中国协和医科大学出版社，2010.

[189] 中华人民共和国卫生部. 国家卫生服务研究—1993 年国家卫生服务总调查分析报告 [R]. 1994.

[190] 周晴. 城乡医疗救助发展现状及对策研究 [J]. 法制与社会，2011（11）：176－177.

[191] 周寿祺. 探寻农民健康保障制度的发展轨迹 [J]. 国际医药卫生导报，2002（6）：18－19.

［192］朱坤，张小娟．美国责任保健组织的发展及启示［J］．中国卫生政策研究，2012，5（12）：40－45．

［193］专家解读：分级诊疗是医疗服务精细化的必由之路［EB/OL］．（2019－06－14）http：//www. nhfpc. gov. cn/yzygj/s3594r/201509/4a8c175a3d174b2c956b1163d33b8304. shtml.

［194］《中华人民共和国健康保障法》［EB？OL］．http：//www. nhso. go. th/eng/Files/Userfiles/file/Thailand_NHS_Act. pdf.

［195］《中国卫生年鉴》编委会．中国卫生年鉴（1983）［M］．北京：人民卫生出版社，1984．

［196］本刊编辑部．职工医疗保障制度变迁的轨迹（上）［J］．中国社会保险，1998（6）：10－11．

［197］本刊编辑部．职工医疗保障制度变迁的轨迹（下）［J］．中国社会保险，1998（8）：19－21．

［198］陈育德．重温《阿拉木图宣言》推进健康中国建设［J］．中华预防医学杂志，2018，52（5）：457－459．

［199］仇雨临．中国医疗保障70年：回顾与解析［J］．社会保障评论，2019，3（1）：89－101．

［200］高冬梅．从医疗卫生发展看改革开放前党对社会主义社会建设的探索［J］．邢台学院学报，2016，31（4）：40－45．

［201］葛道顺．包容性社会发展：从理念到政策［J］．社会发展研究，2014（3）．

［202］国务院关于同意建立新型农村合作医疗部际联席会议制度的批复．http：//www. gov. cn/zhengce/content/2008－03/28/content_6346. htm.

［203］金维刚．城乡居民医保整合并归口人社部门统一管理已形成主流趋势［J］．中国医疗保险，2016（9）：25－26．

［204］兰剑，慈勤英．中国社会救助政策的演进、突出问题

及其反贫困突破路向［J］．云南社会科学，2018（4）：32－38.

［205］李晓蕊，邹长青．改革开放以来城市社会医疗保障体系演进［J］．人民论坛，2006（3）：161－163.

［206］刘克军，范文胜．对两县90年代合作医疗兴衰的分析［J］．中国卫生经济，2002，21（6）：14－17.

［207］刘晓云．泰国全民健康覆盖经验及对我国的启示［J］．中国卫生政策研究，2014（2）.

［208］人力资源和社会保障部社会保险事业管理中心．中国社会保险发展年度报告2016［M］．北京：中国劳动社会保障出版社，2017.

［209］世界银行．中国：卫生模式转变中的长远问题与对策［R］．北京：中国财政经济出版社，1994.

［210］卫生部关于搞好三分之一左右县的卫生事业整顿建设的意见［EB/OL］．［1980－03－23］（2019－05－21）http：//www.pkulaw.cn/fulltext_form.aspx？Gid＝680877ec8160dcd4bdfb.

［211］卫生部农卫司，卫生部新型农村合作医疗研究中心．2003—2007年全国新型农村合作医疗（试点）工作会议资料汇编.

［212］卫生部农卫司，卫生部新型农村合作医疗研究中心．新型农村合作医疗信息统计手册（2003—2004）.

［213］卫生部农卫司，卫生部新型农村合作医疗研究中心．新型农村合作医疗信息统计手册（2005）.

［214］卫生部农卫司，卫生部新型农村合作医疗研究中心．新型农村合作医疗信息统计手册（2006）.

［215］卫生部新型农村合作医疗研究中心．新型农村合作医疗信息统计手册（2011）年［M］．2011.

［216］卫生部政策法规司，中国医学科学院卫生政策与管理研究中心．卫生改革发展重要文件选编（1978—2008）（内部资料）.

［217］武瑞雪，刘宝，丁敬芳，等．基本药物制度实施的国际经验［J］．中国药房，2008，18（17）：1283－1285.

［218］夏杏珍．农村合作医疗制度的历史考察［J］．当代中国史研究，2003（5）：110－118.

［219］熊先军，董晓莉．职工基本医疗保险制度改革回顾与展望［J］．时事报告，1998（8）：24－31.

［220］熊先军．中国医疗保险制度的前世今生．http：//www.sohu.com/a/115127182_456062.

［221］杨健敏．职工医疗保障制度变迁的轨迹（中）［J］．中国社会保险，1998（7）：9－11.

［222］尹慧，刘培龙．卫生方面2015年后发展议程的进展和建议［J］．中国卫生政策研究，2015（9）.

［223］张德元．农村医疗保障出路何在［J］．经济学家，2003（3）：8－11.

［224］张琪，张捷．覆盖城乡居民的中国医疗保障制度改革30年：回顾与展望［C］//北京市社会科学界联合会，北京师范大学．2008学术前沿论坛·科学发展：社会秩序与价值建构—纪念改革开放30年论文集（下卷）．北京市社会科学界联合会，北京师范大学，2008.

［225］中共中央，国务院．“健康中国2030”规划纲要［EB/OL］．http：//www.gov.cn/xinwen/2016－10/25/content_5124174.htm，2016－10－25.

［226］中华人民共和国社会保险法［EB/OL］．（2010－10－29）［2018－12－20］．http：//www.china.com.cn/policy/txt/2010－10/29/content_21225907_3.htm.

［227］中华人民共和国卫生部．国家卫生服务研究——1993年国家卫生服务总调查分析报告［R］．1994.